역사화해의 이정표 Ⅱ
－화해의 기제와 공존의 조건

일러두기

- 이 책은 2019년, 2020년도 동북아역사재단 기획연구 수행 결과물임(NAHF-2019-기획연구-30, NAHF-2020-기획연구-19).

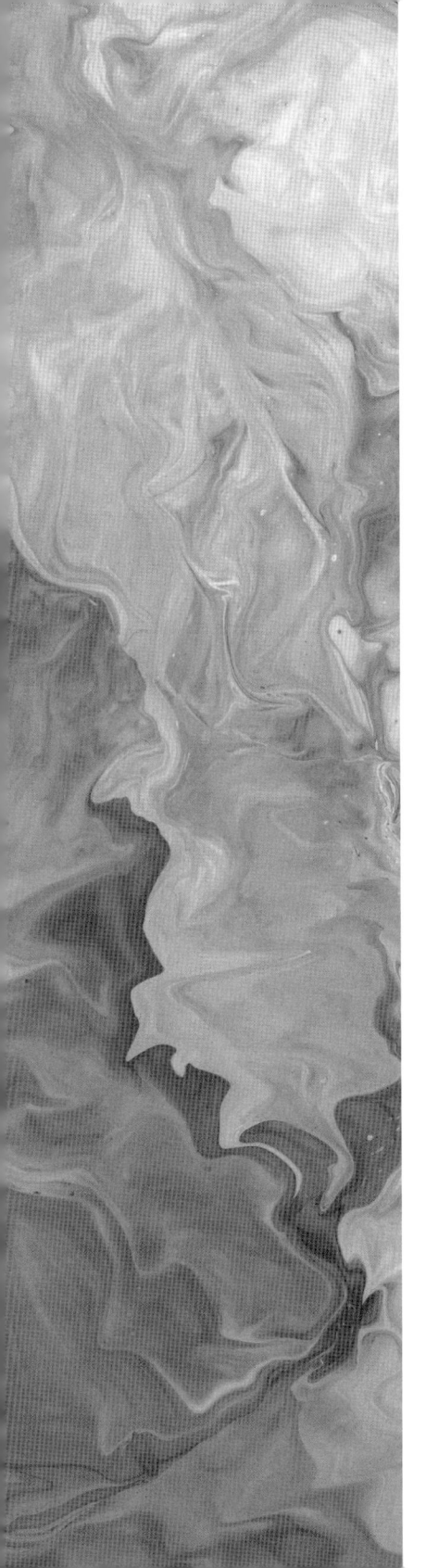

동북아역사재단
연구총서 107

역사화해의 이정표 II
―화해의 기제와 공존의 조건

이병택 편

동북아역사재단
NORTHEAST ASIAN HISTORY FOUNDATION

책머리에

　이 책은 동북아역사재단의 역사화해 기획연구 결과물로서, 『역사화해의 이정표』 시리즈 중 두 번째 책이다. 역사화해 연구의 방향과 관련해서는 『역사화해의 이정표 Ⅰ』에서 소개하였다. 이번 책에서는 역사화해를 크게 인간본성, 역사, 문명, 그리고 국제정치 차원에서 조명하고자 노력했다. 역사는 과거를 기억하는 방식과 관련된다. 사람들은 대체로 자신에게 유리한 방식으로 과거를 기억하려는 경향이 있다. 외부의 저항이 없다면 그러한 경향은 교정과 타협을 거부할 수도 있을 것이다. 따라서 역사화해의 몸짓에는 늘 긴장이 포함될 수밖에 없다. 한편 과거를 기억하는 것은 단순히 과거의 사실들을 확정하려는 노력을 넘어서 의미 있는 이야기로 만드는 작업이다. 의미가 없다면 누구도 역사에 관심을 갖지 않을 것이다. 역사화해는 공동생활의 의미와 깊이 관련되어 있다. 그렇기 때문에 의미를 구성하는 다양한 차원들과 연결되어 있는 것이다.

　역사화해 연구를 진행하면서 느끼게 되는 점은 화해의 사례를 발견하기가 쉽지 않다는 점이다. 그래서 화해는 늘 지향의 대상으로만 존재하는 것인지 의문을 갖게 되는지도 모른다. 현존하는 인간사회의 일차적 실존상태는 갈등과 대결로 점철되어 있기에, 역사에 대한 이해도 역시 서로 갈등하고 대립할 수밖에 없을 것이다. 또한 인간이 하는 대부분의 노력은 갈등상태를 분석하고 그것에 그럴싸한 명분을 주는 일에 매몰되기도 한다. 그래서 화해의 몸짓은 기껏해야 용인되는 수준 그 이상을 넘기 힘들 수 있다. 바로 이런 이유 때문에 역사화해 연구의 존재 의미는 더욱 절실하다. 마치 정치공동체의 갈등과 대립을 극복하려는 시도가 인류사에서 지속되어 왔듯이, 역사화해의 노력 또한 역사에 대한 관점들 간의 갈등을 넘어서고자 계속해서 이어질 것이다.

갈등과 대립을 무마하거나 넘어서기 위해 인류는 여러 가지 전략을 시도해왔다. 공동체 내부적으로는 공동의 생활을 유지하기 위한 한마음공동체, 종교공동체, 그리고 공통의 이익을 계산할 줄 아는 시민들의 공동체가 만들어졌다. 뿐만 아니라, 국가에 의한 공식적 의견의 강제적 부과 등의 방책도 있었다. 그러나 이렇게 사회를 통합하기 위한 의식적인 힘만을 강조한 해법들은 다양한 이유로 인해서 의도했던 결과를 얻지 못했다. 근대 자유주의는 신념의 차이를 인정하거나 최소한 관용하는 태도에서 공동생활을 안정시키는 원리를 찾아 공동체의 안정에 필요한 최소한의 합의를 추구했다. 이러한 사고의 핵심에는 개인의 종교적 신념을 통일시키는 것이 불가능하다는 오랜 역사적 경험이 자리한다. 그러나 오늘날 자유주의 국가들에서도 상대방을 부정하고 각자가 주장하는 진리를 강요하는 사태가 심각한 지경에 달하고 있다. 그중의 하나가 역사문제이다. 국내적인 사정이 그럴진대 나라 간의 갈등은 말할 필요조차 없을 것이다. 이러한 가운데 역사를 둘러싼 국가들 간의 갈등은 한층 더 격화되는 모양새를 띠고 있다.

자유주의는 진리주장의 상대화를 통해서 정치적인 공존의 문제를 풀어내고자 했다. 가령 자연의 불인(不仁)을 믿는 스피노자와 우주의 도덕적 통치(the moral governance of the universe)를 믿는 처칠을 신념의 측면에서 화해시키기는 불가능할 것이나, 현실적인 삶의 방식에서 그 두 사람은 화해적 공존을 할 수 있으리라 상상할 수 있다. 하지만 일견 자명해 보이는 자유주의가 내세운 진리주장의 상대화의 명제가 의심을 받을 경우는 어떠한 일이 일어나는가? 베를린 장벽이 무너진 이후 후쿠야마(F. Fukuyama)는 자유민주주의의 승리를 선언하기 위해서 역사의 종언을 주장했다. 그러나 30년간 진행된 세계화 추세에 제동이 걸린 오늘날, 자유민주주의의 믿음체계는 외부로부터의 도전 못지않게 내부적으로도 생각의 차이로 인해 내홍이 일고 있다. 이처럼 근대적 삶의 양식이 정착되는 과정에서 일단락된 것으로 보여졌던 과거사의 잔재들로 인해 전후 오랜 기간에 걸쳐 수립되어 온 화해에 대한 믿음체계가 흔들리고 있는 것이다. 이에 따라 화해적 공존을 위한 근대적 해법들이 유효한 것인지에 대한 회의가 저류에 흐르고 있는 것도 사실이다.

이 책은 화해를 위한 근대적 해법의 의미와 신뢰성을 점검하려는 목적으로 인간의 가장 원초적 정념인 복수심에 관심을 두었다. 그래서 이 책의 출발은 복수의 정념을 다루는 방식이 유교적 전통과 서구의 전통 간에 큰 차이를 보이고 있다는 점을 지적하는 것으로 시작한다. 예를 들면, 부모와 자식의 자연적 인륜을 강조하는 유교의 논리는 복수를 '대체하는(substitute)' 법적 장치를 발전시킨 서구의 논리에 비해서 복수의 사회적 문제를 다루는 데 있어 장애가 되었다. 그러나 오늘날 글로벌한 경험(global experience)의 관점에서 볼 때 부모에 의한 자식의 엄격한 통제는 유년기의 노동을 필요로 하는 농경의 시작에서 비롯된 것이다. 아메리카의 인디언들이 유럽에서 건너온 사람들을 보고 가장 놀라워했던 것이 자식에 대한 엄격한 규율이었다고 한다. 이와 같은 역사연구의 결과는 현대의 사회적 조건에서 인간관계를 규율하는 규범의 변화와 전환기에 겪을 수밖에 없는 혼란을 연구하는 데 유용한 시사점을 준다고 생각된다. 복수에 대한 관념의 이야기를 필두로 제1부는 조선시대 정치적 복권의 문제와 영국에서 근대로의 전환기에 있었던 정치적 타협과 통합의 문제를 다루었다. 독자들은 두 사례의 유사점과 차이점을 비교 관찰해 보면 좋을 것이다.

제2부는 국제질서와 화해적 공존을 다루었다. 조선의 변경에 거주하던 여진족과의 관계를 조율했던 조선의 정책을 살펴본 후, 독일과 폴란드가 일정한 역사화해를 추진할 수 있었던 조건들을 조명하였다. 그리고 문명적 차원의 만남이라고 할 수 있는 중국의 만국공법 수용과 그 한계를 밝히려 했다. 문명적 차원의 화해는 서구를 중심으로 한 근대의 문제를 다시 한 번 더 성찰해야 할 필요성을 제기함과 동시에, 중국의 세계상에 대한 현재 인식의 문제를 고스란히 드러내고 있다고 생각된다.

제3부는 한국과 일본의 역사화해 문제를 다루었다. 사할린 한인의 처우 문제를 푸는 해법을 살펴보면서 '도의적 책임'의 역할을 조명한 글, 독일과 일본의 전후처리 방식을 비교 분석한 글, 그리고 1990년 이후 일본의 역사인식이 우경화된 원인을 다루는 글로 구성되어 있다. 이는 현재 한일관계의 교착상태를 성찰하고 헤쳐 나아가기 위한 고민이다.

당연한 일이겠지만 주어진 현실을 전적으로 긍정하거나 부정하며 사는 사람은 아무도 없을 것이다. 그렇기 때문에 정도의 차이는 있을지라도 사람들은 누구나 적정한 비판을 용인할 수 있는 수준만큼의 마음의 폭을 가지고 있다. 이와 마찬가지로 인간본성에 허용된 관용의 폭만큼 화해적 삶의 길은 열려 있을 것이다.

2021년 9월
공동연구자를 대표하여
이병택

차례

책머리에 · 4

제1부 복수의 본성과 화해의 기제들

1. 전통시대 동아시아 유교에서의 복수와 정의 _ 이원택

- I. 머리말 · 13
- II. 유교에서의 사회구성 원리: 친친과 존존 · 14
- III. 유교에서의 복수: 유교적 정의 · 23
- IV. 조선시대의 복수 사건과 복수론의 전개 · 28
- V. 맺음말: 정의, 의리, 그리고 화해 · 39

2. 역사화해 관점에서 본 조선 숙종 대 노산군 복권 조치 _ 계승범

- I. 머리말 · 45
- II. 노산군 관련 논의의 장기 추이 패턴 · 49
- III. 1690년대 복권 조치의 시대적 환경 · 66
- IV. 맺음말 · 76

3. 데이비드 흄이 본 영국의 헌정 논쟁
이행적 정의를 중심으로 _ 이병택

- I. 머리말 · 81
- II. 헌정 논쟁의 전사(前史) · 84
- III. 영국의 헌정 논쟁: 반복과 차이 · 92
- IV. 이행적 정의 · 104
- V. 맺음말 · 110

제2부 국제질서와 화해적 공존

1. 조선 세조 대 여진정책과 역사화해
'중화공동체론'의 관점에서_ 방상근

   I. 머리말 · 117
   II. 역사화해의 개념 · 119
   III. 조선의 국가전략과 중화공동체론 · 122
   IV. 세조시대의 화해 노력 · 130
   V. 세조 13년의 건주위 정벌 · 144
   VI. 맺음말: 중화공동체의 실재와 한계 · 149

2. 역사화해를 위한 조건
독일-폴란드 역사화해를 중심으로_ 이동수

   I. 머리말 · 155
   II. 독일과 폴란드의 갈등의 역사 · 158
   III. 독일과 폴란드의 화해의 과정 · 167
   IV. 화해의 조건과 교훈 · 175
   V. 맺음말 · 184

3. 중화질서와 근대 국제질서의 만남
화해적 수용의 한계_ 김현주

   I. 머리말 · 189
   II. 『만국공법』을 통한 근대 세계질서의 수용 · 197
   III. 천조상국의 화이지변 · 203
   IV. 중화질서에서 벗어난 국제법의 적용과 실천 · 213
   V. 중화질서와 근대 세계질서의 충돌 · 217

제3부 한국과 일본, 선린과 적대 사이에서

1. 도의적 책임론의 등장과 의미
사할린 한인 문제를 중심으로 _ 최희식

 I. 사할린 한인 문제와 도의적 책임론 · 229
 II. '65년 체제'의 역사문제 구조 · 231
 III. 1980년대 도의적 책임론의 본격화 · 241
 IV. 도의적 책임론의 의미 · 253

2. 전후처리를 통해서 본 화해의 가능성과 한계
일본과 독일의 비교를 중심으로 _ 곽진오

 I. 머리말 · 265
 II. 초기 점령개혁과 정책 · 267
 III. 점령정책의 정착과 체제 억제 · 275
 IV. 일본 점령개혁 · 282
 V. 일·독 제도개혁 · 287
 VI. 맺음말 · 293

3. 한일 화해의 허들
일본 정부의 이중적인 역사인식을 중심으로 _ 김관원

 I. 머리말: 일본 정부의 화해 움직임과 한계 · 297
 II. 일본의 총리 발언과 정부 담화를 통한 사죄 · 306
 III. 거세지고 있는 일본 정부의 우경화 현상과 요인 · 314
 IV. 맺음말 · 327

찾아보기 · 331

제1부

복수의 본성과 화해의 기제들

1
전통시대 동아시아 유교에서의 복수와 정의

이원택 동북아역사재단 연구위원

I. 머리말

20세기는 제국주의의 식민지배, 그리고 두 차례의 세계대전과 냉전 등 반목과 갈등의 세기였다. 그러나 다른 한편으로 독일이 통일되고 나아가 유럽이 통합되면서 동서 냉전이 해소되자 세기말에 들어서는 '역사의 종언'이 말해지고, 21세기에 대한 기대와 희망으로 부풀었다. 그러나 막상 21세기에 들어 국제사회는 세계화가 진행됨에도 불구하고 지역적 분쟁은 오히려 격화되는 느낌을 지울 수 없다. 동아시아는 냉전의 유산이 고스란히 남아 있는 위에다가 신냉전의 구도가 덧씌워져 갈등과 대립이 오히려 다각화되고 더욱 심화되고 있다. 특히 한중일 3국 간에는 역사문제를 둘러싼 갈등이 지속되고 있는데, 유교사회가 남겨놓은 전통도 그에 일조하고 있는 것이 아닌가 생각된다. 고통을 당한 것에 대한 분노로 인해 복수심이 생기고, 그 복수심은 의리(義理)라고 하는 '유교적 정의(正義)' 또는 정의감으로 정당화되며, 금전적 보상을 통한 화해를 '사화(私和: 사적 화해)'라고 이름을 붙여 금지했던 유교 윤리의 전통이 아직까지 얼마간 영향을 미치고 있지 않는가 생각한다.

그래서 이 글에서는 '되갚음' 즉 복수(復讐)를 주제로 삼아, 유교사회에서의 복수와 그것이 의리로 정당화되는 논리 구조를 살펴보려고 한다. 이를 위해 유교에서의 사회구성 원리로 여겨지는 두 가지 원리 또는 이념인 친친(親親)과 존존(尊尊)에 대해서 서술하고, 다음으로 서양의 '응보적(應報的) 정의'에 해당하는 복수론이 유교 경전에서 어떻게 진술되는지 살펴볼 것이다. 그리고 이와 같은 복수 관념들이 야기한 복수 사건의 실제와 그것을 처리하는 방식 및 처리를 둘러싼 논쟁을 살펴볼 것이다. 한편 복수는 사인(私人) 간의 경우에만 있었던 것이 아니라, 국가 간에도 중요한 문제였는데, 송시열(宋時烈)의 복수설치(復讐雪恥)의 북벌론(北伐論)을 통해 국가 간의 복수론이 어떻게 전개되는지 살펴볼 것이다. 그리고 북벌론 속에 들어 있는 문명과 야만의 이분법은 '의리' 또는 이념에 사로잡혀 자신을 냉정하게 객관화하지 못하는 자기 방어적 심리 기제가 아니었는지, 그리고 오늘날에도 다른 형태로 변주되어 여전히 작동하고 있지는 않는지 성찰해 볼 필요가 있다.

II. 유교에서의 사회구성 원리: 친친과 존존

유가학파의 사회인식은 일차적으로 사람과 사람 사이의 관계에 주목한다. 그래서 자연인을 자연인 그 자체로 인식하기보다는 그가 주변의 타자와 관계를 맺는 방식에 먼저 주목했다. 예컨대 왕이란 지위를 놓고 볼 때, 가족 성원으로서 아비 또는 아들이라는 위상을 갖게됨과 아울러 다른 한편으로는 사회적 정치적 관계에서 군주라는 신분으로 규정된다. 이처럼 부자관계 또는 군신관계로 서로 관계를 짓는 방식을 사회구성 원리라 말할 수 있다. 이 원리 속에는 그들이 추구하고 지향하는 이념이 배어 있음은 물론이다. 따라서 원리이자 이념이 되는 것이다. 이와 같은 원리 또는 이념으로서 관계 짓는 방식은 두 가지로 상정해 볼 수 있다. 하나는 관계에 대한 정서적 혹은 감정적 태도[정(情)이나 은(恩: 은혜)]에 근거한 친친(親親: 친한 이를 친하게 여기는 것)이고, 다른 하나는 올바름[의(義)] 또는 마땅함[의(宜)]의 태도에 근거한 존존(尊尊: 존귀한 이를 존귀하게 여기는 것)이다. 이 두 가지 원리는 모든 사회적 관계에 동시에 포함되어 있다. 다만 어떤 요소가 더 주된 요소인가에 따라 나누어 본다면, 전자는 주로 가족 관계에서 표현되는 원리 또는 이념이라 할 수 있고, 후자는 주로 사회적 또는 정치적 관계에서 표현되는 원리 또는 이념이라 할 수 있다.[1]

친친과 존존의 관념에 대한 연구는 대부분 유가사상과 법가사상의 차이를 설명하면서 논의되어 왔다. 유가학파는 친친을 위주로 하고 친친을 인륜의 근본으로 여긴다.[2] 그것은 다음과 같은 공자의 이야기 속에 잘 나타나 있다.

섭공(葉公)이 공자에게 "우리 마을에 직궁자(直躬者: 정직한 자, 자신

1　규범의 근거로서 친친과 존존에 관해서는 이봉규, 1993,「규범의 근거로서 혈연적 연대와 신분의 구분에 대한 古代儒家의 인식」,『泰東古典研究』제10집 참조.
2　『論語』「泰伯」: 君子篤於親, 則民興於仁, 故舊不遺, 則民不偸;『孟子』「離婁上」: 人人親其親, 長其長, 而天下平;『禮記』「大傳」: 人道親親也;『中庸』: 仁者人也, 親親爲大.

의 몸을 곧게 처신하는 자)가 있는데, 그 아비가 양(羊)을 훔치자 아들이 (관청에 아비를) 신고했다"라고 말하였다. 이에 공자는 "우리 마을의 직자(直者: 정직함, 곧음)는 그와 다르다. 아비는 아들을 위해 숨겨주고, 아들은 아비를 위해 숨겨준다. 직(直)은 그 속에 있다"라고 말하였다.[3]

여기서 말한 '직'은 곧 정직(正直)으로, 복수에서 '직(直)'으로 돌려준다'는 것과 연관되어 있다. 『논어』의 이 이야기는 다시 『맹자』에서 순(舜)임금의 아버지 고수(瞽瞍)가 만약 살인을 했을 경우를 상정하여 자세히 논의되고 있다.

도응: 순이 천자가 되고 고요(皋陶)가 사(士: 법관)가 되었는데, 고수가 사람을 죽였다면 어떻게 되겠습니까?
맹자: (고요는) 법을 집행할 뿐이다.
도응: 그렇다면 순임금은 (고요의 법 집행을) 막지 않습니까?
맹자: 순임금이 어떻게 막을 수 있겠는가? (고요도) 전수받은 바가 있는 것이다.
도응: 그러면 순임금은 어떻게 하시겠습니까?
맹자: 순임금은 천하를 버리는 것을 여기기를 헌신짝 버리듯이 하여, 몰래 고수를 업고 도망하여 바닷가를 따라 거처하면서, 종신토록 흔쾌히 즐거워하면서 천하를 잊으셨을 것이다.[4]

---

3 『論語』「子路」: 葉公於孔子曰, "吾黨有直躬者, 其父攘羊, 而子證之." 孔子曰, "吾黨之直者異於是, 父爲子隱, 子爲父隱, 直在其中矣."
4 『孟子』「盡心 上」: 桃應問曰, "舜爲天子, 皋陶爲士, 瞽瞍殺人則如之何?" 孟子曰, "執之而已矣. 然則舜不禁與?" 曰, "夫舜惡得而禁之? 夫有所受之也." "然則舜如之何?" 曰,

이 경우에서 알 수 있는 것은 군신관계와 부자관계가 갈등을 일으킬 때에는 부자관계가 더 일차적인 의미를 갖는다는 것이다. 『예기』는 이 점을 다음과 같이 다시 정리한다. "임금을 섬김에는 범(犯)하여 간쟁(諫爭)하되 (임금의 잘못을) 숨겨주는 것이 없고, 어버이를 섬김에 (그 잘못을) 숨겨주되 범하여 간쟁하지 않으며, 스승을 섬김에 범하여 간쟁함도 숨겨줌[5]도 없다."[6]

유가학파는 친친을 위주로 하지만 이와 함께 존존도 중요시한다.[7] 대부분의 경우 친친을 언급할 때는 항상 존존과 같이 언급하여 상호 보완적으로 파악한다.[8] 예컨대 부자관계 자체에는 친친과 존존의 두 요소가 포함되어 있으며, 구체적 사안에 따라 다르게 나타나는 것뿐이다. 아버지에 대한 상복을 결정할 때는 존존이 강조되고,[9] 아버지에게 간쟁을 할 때는 친친이 강조된다.[10] 군신관계 역시 마찬가지로 존존뿐만 아니라 친친도 포함되어 있다. 물론 친친과 존존의 대립적인 측면을 부인하기는 어렵다. 특히 상복에서처럼 구체적인 예제(禮制)를 결정할 경우, 어떤 원칙을 우선시 할 것인가를 선택할 경우 대립적 양상이 나타난다. 그러나 이 경우에

"舜視棄天下, 猶棄敝蹝也. 竊負而逃, 遵海濱而處, 終身訴然, 樂而忘天下."

5　여기서 '숨겨줌'은 바로 맹자가 말한 측은지심(惻隱之心)의 '은(隱: 숨겨줌)'이다.

6　『禮記』「曲禮」: 事君有犯而無隱, 事親有隱而無犯, 事師無犯無隱.

7　方穎嫻, 1996, 『先秦之仁義禮說』, 8-15쪽 참조.

8　이와 같은 인식은 이이(李珥)의 『성학집요(聖學輯要)』「친친(親親)」편의 다음과 같은 발언에서도 찾아볼 수 있다. 不以私恩害公義, 不以公義害私恩, 恩義兩盡, 然後親親之道得矣.

9　『儀禮』「喪服」斬衰章 父에 대한 주(註)에서는 아버지를 위해 참최삼년복(斬衰三年服)을 입는 이유는 가(家)의 지존(至尊)이기 때문이라고 설명하고 있다.

10　『孟子』「離婁 上」: 父子之間, 不責善. 責善則離, 離則不祥莫大焉.

도 두 원칙 간의 선후(先後) 또는 경중(輕重)의 정도의 차이뿐이며 한쪽을 완전히 폐기하는 것은 아닙니다. 요컨대 유가학파에서는 친친과 존존을 대립적으로 파악하지 않고, 상호 보완적으로 본다.

이에 반해 법가학파에서는 친친과 존존을 상호 대립적인 것으로 파악한다.[11] 예컨대 『논어』의 '직궁자(直躬者)'와 거의 같은 이야기가 『한비자』에도 나오는데, 한비자는 친친과 존존을 대립적 시각에서 해석한다.

초(楚)나라에 직궁(直躬)이란 자가 있었는데, 그 아비가 양을 훔치자 아들이 관리에게 신고했다. 영윤(令尹: 관리)은 그 아들을 죽이라고 명했다. 임금에게는 곧았으나 아비에게는 굽었다고 여겨 붙잡아 죄준 것이다. 이를 보건대 임금에게 곧은 신하는 아비에게 포악한 자식이다.[12]

『한비자』에는 비슷한 이야기가 계속 이어진다.

노나라 사람이 임금을 따라 전쟁을 하였는데, 세 번 싸워 세 번 졌다. 중니(仲尼: 공자)가 그 까닭을 묻자 대답하기를 "나에게는 늙은 아비가 있는데, 내가 죽으면 봉양할 자가 없다"고 하였다. 중니는 효자라고 여겨 보고하여 임금에게 알렸다. 이로써 보건대 아비에게 효자는 임금에게는 패배한 신하인 것이다.[13]

11　『商君書』「開塞」: 親親則別, 愛私則險, 民衆而以別險爲務, 則民亂;『愼子』「內篇」: 骨肉可刑, 親戚可滅, 至法不可闕也.

12　『韓非子』「五蠹」: 楚之有直躬, 其父竊羊而謁之吏. 令尹曰殺之. 以爲直於君, 而曲於父, 報而罪之. 以是觀之, 夫君之直臣, 父之暴子也.

13　『韓非子』「五蠹」: 魯人從君戰, 三戰三北. 仲尼問其故. 對曰, "吾有老父, 身死莫之養也."

『한비자』는 친친과 존존을 상호 보완적인 것으로 파악하는 유가학파와는 정반대로 친친과 존존을 상호 대립적인 것으로 파악하고 있다. 이러한 법가의 사고방식은 상앙(商鞅)의 "친(親)한 이를 친하게 대하는 것을 별(別: 구별 또는 차별)이라 하고 사인을 사랑하는 것을 험(險: 기울어짐)이라 한다. 백성이 모여 별과 험을 일삼으면 백성이 어지러워진다"[14]는 발언이나, 신자(愼子)의 "골육(骨肉)에게도 형(刑)을 줄 수 있으며, 친척(親戚)도 멸(滅)할 수 있으니, 지극한 법은 예외가 있을 수 없기 때문이다"[15]라는 발언에서도 엿볼 수 있다.

　　그런데 여기서 주목해야 할 것은 법가사상가들이 친친을 사적관계에, 존존을 공적관계에 연결시키고 있다는 점이다. 『한비자』「오두(五蠹)」편에는 공과 사의 개념이 분명하게 규정되어 있다. "스스로 둘레를 친 것을 사(私)라 하고, 사와 반대되는 것이 공(公)이다."[16] 『한비자』의 공사 개념에서 특징적인 것은 공과 사를 대립적으로 파악한 점이다. 이와 같은 사고방식이 친친에 대한 그들의 비판적 태도를 결정했다고 생각된다. 한편 법가학파의 공사 개념은 주로 영역적인 의미이다. 그들은 공을 전제군주 일인에게만 집중시킨다. 반면 사는 일반 백성의 영역으로 구분한다. 그리고 공 즉 군주의 이익과, 사 즉 백성의 이익은 서로 대립되는 것으로 파악한다. 따라서 그들이 말한 멸사봉공(滅私奉公)은 군주 일인의 절대지배체제를 의미할 뿐이다.

　　仲尼以爲孝, 擧而上之. 以是觀之, 夫父之孝子, 君之背臣也.

14　『商君書』「開塞」: 親親則別, 愛私則險, 民衆而以險爲務, 則民亂.

15　『愼子』「內篇」: 骨肉可刑, 親戚可滅, 至法不可闕也.

16　『韓非子』「五蠹」: 自環者謂之私, 背私謂之公. 여기서 정의된 공과 사의 개념은 허신(許愼)의 『설문해자(說文解字)』에 인용되고 있다.

반면 유가학파에서는 공사 관념이 두 가지 방식으로 나타난다. 첫째 영역적 의미에서 공과 사를 나눈다. 이러한 방식은 법가학파와 크게 다르지 않다. 즉 공은 제후나 제후가 집무하는 관청을 의미하고, 그 외의 영역을 사라고 한다. 둘째 이념적 혹은 윤리적 의미에서의 공과 사의 개념을 제시한다. 이때의 공은 공정(公正)을 의미하여 누구나 추구하여야 할 이념이 되며, 사는 사욕(私慾)으로서 사사로이 이익을 추구한다는 뜻으로 비난의 대상이 된다.[17] 유가학파의 공사 개념의 특성은 영역으로서의 사가 인륜성을 매개로 이념으로서의 공으로 전환되기도 한다는 것이다. 즉 유가학파에서는 공과 사를 연속적이며 상호 보완적인 것으로 인식한다.

이상에서 친친과 존존 그리고 공과 사 관념은 서로 밀접한 연관성을 갖고 있음을 알 수 있다. 친친과 사는 부자관계에서, 존존과 공은 군신관계에서 그 전형을 보인다고 할 수 있다. 그런데 부자관계에는 앞서 살펴본 것처럼 친친과 함께 존존의 요소도 내포되어 있으며, 또 부자관계가 비록 사적인 관계이지만 효(孝)라는 인륜성을 매개로 친친이 이념적인 공으로 전환되어 공의 중요한 내용이 되기도 한다.

위에서 살펴본 것처럼 친친과 존존은 밀접하게 관련되어 있다. 유가학파의 경우 친친과 존존의 조화를 추구한다. 이이(李珥)는 "사은(私恩)으로 공의(公義)를 해치지 않고, 공의로 사은을 해치지 않아, 은(恩)과 의(義) 둘 다 발휘한 연후에 친친의 도리를 얻게 된다."[18]라고 하였다.

그러나 만약 친친과 존존이 서로 대립할 경우 유가학파에서는 친친을 더 일차적인 것으로 간주한다.『예기』「대전」에서는 "인(仁)을 기준으로

---

17 溝口雄三, 1993,「中國의 公과 日本의 公」,『大東文化研究』 제28집 참조.
18 『聖學輯要』「親親」: 不以私恩害公義, 不以公義害私恩, 恩義兩盡, 然後親親之道得矣.

아버지 사당을 위주로 하여 차근차근 할아버지 사당에게로 올라가고, 의를 기준으로 할아버지 사당을 위주로 하여 아버지 사당까지 순차적으로 내려오는 것이니, 이런 까닭에 인도(人道)는 친친이다"[19]라고 하였다. 더 나아가 존존은 친친에서 발생하였다고 한다. 즉 "친친 때문에 존조(尊祖)하고, 존조 때문에 경종(敬宗)하고, 경종 때문에 수족(收族)하고, 수족 때문에 종묘가 근엄해지고, 종묘가 근엄하기 때문에 사직을 중히 여기고, 사직을 중히 여기기 때문에 백성을 사랑하고, 백성을 사랑하기 때문에 형벌을 맞게 쓰고, 형벌을 맞게 쓰기 때문에 서민들이 편안하고, 서민들이 편안하기 때문에 재용이 풍부하고, 재용이 풍부하기 때문에 모든 일이 뜻대로 되고, 모든 일이 뜻대로 되기 때문에 예속이 이루어지는데 예속이 이루어져야만 즐거움이 있는 것이다"[20]라고 하였다. 이것은 친친이 점차 확대되어 나가는 것을 말한 것으로 친친의 일차성을 표방한 것이다. 『대학』의 "수신제가치국평천하(修身齊家治國平天下)"도 이러한 뜻이라고 할 수 있다.

또 맹자는 '인'을 '친'에, '의'를 '군(君)'에 대응시킨다.[21] 어떤 경우에는 '인'을 사친(事親: 어버이를 섬김)에, '의'를 종형(從兄: 형을 따름)에 연결하기도 한다.[22] 그리고 부자관계는 '은'을 위주로 하고, 군신관계는 '경(敬: 존경)'을 위주로 한다고 말한다.[23] 부자관계는 은혜를 위주로 삼기 때문에

---

19 『禮記』「大傳」: 自仁率親, 等而上之, 至于祖, 自義率祖, 順而下之, 至于禰. 是故人道親親也.
20 『禮記』「大傳」: 親親故尊祖, 尊祖故敬宗, 敬宗故收族, 收族故宗廟嚴, 宗廟嚴故重社稷, 重社稷故愛百姓, 愛百姓故刑罰中, 刑罰中故庶民安, 庶民安故財用足, 財用足故百志成, 百志成故禮俗刑, 禮俗刑然後樂.
21 『孟子』「梁惠王 上」: 未有仁而遺其親者也, 未有義而後其君者也.
22 『孟子』「離婁 上」: 孟子曰, "仁之實事親是也, 義之實從兄是也."
23 『孟子』「公孫丑 下」: 內則父子, 外則君臣, 人之大倫也, 父子主恩, 君臣主敬.

책선(責善: 잘하라고 질책하는 것)하지 않으며,[24] 자식을 직접 가르치지 않고 서로 바꾸어서 가르친다고 한다.[25] 『시경』 「소반(小弁)」에서 원망을 읊은 것도 친친 때문이라고 하면서 친친을 '인'이라고 했다.[26] 이처럼 맹자는 '은'을 위주로 하는 친친과 '의'를 위주로 하는 장장(長長: 어른을 어른 대접하는 것)이 결합되면 천하가 다스려질 것이라고 말한다.[27] 그는 이와 같은 친친과 장장이 배워서 습득되는 것이 아니라 인간이 본래부터 가지고 있는 앎과 능력, 곧 양지(良知)와 양능(良能)이라고 한다.[28] 맹자는 친친을 '인', 경장(敬長: 나이든 자를 존경하는 것)을 '의'라고 결론을 맺고 있다.[29] 맹자는 존존이라는 용어를 사용하지는 않았다. 그렇지만 그의 장장이란 용어에 존존의 의미가 들어 있다고 볼 수 있다.

지금까지 친친과 존존에 대하여 살펴본 바에 따르면, 친친은 혈연적 관계 또는 사적 관계에 주로 적용되고, 존존은 정치적 관계 또는 공적 관계에 주로 적용됨을 알 수 있다. 그러나 친친과 존존의 적용 범위는 상대적이다. 예를 들어 주로 친친의 적용 대상이라고 생각되는 부자관계에도 가내에서 지존으로서 가장의 지위를 강조할 때는 존존이 적용된다. 그 반대의 경우도 마찬가지이다. 존존의 영역이라고 간주되는 군신관계에서도

---

[24] 『孟子』 「離婁 上」: 父子之間不責善, 責善則離, 離則不祥莫大焉.
[25] 『孟子』 「離婁 上」: 古者, 易子而敎之.
[26] 『孟子』 「告子 下」: 小弁之怨, 親親也. 親親仁也.
[27] 『孟子』 「離婁 上」: 孟子曰, "道在爾而求諸遠, 事在易而求諸難, 人人親其親長其長, 而天下平."
[28] 『孟子』 「盡心 上」: 孟子曰, "人之所不學而能者, 其良能也. 所不慮而知者, 其良知也. 孩提之童, 無不知愛其親也, 及其長也, 無不知敬其兄也."
[29] 『孟子』 「盡心 上」: 親親仁也, 敬長義也, 無他, 達之天下也.

정(情)의 요소가 있다. 즉 친친이 개입되는 것을 볼 수 있다.

III. 유교에서의 복수: 유교적 정의

유교에서의 복수는 어떤 근거와 원리에 입각하고 있는가? 먼저 유교에서의 '되갚음(報)'에 대하여 살펴보자. 『논어』에 다음과 같은 대화가 나온다.

> 혹자가 묻기를 "'덕(德)으로써 원한을 갚는 것'이 어떠합니까?"라고 하자, 공자는 "어찌 덕으로서 갚는다고 하는가? 직(直)으로 원한을 갚고, 덕으로는 덕을 갚는다"라고 대답했다.[30]

"덕으로써 원한을 갚는다(以德報怨)"는 말은 『노자』에 "원한을 덕으로써 갚는다(報怨以德)"[31]라고 어구의 순서만 바뀌어 나온다. 주자(朱子)는 『논어』의 이 구절을 주석하기를 "만약 원한이 맺힌 자에게 덕으로 보답한다면, 나에게 덕을 베푼 사람에게는 보답할 방법이 없게 된다"[32]고 한다. 여기서 '덕'은 은혜를 말하며, '직'은 '똑같이 함으로써 지극히 공정하고 사사로움이 없는 것(一以至公而無私)'이다.

되갚음은 은혜를 되갚는 경우와 원한을 되갚는 경우로 나누어 볼 수 있다. 은혜 중에서 가장 큰 것은 부모의 은혜이다. 자신을 낳아주고 길러

---

30 『論語』「憲問」: 或曰, "以德報怨, 何如." 子曰, "何以報德? 以直報怨, 以德報德."
31 『老子』 63장: 大小多少, 報怨以德.
32 『論語集註』「憲問」: 言 於其所怨, 旣以德報之矣, 則人之有德於我者, 又將何以報之乎?

준 은혜이다. 그 은혜에 보답하는 것이 바로 효(孝)이다. 이 효도를 상징적으로 나타낸 예(禮)가 삼년상(三年喪)이다.『논어』에서 재아(宰我)와 공자가 삼년상에 관해 토론하는 장면이 있는데, 재아는 사계절이 한 번 순행하여 제자리를 찾는 것이 일년(期年)이므로 기년상(期年喪)이면 되는 것 아니냐고 하자, 공자는 부모가 삼년 동안 자식을 품에 안고 키웠음을 상기시킨다.[33]

부모의 은혜 다음이 군주의 은혜이다. 군주의 은혜는 공동체적인 삶을 가능하게 해 준 것을 말한다. 군주의 은혜에는 왕토사상(王土思想)에서 볼 수 있듯이 물질적인 요소가 포함되는 것은 분명하지만, 맹자가 고립된 개인의 삶이 가능하다고 여기는 양주(楊朱)를 "무군(無君: 임금이 필요 없다는 뜻)"이라고 비판한 것처럼 포인트는 역시 공동적인 삶에 있다고 할 수 있다. 순자(荀子)는 천지(天地)를 생명의 근본으로, 선조(先祖)를 인류의 근본으로, 군사(君師)를 정치의 근본으로 삼아, 근본에 보답하는 보본(報本) 개념으로 예론(禮論)을 전개하였다.[34] 그런데 여기서 부모가 자식을 낳아 기르고 군주가 백성을 보살피는 것은 이익 때문이 아니라 사랑 때문이다. 한비자는 이익 때문이라고 하지만, 적어도 유교에서는 이익의 몫이 아닌 사랑의 몫을 중시한다고 하겠다. 이 점에서 서양의 정의론에서 말하는 몫(각자에게 각자의 몫을 주는 것)과는 각도를 달리한다고 할 수 있다.

---

33 『論語』「陽貨」: 宰我問, "三年之喪, 期已久矣. 君子三年不爲禮, 禮必壞, 三年不爲樂, 樂必崩. 舊穀既沒, 新穀既升, 鑽燧改火, 期可已矣." 子曰, "食夫稻, 衣夫錦, 於女安乎?" 曰, "安." "女安則爲之! 夫君子之居喪, 食旨不甘, 聞樂不樂, 居處不安, 故不爲也. 今女安則爲之!" 宰我出. 子曰, "予之不仁也! 子生三年, 然後免於父母之懷. 夫三年之喪, 天下之通喪也, 予也有三年之愛於其父母乎!"

34 『荀子』「禮論」: 禮有三本, 天地者, 生之本也, 先祖者, 類之本也, 君師者, 治之本也.

다음으로 원한 또는 원수에 대하여 살펴보자. 원한 또는 원수의 종류도 두 가지로 나눌 수 있다. 하나는 자신에게 해를 입힌 경우이고, 다른 하나는 부모나 군주에게 해를 입힌 경우이다. 안정복(安鼎福)은 '원수를 사랑하라'는 천학(天學: 천주교)의 가르침에 대해 다음과 같이 말한다.

> 원수에는 두 종류가 있다. 만약 나를 해친 원수라면 옛날의 군자 가운데 이렇게 한 자(원수를 용서한 자)가 많이 있었다. 그러나 임금이나 아버지의 원수를 두고 이런 식으로 가르친다면 의리를 해치는 바가 클 것이다. 이것이 내가 겸애(兼愛)를 주장하는 묵자(墨子)의 부류라고 말한 까닭인데, 이들이 더 심한 자들이다.[35]

유교에서는 대개 군부(君父)에게 해를 입힌 경우를 문제 삼는다. 『중용』을 보면, 강함(强)에 대한 공자의 발언 중에 "무도(無道)한 자에게 보복(報復)하지 않는다"[36]는 표현이 있는데, 여기서 '무도한 자'라고 함은 '나에게 무도함을 행한 자'라는 뜻이다. 따라서 자신의 원수는 용서할 수 있지만, 자신과 일정한 관계를 맺고 있는 자의 원수는 용서할 수 없다는 것이 유교의 정신이라고 할 수 있다.

그러면 '자신과 일정한 관계를 맺고 있는 자'에 대해 검토해 보자. 가장 가까운 관계는 부모가 될 것이고, 가장 존숭하는 대상은 군주일 것이다. 유교에서는 전자를 '친'으로 후자를 '존'으로 표현하고, 친친과 존존

---

35 『順庵先生文集』「天學問答」: 凡讐有兩般, 若害我之讐. 古君子之若是者, 多矣. 若以君父之讐, 而以此爲敎, 則其害義大矣. 此吾所以謂墨子兼愛之流, 而此其甚者也.

36 『中庸』: 不報無道.

을 공동체의 구성 원리와 이념으로 상정한다. 이와 같은 친존관계는 모든 예제에 침투하여 기본 원리로 작동하고 있다. 친존관계를 축으로 한 사회적 관계는 상복에서 집중적으로 표현된다. 예컨대 『대명률(大明律)』 첫째 권 가장 앞 쪽에 〈상복도(喪服圖)〉가 나온다. 이는 상복을 입지 않으면 처벌한다는 것을 규정한 것이 아니라, 각각의 조문 속에 들어 있는 친존관계를 총괄적으로 제시하기 위한 것이다. 『대명률』 각각의 조문에 규정된 형량에도 또한 친친과 존존의 원리가 관통하고 있음은 물론이다.

복수의리(復讐義理)에 관한 규정은 『예기』, 『주례』, 『공양전』 등의 경전에 보인다. 이 경전들에 보이는 복수 조항은 각각 그 내용에 차이가 있으며 또 입장에도 다소 차이를 보이고 있으나, 대부분 부모와 형제 등 혈족의 원수에 대한 복수의리를 규정하고 있다. 『예기』 「곡례(曲禮)」편에 나오는 복수에 관한 내용은 다음과 같다.

> 아비의 원수와는 하늘을 함께 하지 않는다. 형제의 원수에 대해서는 병기(兵器)를 가지러 집에 가지 않는다. 친구의 원수는 함께 조정에 서지 않는다.[37]

『예기』 「단궁(檀弓)」편에서는 부모와 형제 외에 종부곤제(從父昆弟)의 원수에 대해서까지 규정하고 있는데, 종부형제의 원수에 대해서는 그의 아들이 원수를 갚을 수 있도록 호위하여 주는 것으로 규정되어 있다. 위의 「곡례」편에서 '친구의 원수'는 친구를 죽인 자가 아니라 친구의 부모를 죽인 자로서, 친구가 원수로 삼는 자를 말한다. 친구의 원수에 대해서

---

37 『禮記』「曲禮 上」: 父之讎, 弗與共戴天. 兄弟之讎, 不反兵. 交遊之讎, 不同國.

는 함께 조정에서 벼슬하지 않는 정도의 의리만 있다고 할 수 있다.

다음의 『공양전』 기록을 보자. 붕우의 경우 붕우의 부모가 피살된 것을 상정하고 있다. 붕우가 몸소 복수할 수 있도록 붕우를 호위하여 주는 것이 도리이지, 붕우를 대신하여 먼저 붕우의 원수를 죽이는 것은 효자의 마음을 풀어주는 행위가 아니라는 것이다.

> 아비가 불수주(不受誅: 국법에 의한 주살이 아닌 경우)인 경우에 아들의 복수는 옳거니와, 아비가 수주(受誅)인 경우의 아들의 복수는 추인(推刃: 서로 죽이는 것)의 도(道)이다. 복수에 제해(除害: 자신에게 또 복수할 가능성이 있는 자를 죽이는 것)하지 아니하고, 붕우는 서로 호위하여 서로 먼저 하지 아니함이 옛날의 도이다.[38]

복수의 의무는 어느 범위까지 부과되었는가? 『춘추호씨전(春秋胡氏傳)』에 세대가 바뀌었으면 보복할 수 없다는 설이 있다. 그러나 주자는 "복수는 오세에 끝난다(復讐盡五世說)"를 인용한 적이 있다. 이는 오세가 되면 '친이 다하여(親盡)' 상복을 입지 않는 관계가 되고, 따라서 복수의 의리도 없어지게 됨을 말한다. 하지만 국군(國君)의 경우에는 『공양전』의 "백세토록 복수한다(百世復讐說)"를 인용하여 만세토록 복수의리가 있음을 주장하였다.[39]

---

38 『公羊傳』 「定公四年」: 父不受誅, 子復讎可也. 父受誅, 子復讎, 推刃之道也. 復讎不除害. 朋友相衛. 而不相迨. 古之道也.
39 『朱熹集』 卷75, 「戊午讜議序」.

IV. 조선시대의 복수 사건과 복수론의 전개

1. 복수 사건의 처리 방식

조선시대에는 많은 복수 사건이 있었다. 그런 경우 대개 다음과 같은 방식으로 처리되었던 것으로 보인다.

> 광주(廣州)의 사노(私奴) 선(先)이 동네 사람 세현(世玄)과 힘겨루기를 하다가 이기지 못하자 성을 내어 세현을 찔러 죽였는데, 동네 사람이 그를 결박하니 세현의 처 임생(任生)이 남편이 비명에 죽은 것을 원통하게 여겨 즉시 칼을 잡고 선을 찔러 죽여 복수하였다. 형조가 아뢰기를, "처가 남편을 위해 복수했을 때 적용할 만한 율(律)이 없는데 정표(旌表)할 만한 열녀(烈女)이니만큼 복주(伏誅)되어야 할 죄도 덮어 주기에 충분하다 하겠습니다. 율에 '조부모나 부모가 남에게 살해되었을 때 흉악한 행위를 한 자를 자손이 멋대로 죽인 경우에는 장(杖) 육십이고 현장에서 즉시 죽인 경우에는 논하지 않는다'고 하였는데, 부처(夫妻)는 삼강(三綱)의 하나인 만큼 자손이 조부모나 부모를 위해 복수한 경우와 조금도 다를 것이 없습니다" 하고, 마침내 이는 장 육십에 해당한다고 상주하니, 임금이 이르기를, "일단 현장에서 죽인 이상 장 육십의 율을 적용하는 것은 타당치 못할 듯하다. 논하지 말라"라고 하였다.[40]

---

[40] 『(국역)현종실록』, 현종 5년 1월 20일.

이 인용문에서 '율'은 『대명률』「형률(刑律)」의 '부조피구(父祖被毆)' 조(條)를 가리킨다. 『대명률』은 제한적으로 복수를 인정하고 있다. 그런데 『대명률』에는 아내가 남편을 위해 복수한다는 조항이 없는데도 삼강을 근거로 인율(引律)하여 무죄로 처리하는 것을 볼 수 있다. 이와 같은 현실을 반영하여 『경국대전(經國大典)』에 없던 복수 관련 조항이 『속대전(續大典)』「형전(刑典)」에 다음과 같이 『대명률』을 보충하여 규정되었다.

- 아비가 피살되어 옥안(獄案)이 성립되었으나 판결을 기다리지 아니하고 그 원수를 천살(擅殺)한 자는 사형에서 감하여 정배(定配)한다.
- 아내가 남편의 원수에게 복수하고 어미가 아들의 원수에게 복수하여 그 원수를 천살한 경우에는 자손이 행흉인(行凶人)을 천살한 율에 의하여 장 육십에 처한다.

이처럼 유교를 장려하던 조선시대에는 복수 사건은 많았지만, 유학자들이 복수 문제를 깊이 있게 논한 경우가 많은 것 같지는 않다. 복수 문제를 좀 더 깊이 논한 다음 몇 가지 경우를 간략하게 살펴보자. 아마도 조선의 유학자 중에서 복수론을 가장 체계적으로 논한 사람은 정약용(丁若鏞)일 것이다.[41] 그는 『흠흠신서(欽欽新書)』「경사요의(經史要義)」에서 경전과 사서(史書)에 나타난 복수 관련 내용을 조항별로 분석하여 자신의 복수론을 제시하였다. 그의 복수론에서도 문제의 중심은 역시 친친과 존존이었다.

---

[41] 정약용의 복수론에 대해서는 이원택, 2001, 「정약용의 복수에 대한 인식과 親 관념 – 『欽欽新書』「經史要義」를 중심으로」, 『법제연구』, 20호 참조.

정약용은 『공양전』과 『주례』의 복수 조항에 근거하여 '의로운 살인의 경우'와 '국법에 의한 살인의 경우'에는 복수를 할 수 없다고 하여 복수를 원칙적으로 금지하는 입장을 표명한다. 그는 당(唐)나라 유종원(柳宗元)의 「박복수의(駁復讎議)」와 한유(韓愈)의 「복수장(復讎狀)」을 검토하고, 『공양전』과 『주례』를 인용하여 복수론을 전개한 유종원을 따르고 있다. 사적인 복수를 억제하고 공적인 법 집행으로 복수를 흡수하려는 지향을 보여준 것이다. 이것은 당시 "복수 사건에 있어 본 사건은 묻지 아니하고 절열(節烈)만을 인정하여 대개는 불문에 붙이고 있"는 폐단을 바로잡기 위함이었다. 그렇지만 정약용은 '국가가 살인자를 체포하지 못한 경우'에는 사적인 복수를 인정하였다. 그도 또한 유교 경전에 실린 복수에 대한 고유한 인식을 거부할 수는 없었다. 그것은 바로 '친', 즉 효에 대한 관념 때문이었다.

한편, 정약용은 복수의 방식에 있어서도 유교 경전에 있다고 하여 무조건 인정하지는 않았다. 『맹자』에는 다음과 같은 복수 방식이 제시되어 있다.

> 나는 오늘 이후에야 남의 어버이 죽임이 중대함을 알겠다. 남의 아비를 죽이면 남도 나의 아비를 죽이고, 남의 형을 죽이면 남도 나의 형을 죽일 것이다. 그렇다면 스스로 죽이지 아니한 것과 한 칸 차이이다.[42]

이에 대해 한(漢)나라 조기(趙岐)는 『예기』를 인용하고, 송(宋)나라 손

---

[42] 『孟子』「盡心 下」: 孟子曰, "吾今而後知殺人親之重也. 殺人之父, 人亦殺其父, 殺人之兄, 人亦殺其兄. 然則非自殺之也, 一間耳."

석(孫奭)은 『주례』를 인용하면서 『맹자』의 이 조항을 복수에 초점을 두고 주석하였다. 그러나 정약용은 이 조항에 대해 "복수에 대한 설이 아니다"라고 하면서 조기와 손석의 주석이 틀렸다고 비판한다. 맹자가 이 장에서 말하고자 한 것은 복수에 중점이 있는 것이 아니라 '남의 부모를 사랑하고 존경하면 남도 나의 부모를 사랑하고 존경한다'는 것에 중점이 있다는 것이다. 유교에서의 복수는 "갑(甲)이 경(庚)을 죽이면, 경의 아들이 갑을 죽이는 것"인데, 만약 갑의 아비를 죽인다면 "이는 갑에게 낼 화를 을에게 옮기는 것"이라는 것이다.[43]

끝으로 정약용은 친과 존의 긴장 상황에서 둘 모두를 온전히 실현할 수 있는 사례로 노(魯)나라 환공(桓公)의 부인 문강(文姜)의 사건을 예로 들고 있다. 문강은 제(齊)나라 양공(襄公)의 이복동생으로 혼전에 이미 양공과 관계를 맺고 있었는데, 노나라 환공에게 시집을 간 뒤에도 여전히 양공과 관계를 하였다. 『공양전』의 기사에 따르면, 문강은 환공이 "동[同: 뒤에 노나라 장공(莊公)이 됨]은 내 자식이 아니고 제후(齊侯: 제나라 양공)의 자식이다"라고 말했다면서 환공을 양공에게 참소하였다. 그러자 양공은 환공을 불러 같이 술을 마시고, 환공이 돌아갈 때 공자 팽생(彭生)을 시켜 죽였다. 따라서 환공의 아들 노나라 장공은 자신의 어머니 문강이 환공을 시해(弑害)하는 데 참여했기 때문에 국법에 따라 대역(大逆)으로 처단하든지 복수하든지 하여야 하는 상황에 처한 것이다. 그런데 문강이 제나라로 달아나게 되고, 장공은 문강과 단절(斷絶)하여 어머니로 삼지 아니하였는데 『좌씨전』은 그것을 예라고 기록하였다. 장공은 자신의 어머니 문강을 대역으로 처단하지도 않고, 제나라로 쫓아가 복수하지도 않은 것이다. 이

---

43 『欽欽新書』「經史要義」.

것을 하휴(何休)는 "장공이 문강에게 복수하지 못함은 어미는 낳아준 사람이라 비록 아비보다 가볍기는 하나 임금보다 중(重)하기 때문"이라고 하면서, "단절할 수는 있으나 죽일 수는 없는 것"이라고 설명한다.[44]

2. 김만균 사건과 복수 논쟁

현종 4년 11월 청나라의 사신이 오자, 현종은 모화관(慕華館)에 나가 영접하였다. 이때 홍문관 수찬(修撰) 김만균(金萬均)은 자신의 조모가 강화도에서 호란으로 죽었기 때문에 청의 사신을 맞이하기 위해 현종을 따라갈 수 없다고 상소하였다.[45] 김만균은 조모에 대한 복수의리를 지키기 위해 공무를 수행할 수 없다고 주장한 것이다. 이 김만균 사건을 두고 서필원(徐必遠)과 송시열이 두 차례의 논쟁을 벌였다.[46]

서필원은 김만균으로 하여금 공무를 수행하도록 하여야 한다고 주장하였다. 그는 몇 가지 이유를 제시하였는데, 당시 논쟁을 유발시킨 것은 "부모가 화를 당한 경우와 그 외의 친(親)이 화를 당한 경우는 정리(情理)에 차이가 있다"라고 주장한 것이었다. 다시 말해 조손관계는 부자관계보다 소원한 관계이고 따라서 조모에 대한 복수의리보다 공무 수행이라는 군신관계의 의리가 더 중요하다고 한 것이다. 이에 대해 송시열은 조손관계도 부자관계와 같은 대륜(大倫)이라고 주장하였는데, 이는 『예기』

---

44 『欽欽新書』「經史要義」.
45 『(국역)현종실록』 4년 11월 6일.
46 자세한 것은 정만조, 1991, 「조선 현종조의 私義·公義 논쟁」, 『한국학논총』 제14집 및 이원택, 2001, 「顯宗朝의 復讐義理 논쟁과 公私 관념」, 『한국정치학회보』 제35집 제4호 참조.

복수 조항에 조손관계가 빠져 있지만 사실상 부자관계에 포함되어 있다고 보아야 한다는 의미이다.

서필원은 군신·부자·조손·곤제(昆弟) 사이의 의리에 경중과 선후의 구별 문제, 『맹자』에 부자와 군신만을 대륜이라고 한 것,[47] 삼강에 조손관계가 들어 있지 않은 점, 고훈에 군부일체(君父一體)라고 한 것, 상복에서 기년복과 삼년복의 차이를 둔 것 등을 제기하여 자신의 주장을 굽히지 않았다. 이에 대해 관학의 유생들이 벌 떼처럼 일어나 서필원을 논박하였다. 특히 논박의 대상이 된 것은 삼강에 조손관계가 들어가지 않는다는 것인데, 이에 대하여 유생들은 격렬하게 반감을 드러냈다.

그런데 유교적인 맥락에서 중요한 점은 이 논쟁에서 서필원이 복수의리 자체에 대해서는 결코 그것을 부정하지 않았다는 점이다. 그는 단지 특수한 국면에서 현실적인 문제를 충분히 고려해야 한다는 것이었다. 그 역시 부모의 원수에 해당하는 경우에는 공무 수행보다 복수의리가 더 중요하다고 하였다. 따라서 이 논쟁에서 친친은 '사'와 존존은 '공'과 서로 겹치는 부분이 있으나, 친친과 존존의 문제가 본령이며 공과 사의 문제는 부차적인 문제였음을 알 수 있다.

3. 송시열의 복수설치의 북벌론

송시열은 자신이 처한 시대적 상황을 주자가 처한 시대적 상황과 비슷하게 인식하여 매사에 주자를 본받으려고 하였다. 청에 패배한 조선을 금에 패배한 남송의 상황과 같이 본 것이다. 효종과의 독대 때 효종이 송시열

---

47 『孟子』「公孫丑 下」: 內則父子, 外則君臣, 人之大倫也. 父子主恩, 君臣主敬.

에게 "주자의 말씀은 과연 하나하나 모두 행할 수 있는 것"인지를 물었다. 이에 송시열은 다음과 같이 답변하였다. "옛 성인의 말씀에는 간혹 시대와 형편이 달라 시행할 수 없는 것도 있지만, 주자의 말씀은 시대와 형편이 지금과 매우 가깝고 또 주자가 만났던 시대상도 오늘날과 서로 비슷하기 때문에 신은 그 말씀을 하나하나 모두 행할 수 있는 말씀이라고 생각합니다."[48] 그리하여 그의 정치론 역시 내수외양(內修外攘)이라는 주자의 정치론을 답습하려고 하였다. 송시열의 정치론은 그가 두 번에 걸쳐 효종에게 올린 봉사(封事)에 잘 나타나 있다. 이 봉사 역시 주자의 봉사를 본받고 있다. 송시열은 임종 시에 제자들에게 "학문은 주자를 위주로 하고, 사업은 효종께서 하시려던 것을 위주로 해야 한다"고 하였다.[49]

송시열은 주자의 외양론(外攘論)[50]에 의거하여 북벌론을 천명하였다. 그리하여 그는 먼저 그것의 이론적 근거로 『춘추』의 대일통(大一統)의 의리, 즉 춘추대의(春秋大義)를 제시하여 "혈기가 있는 부류라면 모두 중국은 존중해야 하고 이적(夷狄: 청나라)은 추하게 여겨야 할 것"이라고 했다.

48　『(국역)송자대전』 15, 14쪽.
49　『(국역)송자대전』 15, 145쪽.
50　주자의 외양론은 그의 나이 33세(1162)에 쓴 『壬午應詔奉事』에 처음으로 피력되었다. 1162년 6월에 고종(高宗, 1127~1162)이 효종(孝宗, 1162~1189)에게 양위하자, 효종이 구언(求言)한 것이다. 1161년 9월에 금나라의 완안량(完顏亮)이 남침하였는데 남송의 군대는 도망하여 싸워보지도 못하고 자멸하였다. 그런데 11월, 완안량이 완안원(完顏元)에 의해 살해되어 국면이 역전되자 남송의 군대는 실지를 수복하였다. 이러한 상황에서 주자는 지난 20여 년간 조정을 장악한 화의론(和議論)의 허구성을 비판하고 주전론(主戰論)을 주장하였다. 새로 황제가 된 효종은 중원의 실지를 회복하고 송나라를 중흥하려는 포부를 피력하기도 하였으나, 고종의 견제가 여전하였으며 또 화의를 통한 실지회복이라는 화의론에 의존하고 있었다. 이에 주자는 이 봉사를 통하여 강력한 주전론을 전개함으로써 정국이 다시 화의론으로 흘러가는 것을 만회하고자 하였다.

그리고 주자의 "인륜을 추리하고 천리를 깊이 따져 부끄러움을 씻는 의리", 곧 복수설치론(復讐雪恥論)을 제시하였다. 주자가 "인은 부자보다 더 큰 것이 없고, 의는 군신보다 더 큰 것이 없으니, 이를 삼강의 요체요 오상(五常)의 근본이라 이른다. 인륜은 천리의 지극함이니 천지의 사이에서 도망할 바가 없는 것이요, 군부(君父)의 원수는 한 하늘 아래 함께 살 수 없는 것이다. 하늘의 덮인 바와 땅의 실린 바에 모두 군신·부자의 성품이 있게 되는 것은 지극히 통탄해 마지않는 동정에서 발로된 것이고, 한 몸의 사정(私情)에서 나온 것이 아니다"라고 하였다는 것이다.[51]

그는 춘추대의를 삼강오륜에 연결시켜 그것이 천리임을 강조하고, 삼강오륜을 국제질서에 그대로 적용한다. 그리하여 명나라와의 관계는 군신관계가 되고, 청나라는 임금(명나라)을 해친 원수로 규정된다. 그것은 조선이 "신종 황제의 은혜를 힘입어 임진년의 변란에 종사(宗社)가 이미 폐허가 되었다가 다시 존재하게 되고, 생민이 거의 다 없어질 뻔 하다가 다시 소생되"었으며, 조선의 "풀 한 포기 나무 한 그루, 백성의 머리털 하나까지도 황제의 은혜를 입"었기 때문이라는 것이다.[52]

따라서 명나라를 위해 청나라에 복수하지 않으면, 더 이상 인류가 아니며 금수와 마찬가지라고 한다.

> 만일 '우리는 이미 저들(청나라)에게 몸을 굽히어 명분이 이미 정해졌다'고 한다면, 홍광(弘光)의 시해와 선조(先朝)의 수치에 대한 복수를 미처 돌아보지 못할 것이며, 이 설이 행하게 되면, 공자 이래의 대

---

51 『(국역)송자대전』 1, 272-273쪽.
52 『(국역)송자대전』 1, 273-274쪽.

경대법(大經大法)이 일체 땅을 쓿 듯 없어지고 장차 삼강이 민멸되고 구법(九法)이 폐하여 아들은 아비를 알지 못하고 신하는 임금을 알지 못하여 인심이 어긋나고 천지가 폐색하여 금수의 무리가 될 것이니, 두려워하지 않을 수 있겠는가.[53]

그리하여 송시열은 적극적으로 북벌론을 주창한다. 그러나 북벌을 하려면 군비가 필요하다. 그런데 당시 상황은 전란으로 피폐해진 데다가 연이어 계속되는 천재(天災)로 말미암아 북벌을 준비하기에는 국력이 미치지 않았다. 일부에서는 군비 확충에 우려를 나타내기도 하였다. 즉 "의논하는 자들은 모두 '인심이 의심하고 두려워하며 오랑캐가 들으면 곤란하니 군정(軍政)을 폐지해야 한다'고 한" 것이다. 송시열은 이러한 견해를 적극 배척하였다. 그는 "사변의 단서"가 "어느 때에 발단될지 모르는 것이니", "임기응변할 도구"는 있어야 한다면서 "군정을 급급히 서두를" 것을 주장했다.[54]

하지만 송시열은 이처럼 군정의 급함을 말하면서도 양민(養民)과 양병(養兵)을 병행할 수밖에 없음을 인정한다. "민심을 얻는 것으로 우선을 삼지 않으면" 오히려 "자멸의 화를 빚을 것"이라는 것이다. 그래서 "오늘날의 급선무는 오직 백사를 모두 제외하고 양민과 양병하는 것만으로 일을 삼는다면 근본이 튼튼하고 대비가 있어서 국사를 할 수 있으리라 여겨"진다고 하였다.[55]

---

53 『(국역)송자대전』 1, 275쪽.
54 『(국역)송자대전』 1, 290쪽.
55 『(국역)송자대전』 1, 290쪽.

한편 송시열은 "오늘날에 시세를 헤아리지 않고" 경솔하게 일을 도모하면 "화패(禍敗)가 먼저 이르게 되"어 불행한 결과를 초래할 수도 있다고 경계한다. 그는 효종에게 치밀하게 준비하되 십년 이십년이라도 기다려 "마음을 늦추지 말고 우리 힘의 강약을 보고 저들 형세의 성쇠를 관찰하"여 기회를 포착하자고 한다. 만약 북벌의 단행이 여의치 않을 경우 "관문을 닫고 약속을 끊으며 이름을 바꾸고 이치를 밝혀" 의리를 보존하자는 것이다.[56] 송시열의 이 견해 역시 주자의 견해를 따른 것이다. 주자는 경솔하게 북벌을 외치면 인심만 소란해지고 오히려 화를 자초하게 된다고 하였다. 주자의 이와 같은 견해는 소극적인 준비론으로 비쳐져서 윤휴의 비판을 받았다. 윤휴는 주자를 비판함과 동시에 송시열의 견해도 통렬하게 비판하였다. 물론 송시열이 이 주장을 한 것은 효종 때이고, 윤휴(尹鑴)가 송시열의 견해를 비판한 것은 숙종 때이다. 그러나 송시열의 이와 같은 견해는 지속되었으며 오히려 더 강화되었다고 할 수 있다.

이처럼 송시열의 북벌론은 그 준비과정에서 양병으로부터 양민으로 점차 중심이 옮겨가는데, 이는 외양(外攘)에서 내수(內修)로의 이동을 의미한다. 주자가 일찍이 "근본은 위강(威强)에 있지 않고 덕업에 있으며, 그 방비는 변경에 있지 않고 조정에 있으며, 그 도구는 병식(兵食)에 있지 않고 기강에 있"다고 말했다는 것이다.[57] 내수에서는 성학론이 중점이 된다.

> 이 일(북벌)은 더욱 전하의 한 마음으로 근본을 삼지 않으면 안되니, 반드시 자신을 극복하여 마음을 바르게 가져 집안을 다스려 충직에

---

56 『(국역)송자대전』 1, 275쪽.
57 『(국역)송자대전』 1, 277쪽.

접근하게 하고, 공도를 넓혀 체통을 밝히고, 기강을 떨쳐 재용을 절약하고, 사치를 혁파하여 민력을 펴게 함으로써 지모가 용명하고 기세가 충만하게 한 다음에야 이 일을 말할 수 있습니다. …… 주자가 송 효종에게 고하기를, '세상에 흔치 않은 큰 공을 세우기 쉬우나 지극히 은미한 본심은 보존하기 어렵고, 중원의 오랑캐는 쫓아내기 쉬우나 한 몸의 사의(私意)는 제거하기 어렵습니다. 그런 때문에 감히 구차하게 대단한 말을 하여 폐하를 속일 수 없습니다. 오직 폐하께서 마음을 바르게 하고 사욕을 극복하여 정사를 수행하시면, 진실한 공효를 점차로 이룰 수 있습니다'라고 하였습니다.[58]

이와 같은 송시열의 입장은 효종과 독대하였을 때 효종이 "오늘날 가장 급선무"를 묻자, "격물(格物)·치지(致知)·성의(誠意)·정심(正心)의 학설"로 대답한 것에서 여실히 드러난다.[59] 계속하여 효종이 "경이 전에 말하기를 '병력을 기르는 일과 백성을 기르는 길은 반드시 서로 방해가 된다' 하였는데, 어떻게 하면 서로 방해가 되지 않겠는가"를 묻자, 송시열은 "그것은 신의 말이 아니라, 바로 주자의 말씀"이라고 하면서 "재력에 관계되는 것을 일체 함부로 쓰지 말고 모두 군수(軍需)로 돌"릴 것과 "보오법(保伍法)을 시행"할 것을 주장하였다. 그는 "반드시 먼저 기강을 세운 뒤에라야 이 법을 시행할 수 있는데, 기강을 세우는 길은 전하께서 사심(私心)을 없애는 데에 달려 있"다고 하였다.[60]

---

58 『(국역)송자대전』 1, 276-277쪽.
59 『(국역)송자대전』 15, 7쪽.
60 『(국역)송자대전』 15, 11-12쪽.

송시열의 북벌론은 청나라가 예상과는 달리 안정되고 점점 강해지자, 심리적인 차원에서 원수를 잊지 말아야 한다는 주장으로 관념화되어 간다. 그리하여 북벌론은 군주의 수신(修身)을 강조하는 성학론으로 전환된다.

V. 맺음말: 정의, 의리, 그리고 화해

전통시대 유교에서의 '복수의리'를 21세기를 살아가는 우리가 과연 온전히 이해해 낼 수 있을까? 앞에서 서양의 정의(justice) 개념에 빗대어 '유교적 정의(正義)'라는 표현을 사용하였는데, 과연 그것은 온당할까?[61]

서양에서 정의는 어떻게 설명되고 있는가? 심헌섭 교수에 따르면, 정의는 라드브루흐(G. Radbruch)가 말했듯이 '자체근거적(自體根據的)'인 '절대적 가치'이며, 롤스(J. Rawls)에 의해서 '사회제도의 제일 덕목'으로 표현되듯이, '시원적(始原的) 개념'으로서 "인간관계 영역"에서의 "보편적 원리 내지 가치이념"이라고 한다.[62] 서양의 고전적 정의관은 인간의 삶 전체를 문제 삼아 '정의'를 주로 '바른 인간과 정당한 국가질서에 관한 일반적인 표상'으로 여겼다. 아리스토텔레스는 여기서 한걸음 더 나아가 정의를 특수한 개념으로 규정하여 고전적 정의관을 완성하였다.

아리스토텔레스는 먼저 정의를 '일반적 정의'와 '특수적 정의'로 나누

---

[61] 이승환·김형철, 1995, 「의리와 정의」, 『철학연구』 제37집 참조.
[62] 심헌섭, 1988, 「正義에 관한 硏究 – 其一, 正義의 基本槪念과 基本原理 – 」, 『서울대학교 법학』 Vol. 29 No. 2, 78쪽.

었다. 일반적(전체적) 정의는 "법에 의해 명령된 대부분의 행위는 전체적인 덕목의 견지에 의한 것"으로, 곧 "법적인 것으로서의 정의"이다. 특수적(부분적) 정의는 '분배적 정의'와 '평균적 정의'로 나뉜다. 분배적 정의는 "각 구성원에게 분배된 명예 및 이익은 각 구성원의 '공적(功績)'에 비례하여야 하는 이른바 '기하학적(비례적) 평등'"에 따른 정의이다. 평균적 정의는 "자발적인 거래를 통해서나 비자발적인 거래를 통해서 생긴 불균형을 바로 잡아주는 '산술적(평균적) 평등'"에 따른 정의이다.[63]

한편, 평균적 정의는 '시정적(是正的) 정의' 또는 '응보적(應報的) 정의'로 표현되기도 하는데, 이는 교환관계에서의 정의이다. 교환관계는 판매, 구매, 대금, 차용, 위탁 등 자발적인 것과 속임수에 의한 절도, 간통, 독살 및 강제에 의한 폭행, 감금, 폭살(暴殺), 상해, 모욕 등 반자발적(反自發的) 것이 있다. 자발적인 교환관계에는 "피해를 문제 삼을 뿐, 이 정의에 관련된 사람들의 가치(계층)를 문제 삼지 않는다는 점에서" 피해의 시정(是正)만을 요청하는 산술 평등, 즉 평균적 정의가 적용된다. 그런데 평균적 정의를 '되갚음(antipoein=reciprocity)'과 관련시켜 보면, 첫째 은혜를 되갚는 경우와 둘째 해악을 되갚는 경우로 나눌 수 있다. 은혜를 되갚는 경우는 문제가 되지 않을 것이다. 그러나 해악을 되갚는 경우, 즉 '응보적 정의'의 경우는 산술적 평등이 곧바로 적용되는 것은 아니다.[64]

아리스토텔레스는 '눈에는 눈, 이에는 이' 식의 동해보복법(同害報復法, lex talionis)에 비판적이다. 그는 받은 해악의 되갚음을 인정하나, 비례적(比

63　심헌섭, 1988, 앞의 글, 93-94쪽.
64　권창은, 1996, 「아리스토텔레스의 正義觀 – 應報的 正義를 중심으로 – 」, 『서양고전학연구』 Vol. 10, 18-21쪽.

例的)으로 되갚는 것이라고 한다. 이 때 비례의 기준은 두 가지이다. 하나는, 관련된 자들의 사회적 지위이다. 즉 "통치자가 어떤 사람을 폭행했다고 해서 이 통치자가 되폭행당해서는 안 되며, 또 어떤 사람이 통치자를 폭행했다면, 이 자는 되폭행당해야 할 뿐만 아니라, 이에 덧보태 처벌받아야 마땅하다"는 것이다. 주인과 노예 사이의 폭행은 자유인이 훌륭하기 때문에 노예에게 가중하여 되폭행하여야 하고, 자유인 사이에서의 폭행은 먼저 폭행한 자가 더 되폭행당해야 한다. 다른 하나는 행한 짓의 자발성 여부이다. 자발적인 것만이 칭찬이나 비난의 대상이 되며, 강제나 무지에 의한 반자발적인 것은 용서와 연민의 대상이 된다. 그리하여 아리스토텔레스는 고통을 되돌려 주려는 욕구가 분노인데, 분노를 발휘하지 못하는 자들은 노예들이라고 하여 "적들과 타협하지 않고 복수하는 것이 훌륭"하다고 한다.[65]

유교에서의 복수가 아리스토텔레스의 응보적 정의와 상당히 유사함을 알 수 있었다. '직(直)으로 돌려준다(報)'고 한 것에서 응보의 원리를 찾을 수 있을 것이다. 그러나 차이점 또한 적지 않다는 것을 알 수 있다. 유교에서의 복수는 철저하게 인륜에 바탕을 두고 있다. 안정복이 말했듯이 자기 자신의 신체에 어떤 해악을 입었을 경우에는 용서할 수 있지만, 군신관계와 부자관계 등 자신과 일정한 관계에 있는 인륜으로 얽혀 있는 어떤 자가 해악을 입었을 경우에는 그에 대한 복수가 의무이며, 복수의 방법도 경전에 규정되어 있고, 또 복수에 대한 처벌 조건도 법전에 규정되어 있었다.

만약 복수의리가 있는데도 불구하고, 금전을 매개로 사적으로 화해

---

65   권창은, 1996, 앞의 글, 22-35쪽.

를 하면, 국가는 그같은 사화(私和)를 패륜으로 간주하여 가혹하게 처벌한다. 고대의 경전인 『주례』에서부터 이와 같은 경우를 사화로 규정하여 금하였다. 이처럼 사화를 패륜으로 생각하는 관습은 구한말까지 지속되었다.[66] 이와 같은 인명 중시의 유교적 관습의 영향으로 인하여 요즈음에도 인명과 관련된 사건에서 금전적 배상 또는 보상을 통한 당사자 간의 화해를 꺼리는 경향이 지속되고 있는 것으로 보인다.

---

66 정긍식 편역, 2000, 『慣習調査報告書』, 한국법제연구원.

참고문헌

『論語』,『孟子』,『中庸』,『儀禮』,『周禮』,『禮記』,『左氏傳』,『公羊傳』,『老子』,『韓非子』,『朱熹集』(朱熹),『宋子大全』(宋時烈),『順庵先生文集』(安鼎福),『欽欽新書』(丁若鏞)
『(국역)현종실록』(http://sillok.history.go.kr),『(국역)송자대전』(https//db.itkc.or.kr)

정긍식 편역, 2000,『慣習調査報告書』, 한국법제연구원.
方穎嫻, 1996,『先秦之仁義禮說』, 臺北: 文津出版社.
권창은, 1996,「아리스토텔레스의 正義觀 – 應報的 正義를 중심으로 – 」,『서양고전학연구』, Vol. 10, 한국서양고전학회.
溝口雄三, 1993,「中國의 公과 日本의 公」,『大東文化研究』제28집, 성균관대 대동문화연구원.
심헌섭, 1988,「正義에 관한 연구 – 其一, 正義의 기본概念과 기본原理 – 」,『서울대학교 法學』, Vol. 29, No. 2, 서울대학교 법학연구소.
이봉규, 1993,「규범의 근거로서 혈연적 연대와 신분의 구분에 대한 古代儒家의 인식」,『泰東古典研究』제10집, 한림대학교 태동고전연구소.
이승환·김형철, 1995,「의리와 정의」,『철학연구』, 37집, 철학연구회.
이원택, 2001,「정약용의 복수에 대한 인식과 親 관념 –『欽欽新書』「經史要義」를 중심으로 – 」,『법제연구』, 20호, 한국법제연구원.
이원택, 2001,「顯宗朝의 復讐義理 논쟁과 公私 관념」,『한국정치학회보』35집 4호, 한국정치학회.
정만조, 1991,「조선 현종조의 私義·公義 논쟁」,『한국학논총』제14집, 국민대 한국학연구소.

2
역사화해 관점에서 본 조선 숙종 대 노산군 복권 조치

계승범 서강대학교 사학과 교수

I. 머리말

정치적 복권을 외치는 목소리는 역사를 바로잡자는 외침이다. 국가권력을 향해 역사를 바로잡으라는 청원은 가해자인 국가의 사과를 통해 역사화해를 이루자는 호소이다. 국가권력의 이름으로 자행한 폭력을 국가가 인정하고 피해자를 신원(伸冤)함으로써 국가구성원의 화합을 도모하려는 정치행위이기도 하다. 이런 의미의 역사화해 사례는 전통시대 정치에서도 쉽게 찾을 수 있다. 정치적 격변과정에는 어떤 식으로든 무력(폭력)이 개입하게 마련인데, 유교적 가치를 내세운 조선왕조도 예외가 아니었다.

---

* 이 글은 2020년 4월 『서강인문논총』 제57집에 게재된 계승범, 「역사화해 관점에서 본 조선 숙종 대 노산군 복권 조치」를 수정하여 재수록한 것이다.

위화도 회군과 반대파 숙청(1388~1392), 두 차례 왕자의 난(1398, 1400), 숙부의 쿠데타와 찬탈(1453~1455) 등 권좌를 노린 핏빛 정변은 꼬리를 물었다. 사화(士禍)와 같은 숱한 옥사까지 합친다면, 조선의 정치무대는 피가 마를 겨를이 없었다고 해도 과언이 아니다. 그러다 보니 선의의 피해자가 적지 않았고, '역사 바로 세우기' 또는 '역사화해' 차원에서 피해자에 대한 복권 조치는 꾸준히 이어졌다.[1]

새 왕조 개창에 반대하다가 죽임을 당한 정몽주(鄭夢周)는 불과 9년 만에 충신임을 인정받아 복권되었으며, 1517년(중종 12)에는 사림(士林)의 여론에 힘입어 문묘에 배향되기에 이르렀다.[2] 조선왕조 출범에 최대 걸림돌이던 한 인물이 100여 년 만에 충신이자 성현의 반열에까지 오른 것이다. 유교적 개혁을 추구하다가 1519년(중종 14)에 붕당 결성 죄목으로 처형된 조광조(趙光祖)도 끈질긴 복권운동 끝에, 1568년(선조 1) 복권은 물론이고 영의정으로까지 추증되었다. 이후 각처에 그를 기리는 서원이 모습을 드러냈다.[3] 이들 사례는 정국의 동향과 시대적 환경이 변하는 와

---

1 이 글에서는 '역사화해'를 '역사적으로 얽힌 숙원을 타협과 조정을 통해 국가 차원에서 해소하는 일'로 정의한다. 이때 반드시 가해자와 피해자 쌍방 간의 화해일 필요는 없다. 왜냐하면, 너무 오랜 세월이 지난 사안일 경우에는 당사자가 존재하지 않기에, 국가 차원에서 법적 절차를 밟아 해소할 수도 있기 때문이다. 국가에서 동학운동(1894)의 희생자나 제주 4·3 사건의 희생자를 공식적으로 신원하고 기리는 것이 좋은 예이다. 또한 '역사화해'에 가해자의 공식 사과가 꼭 필요하지도 않다. 가해자가 사죄하지 않더라도 억울한 피해자를 보듬는 경우도 가능하기 때문이다. 5·18 민주화운동 희생자에 대한 국가의 보훈 조치는 대표적 사례이다. 요컨대, 이 글에서는 역사적 사건으로 얽힌 무고한 피해자의 억울함을 국가에서 공식 인정한 복권이나 보훈 등의 후속 조치를 '역사화해'의 범주에 넣는다.

2 정두희, 2001,『조광조: 실천적 지식인의 삶, 이상과 현실 사이에서』, 아카넷, 138-147쪽.

3 정두희, 2001,「조광조의 복권과정과 현량과 문제: 16세기 조선 성리학의 성격에 관한

중에 발생한 역사화해 조치라는 공통점이 있다. 정몽주의 복권이 충(忠)을 강조할 수밖에 없는 수성군주 입장에서 건국 초기에 전격적으로 이루어졌다면, 조광조에 대한 복권은 100여 년에 걸친 '사림운동(유교화정풍운동)'의[4] 절정에서 피어난 시대적 산물이었다.

숙종 대(1674~1720)에 단행한 일련의 복권 조치도 바로 시대 분위기와 불가분의 관계에 있었다. 그 가운데 압권은 노산군(魯山君, 1441~1457; 단종, 재위 1452~1455)에 대한 복권 조치였다. 이는 정국의 변화에 따른 흔한 복권과는 사뭇 차원이 달랐다. 200년이 넘는 시간 동안 잊을만하면 등장하여 조정에 논쟁을 불러일으킨 뜨거운 감자를 국가 차원에서 적극적으로 해소한 역사화해 조치였기 때문이다. 특히 폐주(廢主)를 국왕으로 복권하여 그 위패를 종묘에 들이는 일은 기존의 왕통을 총체적으로 재구성하는 중차대한 조치였다. 왕조국가에서 왕통을 재조정하는 일은 조선왕조의 국가 정체성과 정통성을 재정립하는 중대한 정치행위일 수밖에 없었다. 따라서 그런 조치가 갖는 정치사적 의미를 숙종 대의 시대적 상황을 고려하여 파악할 필요가 있다.

노산군과 사육신 복권에 대한 기존 연구는 적지 않아, 숙종 대의 복권 전말은 거의 드러난 상태이다.[5] 복권 조치를 전격적으로 단행한 숙종의 의도에 대해서도 대체로 군신지의(君臣之義)에 입각한 왕권강화책의

첨언」,『한국사상사학』16.

4   계승범, 2014,『중종의 시대: 조선의 유교화와 사림운동』, 역사비평사, 151-195쪽.

5   윤정, 2004,「숙종대 端宗 追復의 정치사적 의미」,『한국사상사학』22; 이근호, 2006, 「16~18세기 '단종복위운동' 참여자의 복권과정 연구」,『사학연구』83; 이현진, 2008, 『조선후기 종묘 전례 연구』, 일지사, 295-320쪽; 이현진, 2010,「조선후기 단종 복위와 충신 현창」,『사학연구』98; 정만조, 2010,「숙종조의 사육신 추숭과 서원제향」,『한국학논총』33; 김문준, 2015,「성삼문의 복권과 추숭」,『한국사상과 문화』10 등.

일환이라는 설명이 주를 이룬다.[6] 왕통의 재정립은 어떤 식으로든 현왕(現王)의 권위와 직결되는 중대 사안이므로, 왕권강화책이라는 기존 설명은 타당하다. 다만, 왕권강화의 욕망은 국왕이라면 누구나 공유하는 본능이다. 따라서 노산군 복권 조치가 숙종의 왕권강화책의 일환이라는 설명이 보다 설득력을 가지려면, 숙종 이전의 국왕들은 왜 노산군 복권에 미온적이었는지도 함께 살펴야 할 것이다. 다시 말해서, 왜 숙종 때에 이르러서야 노산군에 대한 복권이 가능했는가라는 질문이 필요하다. 특히 숙종의 46년 재위 기간 중에서도 왜 하필 1690년대에 전면적인 복권 조치가 이루어졌을까? 이러한 질문에 답을 구할 수 있는, 시대성(時代性)에 주목한 연구는 아직 별로 없는 것 같다.

이런 문제의식에 기초하여, 이 글에서는 노산군 복권 조치의 함의를 살피되, 1690년대의 특별한 시대 상황에 주목하고자 한다. 먼저 두 번째 절(Ⅱ)에서는 노산군 복권과정의 통시적 추이를 개괄하되, 비교적 사풍(士風)이 강하던 시기에 복권론이 등장한 패턴을 확인하고 국왕의 입장도 조명할 것이다. 그다음 세 번째 절(Ⅲ)에서는 복권을 최종 재가한 국왕 숙종의 의도를 살피되, 1690년대 조선왕조의 국내외 환경에 중점을 두어 설명할 것이다. 마지막 절(Ⅳ)에서는 그런 복권 조치를 국가(국왕)와 지배 엘리트(사림) 사이의 역사화해라는 설명 틀로 정리할 것이다.

---

6 대표적으로는 윤정, 2004, 앞의 글; 이근호, 2006, 앞의 글; 이현진, 2010, 앞의 글; 김성희, 2020, 「조선 숙종의 군신의리 정립과 존주대의」, 동국대학교 박사학위논문, 82-97쪽.

II. 노산군 관련 논의의 장기 추이 패턴

국왕 이홍위(李弘暐, 노산군, 단종)[7]가 권좌에서 밀려나 군(君)으로 강등당해 영월로 유배되고(1457) 나서 단종(端宗)이라는 묘호를 받아 확실하게 복권(1698)되기까지는 무려 232년이 걸렸다. 이른바 조선왕조 500년의 거의 절반에 해당한다. 또한, 이홍위 문제는 잊을만하면 수면 위로 떠오른 '현재완료진행형'의 뜨거운 감자였다. 그렇다면 세조 사후 예종 대(1468~1469)부터 그를 전격적으로 복권시킨 숙종 때까지 노산군은 어떤 맥락에서 조정 논의에 등장하곤 했을까? 이 소절에서는 그 장기과정을 추적하여 일정한 패턴을 읽어내고자 한다.

예종 대에는 『무정보감(武定寶鑑)』 편찬과 관련하여 노산군이 등장하는데, 모두 세조의 기년(紀年)을 즉위년으로 수정하는 사안이었다.[8] 따라서 노산군에 대한 우호적 논의와는 아무런 관련이 없다. 오히려 선위의 형식으로 왕위가 바뀌었으므로 세조의 원년(元年)은 이듬해로 잡아야 함에도, 즉위한 해를 원년으로 조정한 사실은 이홍위의 왕통을 아예 부정한 조치였다.

---

7 단종이라는 묘호(廟號)로 복권되기 전의 상황을 다룰 때는 단종이라는 호칭이 적절하지 않다. 법적으로는 '노산군(魯山君)'이 합당하지만, 군으로 강등되기 전에는 노산대군(魯山大君), 동궁(東宮), 저하(邸下), 전하(殿下, 국왕), 상왕(上王) 등으로 불렸다. 이렇게 부침이 심한 삶을 산 그의 사후복권 논의를 다루는 이 글에서는 호칭이 쉽지 않다. 이런 이유로, 가장 객관적인 호칭으로 그의 본명을 쓴다. 물론 군으로 강등된 후에는 노산군으로 칭할 것이다. 국왕을 본명으로 부르는 것이 서구 학계에서는 일반적이지만, 국왕의 본명을 기휘(忌諱)하는 유교적 정서 때문인지는 몰라도 국내 학계에서는 아직도 생소하고 어색한 편이다. 그래도 이 글의 특성상, 문맥에 따라 '이홍위'라는 본명을 적절히 사용할 것이다.

8 『예종실록』 5권 1년 4월 18일 신미; 6권 7월 7일 무자, 12일 계사.

성종 대(1469~1494)에도 노산군을 죄인으로 보는 데는 별다른 변화가 없었지만, 미묘한 기운은 감지할 수 있다. 노산군이 죄인임은 분명히 하면서도, 일부 주변 인물에 대해서는 다소 우호적인 조치나 발언이 등장했기 때문이다. 노산군의 처 송씨(宋氏)와 그 친속에게 의식을 지급하여 삶을 영위하도록 성종이 전교하자, 신숙주(申叔舟)를 비롯한 권신들도 반대하지 않았다.[9] 대간의 심한 반대를 뚫고 송영(宋瑛)을 끝내 대관으로 임명한 성종의 조치도 마찬가지 사례이다. 송영은 송현수(宋玹壽)의 조카인데, 송현수는 이홍위의 장인으로 처형당한 인물이다. 따라서 대간에서는 연좌율을 거론하며 송영을 청직에는 둘 수 없다며 벌 떼처럼 일어났다. 그렇지만 성종은 송현수의 아들인 송거(宋琚)조차도 무과를 거쳐 선전관에 임명한 바 있는데, 조카를 대간에서 배척하는 일은 옳지 않다며 끝내 관철시켰다.[10] 이들 사례는 노산군의 복권에 이르는 지난한 길에서 움튼 변화의 첫 싹이라 할 수 있다.

성종 때는 노산군 주변 인물에 대한 복권을 직설적으로 요청한 상소도 등장하였다. 한양의 명문거족 출신 젊은 유생 남효온(南孝溫)은 1478년(성종 9) 구언(求言)에 응하여 상소를 올렸다. 마지막 조목에서 그는 문종 신주에 배위가 없으면 곤란하니, 그 정비(正妃)였던 소릉[昭陵, 현덕왕후(顯德王后)]을 마땅히 복권해 다시 종묘에 들여야 한다고 건의하였다.[11] 소릉은 아들 이홍위가 죄인의 신분으로 유배 길에 오를 때, 죄인모

---

9 『성종실록』 18권 3년 5월 23일 기미.
10 『성종실록』 156권 14년 7월 22일 임자, 24일 갑인, 25일 을묘, 29일 기미; 157권 14년 8월 3일 계해, 6일 병인; 249권 22년 1월 17일 갑오.
11 『성종실록』 9년 4월 15일 병오. 한편, 남효온의 소릉 복위 상소에 대해서는 정두희, 2001, 앞의 책, 113-130쪽에 상세하다.

(罪人母)의 신주를 종묘에 둘 수 없다는 이유로 왕후의 지위를 추탈(追奪)당하고 서인(庶人)으로 강등당했다. 그런 강경 조치를 취한 장본인인 세조가 죽은 지 불과 10년 만에, 일개 유생이 마치 판도라의 상자를 여는 것과도 같은 폭탄발언을 감행한 것이다. 소릉 복위 주장은 세조의 집권이 '즉위'보다는 '찬탈'이었음을 에둘러 드러내는 엄청난 폭발력을 지녔다. 그렇지만 구언에 따라 올린 상소였으므로 죄를 받지는 않았다. 남효온의 상소 또한 노산군 주변 인물에 대한 인식 변화 기조를 분명히 보여준다.

연산군 대(1494~1506)는 「조의제문(弔義帝文)」 파동을 계기로 소릉 복위 움직임을 군왕이 무력으로 압살한 시기였다. 성종 대 남효온이 홀로 외쳤던 소릉 복위 문제를 사림이 조직적으로 거론하는 현상이 성종 재위 후반기부터 나타났는데, 연산군 즉위 후에는 한층 거세졌다. 그 선봉장은 김일손(金馹孫)이었다. 그는 충청도사로 재직 중에 상소한 데 이어, 사간원에 근무할 때에는 전체 사간의 이름으로 여론을 이끌었다. 이들은 죄인의 아들(송거)과 조카(송영)도 용서받아 서용되었으니, 죄가 없는 소릉의 복위도 마땅하다는 논리를 폈다.[12] 처음에 연산군은 이런 건의를 수용하지 않았을 뿐, 김일손 등을 특별히 문죄하지는 않았다. 그런데 김일손이 「조의제문」을 사초에 넣은 일로 무오사화(1498)가 발생하면서 상황은 급변했다. 「조의제문」에서는 노산군을 노골적으로 은유하여 애도했는데, 이는 세조의 등극이 사실상 찬탈이었음을 행간으로 강하게 드러낸 셈으로 조정에 평지풍파를 일으켰다.[13] 김일손 등이 집중적으로 추궁받은

---

12 『연산군일기』 5권 1년 5월 28일 경술; 11권 1년 12월 30일 기묘.

13 무오사화의 발단과 전개과정에 대해서는 김범, 2015, 『사화와 반정의 시대: 성종·연산군·중종대의 왕권과 정치』, 역사의 아침, 2장에 상세하다.

사안도 바로 소릉 복위와 조의제문 문제였다.[14] 이런 논의가 국가의 언론 기관인 대간에까지 침투한 데 대해 연산군은 격노했고, 관련자들을 일망 타진하여 숙청하였다. 이미 죽은 김종직은 부관참시로 응징하였다. 갑자 사화(1504) 때는 소릉 복위를 최초로 거론한 남효온마저 부관참시를 당했다.[15] 두 차례 대규모 숙청을 단행한 연산군은 만약 세조께서 나라를 다시 세우지 않았다면 삼한(三韓)의 업(業)을 길이 전할 수 없었을 것이라 천명함으로써,[16] 노산군에 대한 일말의 우호적인 싹조차 철저히 밟아버리려 하였다. 이런 결과는 성종 대 상황보다도 훨씬 더 경직된 것으로, 이제는 소릉 복위를 입에 올리는 것만으로도 목숨이 날아갈 판이었다.

그러나 중종반정(1506)으로 사림의 목소리가 다시 비등하면서 상황은 다시 돌변했다. 반정공신들의 권세가 다소 주춤하면서 중종이 친정(親政)을 선언한 1512년(중종 7)부터 소릉 복위 목소리는 공공연하였고, 이른바 사림세력이 이를 주도하였다.[17] 소릉 복위의 근거는 두 가지였다. 소릉은 이미 문종 대에 죽었으므로 후대의 어떤 역모와도 관련이 없으며, 종묘

---

14 『연산군일기』 30권 4년 7월 13일 정미, 17일 신해, 19일 계축, 22일 병자; 31권 4년 8월 10일 계유.
15 『숙종실록』 39권 30년 6월 4일 임신.
16 『연산군일기』 54권 10년 6월 16일 을해.
17 역사학계에서는 '사림(파)'에 대한 전통적 개념을 이미 부정한 상태이다. 지방의 중소 지주라는 식의 사회경제적 설명은 학설로서는 사실상 종말을 고했다. 그렇다면 사림은 누구였는가? 이에 대해서는 성리학적 가치를 현실에 그대로 적용하고자 한 유학자라는 해석(Wagner, 1980)을 필두로, 최근에는 '소학 네트워크'에 참여한 사람들이라는 견해(윤인숙, 2010)와 중앙에 기반을 두고 '유교화정풍운동'을 주도한 신세대(new generations) 유생들이라는 견해(계승범, 2014) 등 대안적 모색이 꾸준하다. 그런데 수양대군의 등극을 즉위로 보는가 아니면 찬탈로 보는가는 사실상 사림 여부를 판가름하는 결정적 잣대이기도 하였다. 사림(파) 관련 연구사 동향에 대한 비평으로는 계승범, 2014, 앞의 책, 5장 참조.

에 문종의 배위를 반드시 함께 모셔야 한다는 것이었다. 반면에, 불가론의 근거는 소릉을 폐위한 장본인인 세조가 엄연히 종묘에 있는데 어떻게 소릉 복위를 종묘에 고할 수 있는가라는 것으로, 선왕이 한 일을 후왕이 쉽게 바꿀 수 없다는 논리였다. 조광조와 김전(金詮) 등 사림의 리더와 대관들이 복위를 합창한 데 비해, 공신과 대신들은 미온적이거나 반대 입장을 취했다. 국왕 중종도 복위에 선뜻 따르지 않았다.[18] 그렇지만 공신세력을 견제하려던 중종의 마음이 사림으로 기울면서 결국 소릉을 복권시키고 현덕왕후로 복위하였다.[19] 이는 소릉이 사후 폐위(1457)당한 지 56년 만에, 남효온이 복위를 처음 거론(1478)한 지 35년 만에 국가(국왕)가 세조의 조치가 과도하였음을 공식적으로 인정한 셈이었다.

    소릉 복위를 이끌어낸 사림은 이제 노산군의 후사 문제를 언급함으로써 주변 인물이 아닌 노산군을 직접 거론하기 시작했다. 조광조 등은 국가에서 노산군의 후사를 세워줄 것과 그 묘소에 치제(致祭)하기를 줄기차게 청원하였다. 특히 아무리 죄인의 낙인을 받았을지라도 왕족의 한 사람으로서 여전히 군호(君號)를 갖고 있는데도 제사조차 지내지 않는 비례(非禮)를 집중적으로 거론하였다.[20] 또한 노산군과 같은 처지의 폐주 연산군에 대한 입후와 제사를 함께 거론함으로써, 노산군만 직접 거론하는 부담을 완화하려 했다. 사안의 정치적 색채를 탈각시킨 채, 오직 주자학적 가치에 따른 입후와 왕족에 대한 치제의 당위성만 강조함으로써 중종의 완

---

18 『중종실록』 17권 7년 11월 27일 정유, 28일 무술; 8년 1월 20일 경인.

19 『중종실록』 18권 8년 4월 21일 기미.

20 『중종실록』 26권 11년 10월 22일 경오, 28일 병자; 11월 1일 무인, 5일 임오, 17일 갑오, 18일 을미.

고한 마음을 누그러뜨리려 한 것이다.

이런 전략은 주효하였다. 사림의 기세가 한창 오르던 1516년(중종 11) 중종은 마침내 치제를 명했고, 그대로 시행하였다. 다만 입후 문제는 여전히 보류상태였다.[21] 보류한 이유 또한 어떤 엄정한 원칙 때문이라기보다는, 후사가 없는 상태에서 세월이 너무 지난 탓에 입후가 쉽지 않았기 때문이었다. 그래도 소릉 복위에 이어 노산군 묘 치제까지 성취함으로써 사림은 노산군의 복권에 이르는 긴 여정에서 유의미한 첫걸음을 디뎠다고 할 수 있다.

이에 힘입어 조광조 등은 성삼문(成三問)과 박팽년(朴彭年)의 절의가 정몽주의 사례와 같으니, 그들을 포증(褒贈)하자는 주장을 펴기 시작했다. 특히 조광조는 군신의 의리를 강조하면서, 저들은 노산군의 녹을 받았기 때문에 노산군에게 절의를 지켰던 것뿐이지 애초에 세조의 녹을 받았던 자들이라면 세조에게 절의를 지켰을 것이라며, 충절의 보편적 절대성을 내세웠다. 하지만 그동안 조광조 등의 사림에 우호적이던 영의정 정광필(鄭光弼)조차도 이러한 주장에는 반대하였고, 중종도 마찬가지였다.[22] 성삼문 등에 대한 포증은 사실상 사육신을 복권시키자는 주장과 대동소이한 것으로, 사육신이 무죄라면 노산군도 무죄라는 논리로까지 발전할 폭발력을 갖고 있었기 때문이다. 그러나 비록 관철시키지는 못했지만, 이러한 주장을 경연에서 당당하게 펼친 사실만으로도 당시 분위기를 짐작하기에 충분하다.

그러나 1519년(중종 14) 말 기묘사화로 조광조 등의 사림이 실권하면

---

21 『중종실록』 27권 11년 12월 10일 병진.
22 『중종실록』 29권 12년 8월 8일 신해.

서 상황은 다시금 일변하여, 노산군 관련 유의미한 논의는 조정에서 사라졌다. 이런 추세는 인종 대(1544~1545)와 명종 대(1545~1567)에도 그대로 이어졌다. 이는 척신들이 권력을 사유화한 시대적 상황 때문으로, 그들은 기본적으로 노산군 사안에 관심이 없었다. 또한 노산군에 우호적이던 사림은 기묘사화 때 처형당한 조광조를 신원하고 복권하는 일에 전념하다시피 하였으므로, 노산군에게까지 주의를 기울일 여력이 없었다. 실제로, 이 시기 사림은 사풍(士風)을 진작하고 4대 사화의 피해자를 중심으로 도통(道統)을 확립하는 데 더 전력하였다. '사림운동'이 현실의 당면 문제를 해결하는 방향으로 나아가던 시기였다.[23]

선조 대(1567~1608)는 척신정치를 종식하고 사림이 마침내 대권을 잡은 때로 잘 알려져 있다. 따라서 노산군에 우호적인 기류가 조정의 논의를 주도할 수도 있었다. 실제로, 권력의 핵심에 포진한 사림 관료들은 다시 노산군 문제를 거론하기 시작했다. 1569년(선조 2)의 한 석강에서는 기대승(奇大升) 등 경연관들이 중종 때 소릉을 복위하고 노산군 묘에 치제한 일을 중국의 고사에 견주며 지극히 탁월한 결정이라며 강조하였다.[24] 이는 기묘사화 이후 조정 논의에서 자취를 감춘 소릉과 노산군 문제를 공식적으로 다시 거론한 것으로, 시대 분위기가 또다시 일변했음을 여실히 보여준다.

1574년(선조 7)에는 한 경연에서 중종 대에 노산군에 대한 치제를 분명히 거행하였음에도 그동안 거의 방치했다는 발언이 나왔는데, 이에 선

---

23 기묘사화(1519) 이후 선조 즉위(1567)까지 근 반세기 동안의 시대 분위기와 '사림운동'의 양상에 대해서는 계승범, 2014, 앞의 책, 5-6장에 상세하다.
24 『선조실록』 3권 2년 5월 21일 갑자.

조는 즉석에서 노산군의 치제 재개를 승인하였다.[25] 또한 이날 경연에서는 사화 피해자인 김굉필(金宏弼)과 정여창(鄭汝昌) 등에게 시호를 내리는 사안, 노산군에 대한 치제 재개, 기묘사림에 속한 김안국(金安國) 자손의 서용 문제 등을 주로 논의하였는데, 시호 문제를 제외하고는 모두 선조의 윤허를 받았다. 이런 결과에 대하여 『선조실록』의 사관이 "노산군의 묘에 치제하고 수호하게 한 일은 희세(稀世)의 의거이니 탄복하는 마음이 더 우러난다"라고[26] 부기한 점이 주목할 만하다. 『선조실록』을 편수하던 광해군 대(1608~1623)에도 노산군 문제의 해결이 사림의 숙원 과제 중 하나였음을 잘 보여주기 때문이다.

그런데 문제는 새 국왕 선조의 태도였다. 그는 노산군에 대해 대체로 부정적이었으며, 치제를 재개하는 선에서 현상 유지를 원했다. 후사 없이 죽은 명종의 방계조카로서, 더욱이 장자가 아님에도 대비의 선택으로 갑자기 즉위한 선조로서는 선왕들의 기존 왕통에 추호라도 변화를 주는 일이 원천적으로 어려웠다. 방계에서 즉위한 자신의 정통성을 공고히 하는 방법으로 기존의 왕통에 기대는 것보다 뛰어난 대안은 사실상 없었기 때문이다. 선조의 이런 태도는 경연관들의 추천을 받아 남효온의 『육신전(六臣傳)』을 읽은 후 삼정승을 불러 피력한 소감을 통해 확인할 수 있다.

그는 먼저 『육신전』에 나오는 인물의 나이나 연도 등에서 소소한 오류를 일일이 찾아냄으로써 책의 신빙성에 의문을 제기하였다. 또한, 성삼문 등의 행위가 백이(伯夷)·숙제(叔弟)와는 전혀 다르며, 충신이기는커녕 역

---

25 『선조실록』 8권 7년 4월 23일 정묘.
26 『선조실록』 8권 7년 4월 23일 정묘. 한편, 인목대비 폐위 논쟁의 전모에 대해서는 계승범, 2021, 『모후의 반역: 광해군 대 대비폐위논쟁과 효치국가의 탄생』, 역사비평사 참조.

적일 뿐이라고 단언하였다. 더 나아가『육신전』을 모두 불태울 것과 책의 내용을 말하는 자를 중죄로 다스리라고 명하였다. 선조가 워낙 강경하게 나오자, 정승들은 선조의 판단이 모두 옳다고 하면서도 항간에『육신전』은 거의 남아있지 않으니 굳이 수색하여 찾아낼 필요는 없다며『육신전』을 보호하려는 자세를 취했다.²⁷ 선조도 분서(焚書)로까지 나아가지는 않았지만, 이 장면은 노산군에 대한 그의 부정적 태도를 잘 보여준다.

따라서 선조 대 상황은 한편으로는 사림의 득세로 노산군에게 유리하기도 했지만, 다른 한편으로는 국왕 선조의 태도가 완강한 탓에 노산군에게 우호적인 결정적 조치를 끌어내기에는 역부족이었다. 오히려,『육신전』의 출간을 허락한 중종 대 상황만큼도 회복하지 못했다고 할 수 있다. 1587년(선조 20)에 조헌(趙憲)이 상소를 올려 박팽년을 노산군의 충신이라며 기리기는 했지만,²⁸ 흐름을 바꿀 수는 없었다. 이런 상황에서 발발한 임진왜란으로 인해, 조선 조정은 노산군 문제를 거론할 여력조차 상실하고 말았다. 전쟁 중에는 물론이고 종전 후에도 노산군에 대한 치제는커녕 노산군 묘소 자체가 수호군도 없이 황폐화하였다.

광해군이 즉위하면서 조정 분위기가 다소 바뀌자, 신료들은 또다시 노산군 문제를 거론하였다. 예조를 중심으로 신료들이 급선무로 내세운 사안은 노산군 묘소의 정비와 치제의 재개였다. 예조판서 이정구(李廷龜)가 논의를 주도했는데, 광해군도 동조하여 일은 순조롭게 진행되었다. 동부승지를 영월에 파견하여 치제하였으며, 묘역을 수축하고 인근 민호에서 예닐곱 명을 차출하여 수호군으로 삼았다. 또한, 지방관에게 묘역을 일상

---

27 『선조실록』 10권 9년 6월 24일 을유.
28 『선조수정실록』 21권 20년 9월 1일 정해.

적으로 관리하도록 조치하였다.29

그렇지만 광해군의 태도도 여기까지였다. 묘소를 정비하고 치제하는 문제를 논의할 때마다 그는 연산군에 대해서도 같은 조치를 취하도록 명했는데, 바로 이 점에 주목할 필요가 있다. 신료들은 주로 노산군만 거론할 뿐 연산군은 언급하지 않았는데, 이는 연산군은 죄인이고 노산군은 죄인이 아님을 행간으로 분명히 드러내는 의미가 있었다. 이에 비해, 광해군은 신료들의 건의를 수용하면서도 연산군을 함께 거론함으로써 자신의 조치가 노산군만을 위한 특별한 것이 아님을 역시 행간으로 드러냈다. 즉 중종과 선조 등 선왕들이 취한 전례를 따를 뿐이라는 선을 분명하게 그은 셈이었다.

그래도 노산군의 복권을 향한 긴 여정이 그동안 나라 안팎의 사정으로 툭툭 끊기던 점을 고려하면, 광해군의 이런 조치는 노산군에 대한 치제 재개를 계기로 다시 한 번 더 힘차게 돛을 올렸음을 의미하기도 한다. 그렇지만 이런 상징성은 현실화하지 못했다. 계축옥사(1613~1614)와 인목대비(仁穆大妃) 폐위 논쟁(1614~1618)으로 온 조정이 심한 격랑에 휩쓸린 상황에 설상가상으로 후금의 군사적 위협과 그에 따른 격렬한 외교 노선 논쟁(1618~1622)이 온 조정을 뒤덮었기 때문이다.30

이런 사정은 인조 대(1623~1649)에도 이렇다 할 변화 없이 이어졌다. 반정을 통해 집권한 중종 대 초기에 사림의 지원에 힘입어 소릉을 복위하

---

29 『광해군일기』 22권 1년 11월 30일 정미; 27권 2년 윤3월 19일 갑자; 31권 2년 7월 25일 무진; 33권 2년 9월 23일 을축, 24일 병인. 특별한 부기가 없는 한 『광해군일기』는 중초본(中草本)을 가리킨다.
30 이런 시대 상황에 대해서는 계승범, 2007, 「광해군 대 말엽(1621~1622) 외교 노선 논쟁의 실제와 그 성격」, 『역사학보』 193.

고 노산군에 대한 치제를 거행한 경험과는 달리, 똑같이 반정으로 집권하였음에도 인조 대의 사정은 녹록지 않았다. 안으로는 이른바 토역정국(討逆政局)이 오래가면서 조정이 늘 소란했고, 밖으로는 후금과 명 사이의 전쟁이 장기화하면서 나라의 안위가 위태로웠다. 급기야 두 차례 호란으로 나라의 사정은 말이 아니었고, 삼전도 항복(1637) 후에는 청의 요서(遼西) 공략에 연이어 징병당하는[31] 등 안팎으로 정신을 차리기조차 힘든 상황의 연속이었다. 따라서 노산군 문제는 잠잠할 수밖에 없었다. 몇 개 기사가 보이기는 하지만, 명 황제의 책봉을 받기 위한 주문을 작성하면서 노산군과 연산군의 전례를 살피거나,[32] 『광해군일기』의 편찬 문제로 『노산군일기』와 『연산군일기』의 전례를 상고한 정도였다.[33]

효종 대(1649~1659)에는 사정이 다시 바뀌었다. 조선 내정에 대한 청의 간섭이 느슨해지면서 정국이 비교적 안정되자, 노산군 치제 문제를 조정에서 재론한 것이다. 단, 이때의 특징으로는 영월에 관원을 보내 치제하면 기우제의 효과를 볼 수 있다는 논리가 등장한 점이다.[34] 이는 단순해 보이지만, 의미심장한 함의를 담고 있다. 하늘의 재앙을 그치기 위해서는 원혼을 달래야 한다는 믿음이 당시에 강했는데, 노산군과 연산군의 묘소에 함께 치제하면서 굳이 노산군에 대해서만 기우(祈雨)를 거론한 것은 노산군의 원통함을 에둘러 표현한 것으로도 볼 수 있기 때문이다. 효종이 이런 함의를 분명히 인지했는지는 알 수 없으나, 노산군 치제는 이미 전

---

31 계승범, 2009, 『조선시대 해외파병과 한중관계』, 푸른역사, 222-238.
32 『인조실록』 1권 1년 3월 14일 갑진, 23일 계축.
33 『인조실록』 6권 2년 6월 29일; 45권 22년 8월 27일.
34 『효종실록』 11권 4년 7월 3일 병인.

례가 적지 않으므로 효종 또한 긍정적으로 수용하고 시행하였다.[35]

현종 대(1659~1674)는 이런 새로운 기류에 강한 추동을 가한 시기였다. 특히 이홍위의 정통성을 강조한 송시열(宋時烈)이 이끌던 서인의 권세가 현종 대 거의 내내 이어지면서, 조야는 이구동성으로 노산군 문제를 거론하였다. 그 결과, 현종 대의 조정 논의는 노산군의 복권으로 가는 길고 긴 여정에서 획기적인 전기를 이루었다. 그 한 예가 노산군 치제의 정례화였다. 또한, 노산군의 신주를 모신 사우를 건립하여 참봉을 정식으로 두었으며, 수묘군 차출도 제도화하였다.[36] 특히 노산군의 시신을 수습해 장사 지냈다고 알려진 엄흥도(嚴興道)를 송시열이 절의의 표상으로 추켜세우고 그 후손을 찾아서 등용하자고 청하자, 현종은 바로 수락하였다.[37] 이런 기류는 더욱 강해져, 노산군의 기제뿐만 아니라 사시제(四時祭)까지 거행했으며, 이에 필요한 모든 제수를 관에서 지급하였다.[38] 그러다 보니, 이제는 노산군 부인의 묘소에도 관심이 커졌다. 이에 조정에서는 관원을 보내 묘소를 정비한 후 수묘군을 배치하고, 묘역 관리를 위해 정식으로 제전(祭田)을 지급하기에 이르렀다.[39] 이런 일련의 조치는 당시 일신된 조정 분위기를 실감하기에 충분하다.

현종 대의 또 다른 특징으로는 노산군을 연산군·광해군과 분명하게 차별화하는 움직임이 공개적으로 등장한 점을 들 수 있다. 지금까지는 노

---

35 『효종실록』 11권 4년 7월 4일 정묘, 18일 신해; 8월 1일 계해.
36 『현종실록』 3권 1년 12월 1일 임오; 5권 6월 20일 신유, 21일 임술; 15권 9년 11월 23일 무오.
37 『현종실록』 16권 10년 1월 5일 기해.
38 『현종실록』 21권 14년 2월 13일 계축.
39 『현종실록』 22권 15년 1월 2일 정묘.

산군 치제 논의에 연산군도 함께 묻어가는 경향이 있었다.[40] 그런데 그런 차별화 발언이 영의정 정태화(鄭太和)의 입에서 비롯했음이 중요하다. 영의정이 거론할 정도라면, 이제 논의의 무게중심이 완전히 노산군 쪽으로 넘어갔다고 볼 수도 있기 때문이다. 앞서 살폈듯이, 중종 대의 사림은 사안의 폭발력을 스스로 낮추기 위해, 그리고 선조나 광해군 같은 국왕은 노산군만 특별히 대우한다는 오해를 사지 않기 위해 노산군과 연산군 사안을 되도록 함께 다루었다. 그런 '조심스러운 태도'가 현종 대부터는 완전히 사라진 것이다.

이런 새 분위기 조성에는 송시열의 역할이 컸다. 현종의 즉위와 함께 발생한 1차 예송 논쟁을 계기로 현종 대 내내 송시열의 권위는 지대하였다. 특히 그 추종자들이 조정의 요직을 차지하면서, 노산군의 복권에 이르는 숱한 계단을 본격적으로 오를 수 있었다. 이뿐 아니라, 효종 사후에 북벌론의 위세가 크게 꺾인 데 따른 대체 이데올로기의 필요성이 새롭게 고조되던 시대 분위기도 무시할 수 없을 것이다. 왕조의 내부 정비가 절실하였는데, 그 정비작업은 바로 왕통의 재확립이라는 실천적 조치로 나타날 소지가 컸다.

숙종 대(1674~1720)는 이런 추세가 더욱 강해졌는데, 두어 차례의 환국과 묘한 함수관계가 있었다. 2차 예송 논쟁의 끄트머리에서 즉위한 숙종은 주로 남인과 함께 정치를 시작했다. 서인만큼은 아니지만, 남인도 노산군에 대해서는 우호적이었다. 따라서 숙종 초기에는 노산군의 사우

---

40 한두 예로, 『현종실록』 5권 3년 6월 21일 임술 및 17권 10년 8월 18일 무인이 있다. 후자의 경우는 사론(史論)이므로, 현종 당시의 사실이라기보다는 『현종실록』을 편찬하던 숙종 대의 중론이라 할 수 있다. 그래도 노산군만 특별히 차별화하는 움직임이 현종 대 공개적으로 등장한 점은 주목할 필요가 있다.

를 보수하고 묘역을 다시 정비하자는 논의가 일었고, 숙종은 모두 수락하였다.[41] 그런데 그것뿐이었다. 송시열을 중심으로 거세게 일던 분위기가 한풀 꺾인 것은 분명하였다. 물론 남인이 정국을 주도한 기간이 불과 5년 남짓이었으므로 속단할 수는 없다. 그렇지만 1680년(숙종 6) 경신환국(庚申換局)으로 다시 권력을 잡은 서인이 곧바로 노산군의 무죄함과 사육신의 충절을 거론한 사실을 고려할 때,[42] 서인과 남인 사이에 일정한 차이를 감지하기는 어렵지 않다.

실제로, 서인 집권 기간 중 노산군 복권에 다가서는 첫 획기적 조치가 나왔다. 곧 노산군을 노산대군으로 올린 것으로, 이는 숙종의 제안을 중신들이 수용한 결과였다. 이때 숙종은 정비(正妃)가 낳은 왕자는 마땅히 대군이라는 간략하면서도 분명한 논리를 제시하였다.[43] 이는 매우 중요한 전환점이었다. 왜냐하면, 대군이라 할지라도 후에 역모에 관련되면 군으로 얼마든지 강등될 수 있었고, 그래서 실제로 노산대군도 군으로 강등당했음에도, 숙종이 노산군을 대군으로 승격시킨 것은 국왕 이홍위가 군으로 강등당할 이유가 없었음을 스스로 피력한 셈이었기 때문이다.

국왕의 의중이 분명해지자, 이제 노산군의 복위와 사육신의 복권 논의는 조야에서 공공연하였다. 오히려 중신들이 숙종에게 끌려가는 형국이 점차 분명해졌다. 이참에 대군의 위호(位號)를 왕(王)으로 회복하자는 상소가 성급하게 올라와 기각하기는 했지만,[44] 대군 승격에 따른 후속 조치

---

41 『숙종실록』4권 1년 10월 21일 정해; 8권 5년 1월 25일 신유.
42 『숙종실록』10권 6년 12월 22일 정미.
43 『숙종실록』12권 7년 7월 21일 임신.
44 『숙종실록』12권 7년 8월 3일 계미.

는 일사천리로 진행되었다. 분묘를 수축하고 묘표와 위판을 고쳤으며, 대군의 격에 맞게 수묘군도 증액하였다.[45] 심지어 노산군 복위 사건으로 말미암아 폐했던 순흥(順興)지역을 무려 200여 년 만에 부(府)로 회복시키는 조치도 뒤따랐다.[46]

그런데 기사환국(1689)으로 송시열 등이 죽임을 당하고 남인이 다시 집권하면서 분위기는 다소 위축되었다. 남인 집권 시기(1689~1694)에 신료들이 노산군과 관련하여 발론한 사례는 실록에 보이지 않는다. 오히려 숙종이 노량진의 사육신 묘소를 둘러보고 그 충절에 감복하여 사당에 제사하라고 명했을 때, 남인 계열 중신들은 그곳이 진짜 사육신의 묘역이라는 증거가 부족하다는 이유로 반대하였다. 이에 숙종이 한발 물러섰으나, 대신 노산대군의 묘소에 특별히 치제하도록 명하였다. 이전과는 달리, 이제 이홍위의 복권과 관련하여 주도권은 신료가 아니라 숙종에게 확실히 넘어간 것이다.

갑술환국(1694)으로 다시 서인이 집권하면서 이홍위의 복위 문제는 날개를 달았다. 숙종이 주도하는 복위 논의에 중신들이 적극적으로 호응했기 때문이다. 발단은 전(前) 현감 신규(申奎)가 올린 복위 상소였으나,[47] 이미 국왕의 의중이 그러함은 누구나 알고 있었다. 이 상소를 계기로 숙종은 종친과 문무백관의 견해를 두루 수의(收議)했으며, 마침내 이홍위의 복위를 단행하였다. 숙종이 밝힌 복위논리는 이홍위가 군으로 강등당한 것은 세조의 본뜻이 아니라 육신(六臣)의 거조 때문이었는데, 이제 이들

---

45 『숙종실족』 12권 7년 8월 24일 갑진.
46 『숙종실록』 13권 8년 1월 13일 신유.
47 『숙종실록』 32권 24년 9월 30일 신축.

육신의 충절을 정포(旌褒)했으니 그 군왕도 복위하는 것이 오히려 세조의 성덕을 더 밝힌다는 것이었다.[48] 결국, 이홍위의 묘호를 단종(端宗)으로, 처 송씨는 정순왕후(定順王后)로, 능호(陵號)는 각각 장릉(莊陵)과 사릉(思陵)으로 확정하고 신주를 종묘에 들였다. 또한 『노산군일기』도 『단종대왕실록』으로 개칭함으로써, 이홍위의 복권과 복위를 완성하였다.[49]

이상의 장기 추이에서 찾을 수 있는 패턴이나 특징은 다음과 같다. 첫째, 노산군의 억울함에 동조하는 지식인들이 사실상 세조 사후부터 암암리에 존재한 사실이다. 아무런 죄가 없는데도 숙부의 폭거에 희생당한 정통 군주라는 인식이 사림 사이에서 강하게 복류(伏流)했던 것이다. 이것이 바로 연산군이나 광해군과는 다른 점으로, 노산군을 신원해야 한다는 여론이 200년이 넘도록 끈질기게 이어진 결정적 이유였다.

둘째, 그런데도 복권에 이르는 과정이 무척 길고 지난할 수밖에 없었던 이유는 국왕의 태도와 시대 상황 때문이었다. 세조 이후에 즉위한 모든 국왕은 솔직히 세조가 보위에 오르지 않았으면 결코 왕이 될 수 없는 자들이었다. 따라서 국왕 개인의 호불호 차원을 넘어 누구도 노산군 문제의 해결에 긍정적일 수 없었다. 노산군의 무죄를 인정하는 순간 자신의 왕통을 가능케 한 세조의 정통성이 무너지는 구조였기 때문이다. 그렇다고 조야의 여론을 주도하는 사림의 청원을 무조건 거부하기도 어려웠다. 따라서 중종, 선조, 광해군, 효종 등 일부 국왕은 노산군에게 치제하도록 허락하는 선에서 절충하고, 이 사안을 마무리하려 하였다. 비록 종사에 큰 죄를 입었을지라도 군호를 지닌 왕자에게 국가에서 치제하는 일은 노산

---

48 『숙종실록』 32권 24년 10월 23일 갑자, 24일 을축, 29일 경오.
49 『숙종실록』 40권 30년 8월 5일 임신; 11월 29일 을축.

군의 왕통을 회복하는 일과는 무관한 조치였기에, 즉 세조의 정통성에 해를 끼칠 만한 사안은 아니었기에 얼마든지 가능하였다.

셋째, 이런 '애매한' 상황을 일신하고 노산군의 무죄를 공공연히 거론하는 극적 반전은 현종 때 시작하였다. 그 핵심은 노산군의 차별화였다. 당시 시점에서 볼 때, 보위에 오른 적이 있음에도 폐출 후 군으로 강등된 사례는 셋인데, 노산군, 연산군, 광해군이었다. 그런데 이 가운데 노산군을 분리하여 특별히 대우함은 곧 그의 무죄함을 인정하는 조치에 다름 아니었다. 동시에, 무죄라면 당연히 복위해야 한다는 논리를 확보한 것으로, 노산군의 완전한 복권에 드디어 큰 물꼬를 튼 셈이었다.

넷째, 노산군의 복권에는 송시열이 이끌던 서인 세력의 역할이 매우 컸는데, 그러다 보니 당시 서인과 대립각을 높이던 남인은 원론적으로는 노산군에 우호적이면서도 서인이 주도하는 일에 휩쓸리는 것을 우려하여 상대적으로 미온적 태도를 취한 것 같다. 실제로, 환국을 통해 어느 정파가 권력을 장악하는가에 따라 노산군 복위 목소리의 강도에도 무시 못 할 차이가 있었다.

다섯째, 복권을 완벽하게 마무리한 숙종 대 조정 논의는 이전과는 달리 신료들보다는 국왕이 직접 주도하는 양상을 보였다. 신료들이 건의하여 왕이 수락하는 모양새가 아니라, 숙종이 먼저 발론하면 서인계 신료들이 호응하는 양상이었다. 숙종의 이런 적극성을 왕권강화 의도로 보는 현재 통설은 타당하지만, 그렇다면 이전의 국왕들은 왕권강화가 싫어서 복권에 소극적이었는가라는 논리적 문제를 피할 수 없다. 따라서 이 문제는 왕권강화를 이유로 보는 기존의 설명을 수용하되, 숙종 대의 시대 상황과 관련하여 새롭게 조망할 필요가 있다.

III. 1690년대 복권 조치의 시대적 환경

숙종은 재위 전반기(1680~1690년대)에 국왕의 복권을 비롯하여 다양한 왕통강화 조치를 단행하였다. 공정왕(恭靖王, 재위 1398~1400)을 정종(定宗)으로 추상하고 정식으로 종묘에 들인 일(1681), 태조(이성계)의 시호를 추증하고 영정을 새로 그린 일(1688), 태조의 잠저 터에 사적비를 세운 일(1693), 태종이 격하시킨 신덕왕후(神德王后, 태조의 두 번째 부인)를 함흥의 본궁(本宮)에 제사한 일(1695), 종묘를 정비하여 태조 이래 왕통을 확립한 일(1698) 등은 그 좋은 예이다.[50] 앞서 살핀 노산군의 왕통 회복(1698)은 이런 일련의 과정에서 절정을 이루었다고 할 수 있다.

이를 종합적으로 보면, 조선의 건국군주 태조를 높이고 그 이하 왕통을 어떤 하자도 없이 완벽하게 재구성함으로써 왕조를 중건하려 한 숙종의 의도를 읽어낼 수 있다. 유달리 숙종이 이런 의지를 강하게 표출하고 일관되게 밀어붙인 사실은 그가 당시 조선의 왕통을 강조해야 할 필요성을 강하게 느꼈음을 시사한다. 그런데 그런 필요성은 숙종이 당시 상황을 왕조의 위기로 보았기 때문이기도 하다. 어떤 위기 상황에서 계통이나 정통을 강조하는 현상은 동서고금에서 일반적이기 때문이다.

조선왕조의 위기는 왜란과 호란 때 이미 절정에 달할 정도로 심각했다. 왜란 초기에 선조에게 책임을 통감하고 선위하라는 유생들의 상소

---

50 숙종이 단행한 왕통 (재)정비에 대해서는 다음 교양서가 종합적으로 잘 정리하였다. 윤정, 2013, 『국왕 숙종, 잊혀진 창업주 태조를 되살리다』, 여유당. 이 책의 모든 내용이 숙종으로 수렴하지는 않지만, 숙종이 굳이 300여 년 전의 창업군주 태조와 그 관련 인물들을 수시로 호명해 현실로 불러낸, 또는 그럴 수밖에 없었던 고도의 정치행위를 왕조중건 의지로 읽어낸 점은 탁월하다.

가 빗발친 것은 주지의 사실이다. 특히 인조의 삼전도 항복은 광해군보다 오히려 훨씬 더 심각하게 명나라를 배반한 패륜이라는 인식이 조야에 편만하였다.[51] 무능한 군주에게 책임을 추궁하는 움직임은 재야지식인 사이에서는 다반사였고, 이런 분위기가 확산한다면 이씨왕조 자체의 정통성과 권위에 심각한 타격을 입을 수 있었다.

따라서 17세기 중후반의 국왕들은 어떤 식으로든 난국을 타개할 정책이 절실하였고, 그 가운데 하나가 바로 200년이 넘도록 일부 '흠결'을 안고 있던 왕통을 조정(adjustment)하는 작업이었다. 당시 조선은 정통과 계통을 극단적으로 중시한 주자학적 유교사회였기에, 왕실의 계통을 재정비하는 일은 사실상 왕조 중건을 위한 기초작업이기도 했다. 특히 왕조의 뜨거운 감자였던 노산군 문제는 어떤 식으로든 종결지어야 할 특별한 사안이었다. 한 국가사회에서 어떤 특정 사안을 놓고 동일한 여론과 청원이 무려 200년이 넘도록 이어졌다면, 그것은 단순한 정쟁의 범주를 넘어 왕조의 본질 문제와 직결된 중차대한 사안임이 분명하기 때문이다.

그렇다면 노산군에 대한 복권은 왜 하필 숙종 대에 마무리되었을까? 또한, 46년이라는 긴 재위 기간 중에서도 숙종은 왜 하필 1680~1690년대에 그런 일련의 조치를 집중적으로 취했을까? 어떤 정치행위를 분석하고자 할 때, 생명과도 같은 중요한 준거는 바로 그 행위의 시간성이다. 그렇다면 이제 질문의 패러다임을 조정할 필요가 있다. 숙종 개인의 왕권 강화 의지 외에도, 그가 그런 필요성을 느낀 당시의 시대상황(시대정신) 맥락에서 새롭게 이해할 필요가 있다. 다른 말로, 1680~1690년대 상황이

---

51 계승범, 2008, 「계해정변(인조반정)의 명분과 그 인식의 변화」, 『남명학연구』 26, 경상대학교 남명학연구소.

어떠했기에, 숙종이 일련의 조치를 단행하면서 그 절정이자 대단원으로 노산군의 복위를 선택했는지에 주목해야 한다는 것이다.

당시의 시대 분위기를 파악하기 위해서는, 약 반세기 전에 있었던 삼전도 항복이 조선왕조의 국가정체성을 뿌리째 뒤흔든 엄청난 충격의 실체라는 점을 직시할 필요가 있다. 조선왕조의 국가정체성은 내부적으로는 소중화 의식에, 외부적으로는 명나라를 향한 사대의리에 닿아 있었다. 당나라 몰락 후 북방 정복왕조들(conquest dynasties)이 중원을 휩쓸었는데, 명나라는 한족이 400여 년 만에 다시금 중원을 정화한, 그래서 매우 특별한 중화제국이었다. 단순한 강대국 차원을 넘어, 주-한-당-송으로 이어진 유교적 중화문명의 담지자, 곧 보편적 중화문명 그 자체이자 천자국이었다. 이에 명과 조선의 관계는 이전의 군신관계에 부자관계가 더해져, 이른바 충·효에 기초한 군부(君父)-신자(臣子) 관계로 이념화하였다. 그런데 군신관계와 부자관계는 그 가치의 절대성과 지속성 면에서 확연히 다르다. 정치적 군신관계는 정세 변화에 따라 얼마든지 가변적이지만, 인륜에 기초한 부자관계는 상황을 초월하는 절대적 관계, 곧 절대가치이기 때문이다. 맹자가 명시했듯이, 신하들의 간언에도 불구하고 군주가 거듭 도(道)를 저버리면, 신하는 군신관계를 파기하고 조용히 떠날 수 있었다. 반면에, 부모는 아무리 잘못하더라도, 자식이 그 부모를 바꾸거나 저버릴 수 없다는 결정적인 차이가 있다. 이것이 바로 "천하에 옳지 않은 부모는 없다"[52]는 말이 유교사회 조선에서 널리 회자된 이유였다.[53]

---

52 이 말은 송나라 때 이름을 날린 유학자 나종언(羅從彦, 1072~1135)이 한 말이다. 「豫章學案」, 『宋元學案』序 1右(臺北: 臺灣商務印書館, 1973).
53 이에 대한 상세한 논의는 계승범, 2009, 앞의 책, 216-219쪽.

16세기를 지나면서 명과 조선의 군신관계에 부자관계가 추가된 역사적 중요성은 바로 여기에 있으며, 이것이 바로 조선왕조의 새로운 국가정체성이었다. 사실, 명나라가 주도하는 국제질서가 존속하는 한, 조선왕조는 이념적 고민 없이 안녕을 유지할 수 있었다. 그런데 17세기 전반 명·청 교체의 격변을 맞아 조선의 국가정체성 문제는 명과 청 사이에서 선택의 여지를 근원적으로 없애버렸다. 충효에 기초한 사대의리를 포기하지 않는 한, 조선이 취할 대응방법은 사실상 명나라와 운명을 함께 하는 것 외에는 없었기 때문이다. 정묘호란(1627)을 맞아 국가위기를 모면하고자 후금과 형제관계까지는 맺을 수 있었다. 그러나 1630년대 들어서면서 홍타이지가 새롭게 요구한 군신관계는 조선으로서는 도저히 받아들일 수 없는 패륜에 다름 아니었다. "차라리 송(宋)의 진동(陳東)처럼 죽을지언정 주화 무리와는 천지간에 도저히 함께 설 수 없다"라고 외친 어느 척화 신료의 절규는[54] 바로 당시 국제무대에서 조선왕조가 갖는 국가정체성(존재이유)의 진수를 잘 보여준다. 이 점이 바로 청나라에 대적할 힘이 없음을 분명히 알면서도 청나라와 전쟁을 벌일 수밖에 없었던 결정적 이유였다.

　　이런 이념 무장이 철저했기에, 삼전도 항복의 휘발성과 폭발력은 대단하였다. 신자(조선 국왕)가 군부(명 황제)를 공격하여 죽이려는 원수(청 태종) 앞에 나아가 항복한 것은 단순히 굴욕 차원을 넘어, 의리에 기초한 유교국가의 정체성을 뿌리째 뒤흔든 패륜행위 그 자체였기 때문이다. 특히 원수 앞에 무릎을 꿇고 엎드려 이마를 바닥에 찧으며, 앞으로 군부인 명나라 황제와 절연하고 청나라 황제를 새 군부로 섬기겠다고 맹세한 일은

54　『인조실록』 15년 1월 23일 계해 12번째 기사. 참고로, 진동은 북송 말기부터 남송 초기에 걸쳐 금나라에 대하여 최강의 척화론을 주도하다가 끝내 처형당한 인물이다.

조선의 왕과 신료들 스스로 유교의 양대 가치인 충과 효를 동시에 저버린 극악한 행위였다.

더 중요한 것은, 그런 행위가 어쩔 수 없었다는 상황논리로 변명하고 합리화할 수 없다는 점이었다. 군신관계(충)와는 달리, 부자관계(효)는 상황에 따라 영향을 받는 가변적·상대적인 가치가 아니었기 때문이다. 만약 청의 무력 때문에 어쩔 수 없었다는 상황논리가 성립할 수 있다면, 충효에 바탕을 둔 조선의 유교적 지배논리도 더 이상 절대적일 수 없을 것이었다. 왜냐하면, 상민이나 노비들도 같은 상황논리를 내세워 양반이나 주인에게 무조건적으로 충성할 필요가 없기 때문이다. 그렇게 된다면 그것은 곧 유교적 지배구조의 붕괴, 더 나아가 바로 그 바탕 위에 서 있던 조선왕조와 양반지배체제의 붕괴를 초래할 수도 있었다.[55] 따라서 조선의 지배층은 외교상으로는 어쩔 수 없이 청나라를 새 황제국으로 받아들였지만, 국내에서는 그러한 현실을 부정하고, 오히려 이미 망해 없어진 명나라를 여전히 군부로 간주하며 더 철저하고 애틋하게 의리를 지키고자 했다. 그렇게 함으로써 항복으로 인해 야기될 수 있는 지배 이데올로기의 위기를 타개하고자 하였다.[56]

1644년에 명나라가 몰락했다. 이러한 천붕(天崩)의 패닉 상황에서 인조는 어떤 대안을 제시할 겨를조차 없이 생을 마감하였다. 뒤를 이어 즉위한 효종은 삼전도 항복 이후 형 소현세자와 함께 청나라에 끌려가 8년간 억류되었던 전력이 있었다. 그는 귀국 후 소현세자 일가의 비참한 종

---

55 이런 위기의식은 송시열의 글에 잘 나타난다(『宋子大全』 권5 29右). 이에 대한 상세한 분석은 계승범, 2019, 「삼전도항복과 조선의 국가정체성 문제」, 『조선시대사학보』 91.
56 계승범, 2009, 앞의 책, 216-219쪽.

국을 지켜보았고, 자신의 세자 책봉에 거의 모든 조정 신료들이 반대하는 정국을 몸소 겪었다. 우여곡절 끝에 즉위한 그에게는 국가적 공황상태를 돌파할 대안을 제시하고 양반사대부의 흩어진 민심을 규합하여 왕조를 재건해야 할 시대적 임무가 분명하였다. 이에 효종이 제시한 것이 바로 북벌 논의의 선점이었다.

당시에도 조선이 정말로 거대 제국 청나라를 상대로 북벌을 단행할 수 있다고 믿은 사람은 아무도 없었다. 북벌의 성공 가능성을 높이 본 효종의 판단 근거조차도 허술하기 그지없었다. 따라서 효종이 정녕 북벌을 실천에 옮기기 위한 진정한 의도에서 북벌론을 주창했는지 의심을 갖기에 충분하다. 솔직히, 효종의 북벌론은 천륜으로서의 의리이념에 기초한 조선왕조의 국가정체성을 재확립하고 양반사대부의 민심을 조선왕조의 깃발 아래 다시 규합하기 위한 대내용 정치선전(propaganda)에 다름 아니었다. 처음부터 현실성이 없는 계획이었지만, 그럼에도 북벌론은 일정기간 동안 매우 효과적이었다. 하늘이 무너진, 곧 명 질서가 무너지고 천자가 사라져 버린 절체절명의 국가위기 속에서 국왕과 지배양반층은 이해관계를 함께해, 절치부심의 북벌 담론을 생성하고 유통시킴으로써 조선왕조의 '레종 데트르'를 분명히 하고, 더 나아가 삼전도 항복 이후에 흐트러진 국내의 인심과 분위기를 조선왕조라는 깃발 아래 다시 하나로 규합할 수 있었기 때문이다. 삼전도 항복으로 야기된 왕실의 권위 추락과 국가통치이념의 위기에서 벗어나 국내 질서를 확립하고 양반층의 지지를 공고히 다지기 위한 대내적 성격이 훨씬 강한 이데올로기적 장치였던 것이다.[57] 효종 사후에 북벌론이 다소 위축되기는 했어도, 현종 대

---

57 효종의 북벌론에 대한 이런 분석은 계승범, 2011,『정지된 시간: 조선의 대보단과 근대

(1659~1674)까지만 해도 정치무대에서 꾸준히 회자한 이유도 북벌론의 이런 기능에 닿아 있었다.

그런데 강희제(康熙帝) 재위 초기에 삼번의 난(1674~1681)을 완전히 진압하고 청 질서가 더욱 공고해짐에 따라, 북벌론의 효력도 다할 수밖에 없었다. 따라서 1680년대부터는 북벌론을 대신할 다른 대책이 시급했다. 명나라가 망한 현실을 인정하고 청나라를 새 중화국으로 받아들이지 못하는 한, 북벌론을 대체할 새 담론이 절실하게 필요했던 것이다. 시의성을 잃은 북벌 담론을 공식적으로 접어야 할 시기는 도래했는데, 무엇으로 그 대안을 삼을 것인가라는 문제는 무거웠다.

여기서, 이런 문제를 대하는 숙종이 처한 환경과 입장이 효종 및 현종과 사뭇 달랐던 점에 주목할 필요가 있다. 효종과 현종이 북벌이라는 시대 분위기로부터 자유로울 수 없었던 데에 비해, 숙종은 그렇지 않았기 때문이다. 효종이 봉림대군으로서 심양에 직접 끌려가 8년간 볼모로 지냈음은 주지의 사실이고, 그 아들 현종도 볼모 시절인 1641년 심양에서 태어났다.[58] 이런 사실은 효종과 현종 및 그들의 시대가 북벌이라는 시대정신으로부터 결코 자유로울 수 없었던 태생적 한계를 잘 보여준다.

반면에, 숙종은 그런 아픈 과거와는 직접 관련이 없는 신세대였다. 따라서 양대 전란으로 인해 흐트러진 국가의 이념과 체제를 재건하기 위해 숙종은 북벌이라는 명분에 더 이상 집착할 필요가 없었다. 못 이룬 북벌의 꿈에 연연할 이유도 없었다. 다만 한 시대를 풍미했던 북벌론과 관련해 숙종이 국왕으로서 할 일은 이루지 못한 북벌을 패배적인 자세로 그냥

의 문턱』, 서강대학교출판부, 88-90쪽에 상세하다.
58 『현종실록』 부록 「顯宗大王行狀」.

방치한 채 종결할 것이 아니라, 긍정적이고도 건설적으로 재해석하는 것이었다. 북벌은 실패가 아니라 성공이라는 가시적 성과물을 제시해 줄 필요가 있었기 때문이다. 북벌론의 시대를 긍정적으로 정리하고 재창출할 필요가 있었던 것이다. 그런 후에야 새로운 대안도 힘을 받을 것이었다.[59] 이때 숙종이 주도한 북벌론의 재해석은 나선정벌(1654, 1658)에 대한 기억의 전환이었고, 북벌론의 후속으로 그가 제시한 대안이 바로 왕통의 재확립, 역사화해를 위한 일련의 복권 조치, 그리고 사대의리를 천명하기 위한 대보단(大報壇) 건립 등의 모습으로 나타났다.

나선정벌은 17세기 중반에 흑룡강을 누비며 북만주로 남하하던 러시아(카자크)를 저지하려던 청나라의 징병 요구에 따라 조선이 어쩔 수 없이 200명 안팎의 병력을 송화강과 흑룡강 유역으로 두 차례 출정시켜 청나라 군대의 지휘를 받아 작전에 임한 사건을 말한다. 조선 조정은 나선정벌에 임하면서 패닉과도 같은 심리상태를 겪었는데, 오랑캐(청)에게 징병을 당해 그들에게 지휘를 받는다는 자괴감 때문이었다. 특히 효종 재위 10년간 효종의 정통성을 받쳐준 큰 논리가 바로 북벌이었는데, 정작 그 북벌은 하지 못하면서 오히려 북벌의 대상이던 오랑캐의 요구에 따라 출정해 그들의 명령을 받는다는 이율배반적인 문제가 당연히 발생할 수밖에 없었기 때문이다. 그런데 북벌이 정치선전으로만 끝나지 않고 무엇인가 실제로 이루었다는 자기합리화가 필요한 시점에서 숙종은 나선정벌에 대한 기억을 전환할 수 있는 틀을 친히 제공하였다.

2차 원정 사령관 신유(申瀏, 1619~1680)의 10주기를 추모하기 위해 1690년에 숙종이 특별히 직접 지어 내린 제문의 내용은 이전의 만사나

59　계승범, 2011, 앞의 책, 91-92쪽.

행장 내용과는 사뭇 달랐다. 10년 전에 신유가 죽었을 때 그의 지인들이 지은 허다한 만사와 행장에서는 대개 못 이룬 북벌의 의지를 한탄했을 뿐이지 나선정벌의 공훈에 대해서는 전혀 언급이 없었다. 이런 현상은 오랑캐의 명을 받아 부득이 나선정벌에 나섰던 신유의 경력을 만사에서 언급하지 않는 것이 고인에 대한 예의라는 인식이 당시 조야에 널리 퍼져있었음을 의미한다. 그런데 그로부터 10년이 지난 뒤에 갑자기 숙종이 자청하여 신유를 위해 지어 내린 제문에서, 숙종은 못 이룬 북벌의 꿈을 상투적이나마 한탄하지도 않았을 뿐만 아니라 오히려 이전의 만사나 행장에서 언급조차 하지 않았던 나선정벌의 전공만을 크게 치하했다. 특히, 청나라의 외압에 대해서는 언급조차 없고 오로지 조선의 필요에 따라 출병한 원정으로 묘사하였다.[60] 흑룡강 출병이 조선의 조야에 공황상태를 불러온 이유는 북벌은커녕 오히려 북벌의 대상인 청나라 오랑캐의 지휘를 받아 출정했기 때문이었다. 그런데 청나라의 존재를 지워버림으로써 기억을 조작한 것이다. 마침 러시아(나선)는 지리상으로 조선의 북쪽에 존재했으므로, 그들을 북쪽 오랑캐로 간주하는 데 무리도 없었다. '북벌'을 감행하여 성공했다는 것이다. 요컨대, 청나라를 삭제함으로써, 나선정벌은 처음부터 조선의 필요에 따라 조선 스스로 이룩한 '북벌의 가시적 성과물'로 둔갑한 것이다.[61]

삼전도 항복 이후 인조·효종·현종 시기(1637~1674)가 조선왕조 역사에서 의미하는 핵심은 바로 철저한 화이론에 기초한 '청나라=오랑캐' 담론에 태생적으로 묶인 시대라는 점이다. 인조는 삼전도에서 치욕의 고

---

60 이에 대한 상세한 논의는 계승범, 2009, 앞의 책, 259-275쪽.
61 계승범, 2009, 앞의 책, 273-275쪽.

두례를 행한 장본인이었다. 효종은 봉림대군일 때 심양에 볼모로 끌려가 8년 이상 '오랑캐' 영토에서 그 비위를 맞추며 살았다. 현종은 이적의 땅인 심양에서 태어났다. 삼전도 항복의 트라우마와 직접 관련이 있는 세대였던 것이다. 그런데 숙종은 '청나라=오랑캐' 콤플렉스와는 직접 관련이 없는 새로운 세대였다. 직접적인 트라우마가 없는 숙종은 못 이룬 북벌에 대해서도 기억을 조작함으로써, 조선 스스로 북벌을 성공한 것으로 포장하기에 주저함이 없었다. 청 질서가 공고해지면서 북벌론이 대내용 정치 선전의 기능마저 완전히 상실한 1680~1690년대에 숙종이 북벌론의 시대를 과감히 청산하고, 사대부 민심을 수습하여 왕조를 재확립하기 위해 일련의 복권 조치, 곧 역사화해 쪽으로 방향을 잡은 데는 이런 시대 상황이 강력하게 작용했다고 볼 수 있다.

특히 노산군에 대한 전격적인 복권은 200년이 넘는 사림의 숙원을 국왕이 먼저 나서서 들어준 조치였다. 왕조가 위기에 처하거나 국왕의 권위에 의협을 느낄 때면 으레 충신열사를 기리는 경향이 있는데, 숙종 또한 바로 왕조의 근간인 양반사대부의 인심을 규합하기 위한 강력한 메시지를 신료들에게 전하는 방법으로 복권 조치, 곧 역사화해를 선택하였다. 조선왕조를 이념적으로 재정비하고 새 시대로 들어서기 위해서는 양반사대부의 지지가 절대적으로 필요하였기에, 그들의 숙원이던 노산군 복위와 사육신의 복권을 전격적으로 단행한 것이다. 한편으로는 환국을 통해 신료들을 윽박지르다시피 누르면서도, 다른 한편으로는 그 신료들의 염원이던 복권 조치를 오히려 자신이 주도적으로 밀어붙여 역사적 화해를 이룸으로써, 자신이 선왕들과는 달리 얼마나 훌륭한 군주요, 판결자이자 중재자인지 과시한 것이다.

IV. 맺음말

세조 이후 모든 국왕은 세조가 무력행사를 통해 즉위한 덕분에 보위에 오를 수 있었다. 따라서 국왕 입장에서는 노산군에 대해 기본적으로 부정적일 수밖에 없었다. 그를 복위시킨다면, 그것은 바로 선왕인 세조의 행위가 '정난(靖難)'은커녕 무도한 '찬탈'이었음을 공인하는 셈이기 때문이었다. 그렇다면 숙종은 왜 그런 중차대한 복권 조치를 적극적으로 주도했을까? 그런 조치를 통해 무엇을 얻으려 했을까? 그런 중대 결정을 가능케 한 시대정신은 무엇이었을까? 이런 일련의 질문에 답하기 위해서는, 숙종 재위 전반기에 해당하는 1680~1690년대 상황이 조선왕조의 오랜 진화과정에서 어떤 의미를 갖는지 정확히 파악할 필요가 있다.

숙종 대에 단행한 일련의 복권 조치는 일반적 복권과는 성격이 달랐다. 정권이 바뀐 데 따른 논공행상식의 처분이나, 이전 정권하에서 핍박받은 자들을 위로하는 차원의 단순한 신원 그 이상의 중대한 의미를 지녔다. 삼전도 항복 이래 조선왕조에 불어닥친 엄혹한 국가위기 상황을 타개하기 위한 민심수습책이 절실한 시점에서, 200년이 넘도록 조선왕조의 뜨거운 감자였던 중대 사건과 관련한 피해자들을 국왕이 전격적으로 복권한 것이다. 노산군 복권은 그 하이라이트이자 대단원이었다.

조선왕조 등장 이래 가장 중차대한 '판도라의 상자'는 바로 수양대군이 무력을 동원하여 권력을 장악한 후에 조카인 국왕을 내쫓고 스스로 권좌에 앉은 사건이었다. 그런데 이미 당대부터 이 사건에 대한 해석은 양반 유학자 사이에서도 크게 엇갈렸다. 그것을 정당한 즉위로 볼 것인가, 아니면 찬탈로 볼 것인가의 문제였다. 현왕(現王)과 사육신을 죽임으로써 세조의 승리로 끝난 것처럼 보였지만, 세조의 즉위를 찬탈로 간주하는 정서는 사림 사이에서 강력하게 이어졌다. 따라서 사림이 득세한 중종 대부터 노산군 주변의 피해자들에 대한 복권의 목소리는 조심스레 분출하기 시작했다. 그렇지만 세조 이후에 보위에 오른 임금들은 모두 세조의 후손으로, 세조의 '찬탈'이 없었다면 보위에 오를 수 없었던 자들이다. 따라서 국왕으로서는 (마음속으로는 노산군이 정말로 억울하다고 인정할지라도) 그들을 공식 복권할 수는 없었다. 그럴 경우, 선왕 세조의 즉위가 잘못이라는 점을 후왕(後王) 스스로 공인하는 꼴이 될 수밖에 없었기 때문이다. 바로 이런 딜레마 때문에, 노산군의 복권 문제는 200년이 넘도록 조선 정치무대의 '뜨거운 감자'로 남았다.

그런데 삼전도 항복의 충격으로 사대부의 인심이 흩어지고, 인조의 항복을 금수만도 못한 패륜으로 간주하는 정서가 심해지던 17세기 중·후반은 그야말로 왕조의 크나큰 위기였다. 효종은 그것을 북벌론으로 타개하려 했지만, 1680년대에 들어서면서 청 질서가 확고해짐에 따라 북벌론은 시의성을 완전히 상실하였고, 대내용 정치선전 기능마저 잃어버렸다. 이런 상황에서 1674년에 즉위한 숙종으로서는 북벌론을 대체할 새로운 대안이 절실하였다. 이때 숙종의 생각이 바로 왕통의 흠결을 메워서 재정립하는 것과 그동안 사림의 숙원이던 노산군 문제를 완전 종결하는 것이었다. 숙종과 신료들은 200년도 훌쩍 지난 시점에서 세조의 정통성을 부정하기도 어려운 현실과 노산군의 무고함도 인정해야 하는 딜레마를 절충과 타협으로 풀었다. 한편으로는, 세조의 정통성을 그대로 인정함으로써 조선왕조의 세가(世家)에는 전혀 문제가 발생하지 않았다. 이는 국왕 숙종의 이해관계에 따른 결과였다. 다른 한편으로는, 노산군이 무고한 피해자임을 숙종이 인정하였다. 이는 사림의 숙원을 국왕이 공식적으로 인정한 셈이었다. 이로써 노산군은 단종이라는 묘호를 추증받아 조선왕조의 제6대 국왕으로서 정식으로 종묘에 들어갈 수 있었다. 국왕과 사림이 서로 한발씩 양보함으로써, 결과적으로 서로 '윈-윈'하는 선에서 대타협을 성공시킨 것이다.

　인류 역사에 나타난 거의 모든 복권 조치는 잘못된 역사를 바로잡자는 후대 사람들의 정치행위이자, 역사바로잡기운동의 일환이었다. 그런데 주변 환경으로부터 어떤 압박도 받지 않는 상태에서 가해자가 먼저 스스로 잘못을 반성한 경우는 역사상 거의 전무하다. 이는 거의 모든 역사화해 조치는 그럴 수밖에 없도록 압박한 시대 분위기의 산물이라는 것이다. 과거사 반성에 대해 극명하게 다른 행보를 보인 전후 독일과 일본의 외부 환경이 매우 달랐음은 그 좋은 예이다. 17세기 조선 내부에서 발생한 역사화해 또한 이와 다르지 않았다. 삼전도 항복으로 야기된 국가정체성의 일대 위기에서 국왕과 양반 신료들은 그들이 공유하는 왕조와 유교가치를 모두 충족시키는 선에서, 또한 세조의 후손이 대를 이어 즉위한 현실과 이홍위는 무죄라는 원칙론적 이념을 모두 만족시키며 절충하는 선에서 타협하였다. 그 결과가 바로 노산군에 대한 전격적인 복권 조치로 나타난 것이다. 정치적으로 얽힌 문제를 정치적 대타협으로 화해를 꾀한 좋은 사례라 할 수 있다. 이는 조선왕조를 대표하는 국왕과 왕조를 실질적으로 주도하는 사림(양반사대부) 사이에 놓여있던 건너기 힘든 강물 위에 '상호이해와 양보의 다리'를 놓는 조치였다. 국왕 숙종은 사림의 숙원을 이해하고 풀어줌으로써 자신의 중재자적 권위를 드러냈고, 사림은 복권 조치로 만족하고 세조의 즉위에 대하여 찬탈이라는 속내의 표현을 자제한 것이다. 어느 한쪽의 일방적 '역사승리'가 아니라, 상호 이해, 양보, 타협을 통해 '역사화해'에 도달한 사례라 할 수 있다.

참고문헌

『宋史』,『宋書拾遺』,『宋子大全』,『朝鮮王朝實錄』
『宋元學案』,「豫章學案」(臺北: 臺灣商務印書館, 1973).

계승범, 2009,『조선시대 해외파병과 한중관계』, 푸른역사.
계승범, 2011,『정지된 시간: 조선의 대보단과 근대의 문턱』, 서강대학교출판부.
계승범, 2014,『중종의 시대: 조선의 유교화와 사림운동』, 역사비평사.
계승범, 2021,『모후의 반역: 광해군 대 대비폐위논쟁과 효치국가의 탄생』, 역사비평사.
윤정, 2013,『국왕 숙종, 잊혀진 창업주 태조를 되살리다』, 여유당.
이현진, 2008,『조선후기 종묘 전례 연구』, 일지사.
정두희, 2001,『조광조: 실천적 지식인의 삶, 이상과 현실 사이에서』, 아카넷.

계승범, 2008,「계해정변(인조반정)의 명분과 그 인식의 변화」,『남명학연구』26, 경상대학교 남명학연구소.
계승범, 2019,「삼전도항복과 조선의 국가정체성 문제」,『조선시대사학보』91.
김문준, 2015,「성삼문의 복권과 추숭」,『한국사상과 문화』10, 수덕문화사.
김성희, 2020,「조선 숙종의 군신의리 정립과 존주대의」, 동국대학교 사학과 박사학위논문.
신의기, 1999,「사육신 재판과 그 복권: 조선시대판 과거청산작업의 사례연구」,『법제연구』17, 한국법제연구원.
Wagner, Edward W., 1980,「이조 사림문제에 관한 재검토」,『전북사학』4, 전북사학회.
윤인숙, 2010,「조선전기 사림의 사회정치적 구상과 소학운동」, 성균관대학교 사학과 박사학위논문.
윤정, 2004,「숙종대 端宗 追復의 정치사적 의미」,『한국사상사학』22.
윤정, 2013,「定宗의 즉위 과정과 즉위 명분: 1차 왕자의 난과 神懿王后 추존」,『진단학보』119, 진단학회.
윤정, 2019,「태종대 정몽주 추증의 정치사적 의미: 조선 창업 과정에 대한 명분적 정리」,『포은학연구』23, 포은학회.

이근호, 2006, 「16~18세기 '단종복위운동' 참여자의 복권과정 연구」, 『사학연구』 83, 한국사학회.

이현진, 2010, 「조선후기 단종 복위와 충신 현창」, 『사학연구』 98, 한국사학회.

정두희, 2001, 「조광조의 복권과정과 현량과 문제: 16세기 조선 성리학의 성격에 관한 첨언」, 『한국사상사학』 16.

정만조, 2010, 「숙종조의 사육신 추숭과 서원제향」, 『한국학논총』 33, 국민대학교 한국학연구소.

3
데이비드 흄이 본 영국의 헌정 논쟁
이행적 정의를 중심으로

이병택 동북아역사재단 연구위원

I. 머리말

근대 이후 한국사회는 여러 차례 급격한 변화들을 지나왔다. 중화의 정신적 종속으로부터 탈출하는 동시에 시도된 근대화의 문턱은 호의적인 것이 아니었다. 식민시대의 종식으로 맞은 해방 또한 거족적 국가 수립으로 이어지지 못했고, 뒤이어 일어난 북한의 남침은 분단을 더 고착화시켰다. 그 이후 산업화와 민주화의 두 가지 욕구가 서로 갈등하며 한국사회는 발전해 왔다. 한국사회는 변화에 따른 문제들을 미처 해결하지도 못한 채 또 다른 변화를 맞아야 했다. 그 결과 미재의 요구들이 다시 제기되면서

---

* 이 글은 2019년 12월 『서강인문논총』 제56집에 게재된 이병택, 「데이비드 흄이 본 영국의 헌정 논쟁: 이행적 정의를 중심으로」를 수정하여 재수록한 것이다.

한국의 정체성을 재구성하려 한다. 식민지 경험, 전쟁 경험, 그리고 산업화와 민주화의 경험에 대한 서로 다른 역사들이 갈등하며 목소리를 내고 있다. 서로 다른 역사의 요구를 한국의 집단적 기억 속에 어떠한 방식으로 기록하느냐의 문제는 한국의 집단적 정체성을 구성하는 문제로 귀착된다. 전환적 성격의 정체성을 구성하는 일은 개인적 차원에서는 일종의 통과의례와 비슷하다. 성인식과 같이 통과의 문턱을 넘으려 할 때는 이전의 경험을 전반적으로 정리하며 넘겨주어야 하듯 말이다. 역사의 시기 구분도 따지고 보면 인간의 통과의례의 욕구에서 비롯된 것이라 보인다. 이렇게 본다면 현재 한국의 역사논쟁은 역사의 한 장을 넘기려는 진통으로 이해할 수도 있을 것이다. 이 글에서는 데이비드 흄의 영국 헌정 논쟁사를 통해 그가 역사의 한 국면을 넘기는 방식을 소개하고자 한다.[1] 이를 통해서 한국사회의 역사논쟁을 조망할 수 있는 한 가지 프리즘을 제공하는 데 이 글의 목적이 있다.

영국은 봉건사회로부터 근대로의 이행에서 가장 먼저 그리고 성공적으로 진행된 나라로 평가된다. 근대성에 대한 다양한 해석이 가능하겠지만, 이 글의 초점은 정치적 근대화에 있다. 따라서 스튜어트 왕조의 시작으로부터 명예혁명에 이르는 시기의 헌정 논쟁을 통해서 영국의 정치에서 타협의 관행이 수립된 과정을 살펴볼 것이다. 이 시기에는 과거와 달리 대귀족을 중심으로 한 파벌의 성격이 아니라 원칙을 내세우는 정당이 등장한다. 더 이상 중세적인 가문들 간의 피의 반목(feud)이 아니라, 원칙에 따른 헌정 구성이 문제가 된 것이다. 파벌과 다른 근대의 정당이 등장

---

[1] 이 글에서 흄의 『영국사(The History of England)』에 대한 인용은 '(H, 권수, 페이지)'로 간략하게 표기할 것이다.

하고, 정당 간에 벌어진 헌정 논쟁과 전쟁, 그리고 타협의 과정을 살펴봄으로써 타협의 관행에 담긴 의미를 추적하고자 한다. 흄이 『영국사』를 쓴 이유 중 하나는 그 당시 진행되던 당파 간의 역사논쟁을 완화시키기 위한 의도였다. 역사논쟁은 정치적 진영의 논리가 강하게 채색된 것이었고, 그렇기 때문에 타협보다는 대결을 강조하여 상대에 대한 비난의 성격이 강했다. 아래에서는 대결의 정치 분위기를 넘어서기 위한 흄의 역사 연구의 특징과 방법론, 그리고 그 속에 깔린 철학적 성찰을 밝혀볼 것이다.

흄의 영국 헌정 논쟁사는 테이텔(Ruti G. Teitel)이 명명한 '이행적 정의(transitional justice)'[2]에 깔린 화해적 사고의 한 모델이 될 것이다. 테이텔에 따르면 이행적 정의는 '정초적(foundational)' 사고나 '현실주의적(realist)' 사고와 대비되는 '구성적(constructivist)' 사고에 기초한다. 이행적 정의 혹은 재판을 특징짓는 사고는 혁명적 사고에서 주장되듯이 과거와 완전히 단절된 새로운 시작을 정초하려는 것도 아니고, 정치적 사물을 현실적 세력 관계의 결과로 파악하려는 '현실주의적' 사고도 아니다. 그는 이행적 정의를 형법, 역사, 배상, 행정 그리고 헌정에 적용한다. 이행적 정의에 대한 고민이 필요한 때는 억압적 체제로부터 민주적 체제로의 이행과 같이 큰 변화가 일어나는 시기이다. 여기서 필자가 테이텔의 '이행적 정의'를 사용하는 이유는 우리 사회에 지배적인 정초적 사고나 현실주의적 사고의 문제점을 지적하기 위함이다. 흄의 철학을 오늘날의 구성주의적 사고로 간주하기는 힘들다.[3] 그럼에도 사고의 대략적 방향성을 지시한다는 점

---

2 Ruti G. Teitel, 2000, *Transitional Justice*, New York: Oxford University Press.

3 구성주의는 철학적으로 영·미의 수반철학과 밀접한 관련이 있다. 대륙철학에서는 들뢰즈의 존재론을 구성주의적 시각에서 보기도 한다. 보우던(Sean Bowden)은 들뢰즈의 존재론을 '실체(substance)'보다 '사건(event)'을 우위에 두는 관점에서 이해하

에서는 용납될 수 있다고 생각하기에 미리 독자의 양해를 구한다.

II. 헌정 논쟁의 전사(前史)

1. 안정의 관행: 세습군주정

안정의 원칙이 우선하는 이유는 인간본성으로부터 유래한다. 흄은 끊임없이 지나가는 지각의 연속에서 대상이 구성되는 방식을 오성론에서 개진한다. 이를 위해 서구 지성사에서 안정을 담보하였던 '존재(being)'를 새로운 시각에서 분석한다. 그는 지각에서 '실체(substance)'를 찾으려 했던 고전철학의 미신적 태도와 지각으로부터 독립된 존재를 상정함으로써 극단적 회의주의로 빠진 근대철학을 동시에 비판한다. 그러나 고대철학과 근대철학을 벗어나 그가 새롭게 개척한 길에 대한 논쟁은 오늘날까지 계속되고 있다.[4] 여기서 그 논쟁을 재현하는 일은 유익함이 없다. 그러나 한 가지 명심할 것은 편리를 추구하는 인간의 성향에 대단히 중요한 역할을 하는 안정에 대한 흄의 논의는 오성, 정념, 그리고 사회의 문제를 보는 그

기도 한다(2011, *The Priority of Events, Deleuze's Logic of Sense*, Edinburgh: Edinburgh University Press). 러페브르(Alexandre Lefebvre)는 법을 구성주의적 관점에서 설명하기도 한다(2008, *The Image of Law, Deleuze, Bergson, Spinoza*, Stanford, California: Stanford University Press). 사회과학적으로는 아직 구성주의적 관점을 정확하게 정리하기 힘든 단계라고 생각된다. 그럼에도 '실체'를 중심으로 한 존재론을 비판적인 시각에서 본다는 점에서는 어느 정도 공통점이 있다고 생각된다.

[4] 흄의 존재론적 입장에 대해서는 이병택, 2014, 「사회제도의 정착과 방향: 흄의 존재론과 정념론을 중심으로」, 『한국정치학회보』 48 참조.

의 시각에 반복적으로 나타난다는 점이다.

초기 영국사는 조야한 정부의 모습으로 시작한다. 미신적 공포에 의한 사제 통치, 전사들 사이의 자발적 충성 결사의 형태, 그리고 조야한 왕정이 나타난다. 초기사회의 가장 큰 결함은 안정의 부재이다. 정부는 배반과 찬탈이 거듭 일어나 혼란에 빠진다. 왕위승계에는 경쟁자들 사이에 폭력이 동반되는 것이 상례였다. 권리의 관념은 사람들의 마음을 붙잡아 둘만큼 힘을 얻지 못한 상태였다. 인간의 마음을 확고하게 붙잡아 두는 관념이 되지 못한 것이다. 이런 상태에서는 들쑥날쑥한 정념이 시시각각 활개를 치게 마련이다. 신에 준거해서 하는 약속의 행위도 그 이행의 확신을 주지 못한다. 약속의 행위 자체가 마음을 구속하는 의무감을 불러일으키지 못하기 때문이다. 그렇기 때문에 홉스(Thomas Hobbes)는 약속의 이행을 자연법의 범주에 넣음으로써 복종의 약속을 어기지 못하게 하는 이론적 장치를 마련하지 않을 수 없었다. 하지만 홉스의 주장을 받아들이더라도 문제는 남는다. 특정한 왕에게 한 복종의 약속을 그 다음의 왕에게도 유지해야 할 의무는 없다. 약속은 약속의 당사자를 넘어서지 못하기 때문이다. 자연인을 넘어서 지속되는 법인으로서의 정부의 허구가 아직 수립되지 않았다. 사실상 약속 이행의 확신이 없기 때문에 초기사회는 오늘날 보증(security)의 제도로 이어진 인질을 붙잡아 두었다.

사회적 관행이 미숙한 단계에서 가장 믿을 구석은 혈연과 외부의 위협에 공동으로 대처할 '혈맹' 정도이다. 외부의 적을 물리치는 데 도움을 준 기억은 잊지 못할 것이었다. 따라서 자신이 속한 씨족 혹은 부족에 위해를 가한 자에게는 꼭 복수하는 것이 명예로 간주되었다. 그리고 복수는 다른 침해를 미연에 예방하는 차원의 것이기도 했다. 상대에게 만만하게 보일 경우 향후의 여파는 감당할 수 없는 것이 될 것이기 때문이다. 고대의 명예 관념은 하나의 불화가 생기더라도 연쇄적인 보복으로 이어졌다. 이로써 사회의 전반적 혼란이 발생하는 것이다. 이러한 상태는 고대인의 협소한 관념과 정념에 해당하는 것이었다. 한마디로 '사회'가 미약한 상태인 것이다.

위와 비슷한 논리가 정부의 안정에도 적용된다. 정부의 안정과 관련한 가장 큰 변수는 왕위승계였다. 이전(transfer) 관행은 상속의 관념으로부터 성장했다. 상속은 상속인과 피상속인의 동일화 논리에 의거하고 있다. 아래에서 우리는 영국의 왕위계승에서 이전의 관행이 확장되는 과정을 살펴볼 것이다. 노르만의 영국 정복 이후 윌리엄 1세로부터 존 왕에 이르기까지 7대 동안 왕위승계는 매번 폭력을 동반했다. 유언에 의한 이전, 탈취, 아버지에 대한 자식들의 반란 등이 잇달았다. 여기서 문제는 사람들의 의견이 수렴될 수 있는 규칙을 발견하는 일이다. 영국에서 그 규칙은 천재적 발상에서 온 것이 아니라 봉건제의 승계 규칙이었던 장자상속 관념의 발전에서 구해졌다. 역사의 우연성(contingency)이라 부를 수 있겠다. 장자의 관념은 첫째와 그 나머지의 차이를 부각시켰고, 이것은 자연스럽게 가문의 대표(representation) 관념을 낳았다. 이 관념은 핏줄의 가까움 관념을 이기고 직계상속의 규칙으로 정착하게 된다. 헨리 2세의 셋째 아들인 존 왕은 그 형인 리처드 1세와의 혈연적 가까움에 의거해서 왕위를 주장했고, 그 조카인 아서(Arthur)는 헨리 2세의 둘째 아들 제프리(Geoffrey)의 적자로서의 권리를 내세웠다. 이 둘의 왕위쟁탈전 이후 직계상속의 규칙이 점차 굳어져 갔다.

직계상속 규칙의 수립은 왕위 경쟁자들을 배제함으로써 왕위 상속자에게 헌정적 안정을 제공했다. 에드워드 2세의 폐위에서 나타나듯이, 대귀족 파벌이 왕을 폐할 수는 있을지라도 그 직계 상속자를 왕위에서 배제하기는 쉽지 않았다. 그러나 폐위와 더불어 상속 규칙을 위반한 사건이 일어나기도 했다. 이 때문에 리처드 2세를 폐위하고 상속의 순위를 어긴 헨리 4세의 등극이 초미의 관심을 끌게 된다. 리처드 2세의 폐위를 반대한 주장에서 향후 토리(Tory)의 원칙이 된 '무조건적 복종(passive obedience)'의 관념이 어렴풋이 나타났다. 헨리 4세의 왕위승계 규칙 위반은 그의 손자 헨리 6세 때 요크 가문의 도전을 받게 되고, 영국사회는 장미전쟁이라 불리는 오랜 내전을 겪게 된다.

튜더 왕가에서 직계상속 규칙은 관행으로 확고하게 자리를 잡는다. 헨리 7세, 그 아들 헨리 8세, 헨리 8세의 아들 에드워드 6세, 그리고 딸 메리와 엘리자베스로 이어지는 승계의 과정은 그 관행의 성장을 잘 보여준다. 특히 헨리 8세로부터 그 아들과 딸에게 왕위가 계승되는 과정에서 당시 사람들의 마음에 뿌리내린 그 규칙의 관성 내지 힘을 느낄 수 있다. 헨리 8세는 왕위계승의 불안 요소를 제거하기 위해 이혼을 불사하면서도 아들을 낳고자 했다. 그의 딸이 상속할 경우 스코틀랜드의 스튜어트 가문(헨리 7세의 큰딸이 결혼한 가문)과 왕위계승의 시비가 붙을 수 있었기 때문이다. 이혼 문제로 그는 로마 교황청과 단절을 한다. 헨리 8세의 아들 에드워드 6세는 15살의 나이로 죽는다. 이때 그는 메리의 가톨릭 맹신을 우려해서 많은 사람들의 반대에도 불구하고 메리를 왕위승계에서 배제하고자 했다. 메리를 승계의 계보에서 배제하면 엘리자베스 또한 배제될 수밖에 없었다. 그럼에도 그는 종교를 이유로 메리 대신에 제인 그레이(Jane Gray)를 여왕에 지명했다. 그러나 사람들은 그레이가 아니라 메리를 적통 상속자로 간주했다. 왕위계승은 더 이상 왕의 의지에 좌우되는 것이 아니란 점이 명백해졌다. 메리에서 엘리자베스로의 왕위 이전 또한 메리가 결정할 수 없는 것이었다. 이런 이유로 메리는 그의 후계자를 간절히 바란 나머지 가짜 임신의 증상까지 겪었다.

그러나 튜더 왕조에서의 왕위 이전은 어디까지나 가문 내에서의 승계였다. 한 가문에서 다른 가문으로의 왕위 이전은 헨리 4세의 예에서 보았듯이 여전히 힘든 일이었다. 그렇기 때문에 엘리자베스 1세에서 튜더 왕조의 대가 끊긴 후, 스코틀랜드의 왕 제임스 6세에게 왕위가 이전된 것은 대단히 주목할 만한 일이다. 스튜어트 가문으로의 왕위 이전을 흄은 아버지에서 아들로 왕위가 이전된 것보다도 더 평화로웠다고 말한다. 평화로운 왕위 이전의 원인은 여러 가지가 있었다. 그중에서 가장 중요한 원인은 왕위승계의 관행이라고 말할 수 있다. 한편 스튜어트 왕조에서의 헌정 논쟁은 세습군주정의 관행을 교정하는 것과 밀접한 연결되어 있다.

2. 교정의 관행: 제한군주정과 조건적 복종

안정을 위해 권위를 수립하는 과정에는 그 자체의 문제뿐 아니라, 권위를 제한하는 문제가 발생한다. 권위를 제한하는 일은 권위를 부정하는 데 목적이 있는 것이 아니라, 권위의 자의적 행사나 권위의 고착화에 따른 문제점들을 시정하는 데 핵심이 있다. 권위를 제한하는 방법은 저항이란 구제책이다. 저항이란 구제책을 허용하지 않으면 권리를 보호할 길은 없다. 즉 말뿐인 권리는 권리가 아닌 것이다. 다른 한편 저항의 남발은 혼란을 야기한다. 특히 저항이 파벌싸움의 도구로 타락할 경우, 이것은 자의적 혹은 폭력적 권위 행사를 교정하는 구제책이 되는 것이 아니라 오히려 연쇄적 폭력을 유발할 수 있는 정략적 도구가 된다. 사회질서의 관점에서 복종은 일반 규칙이다. 반면 저항은 복종의 예외이다. 그러나 언제, 어떠한 상황에서 일반 규칙을 따르지 않는 것이 정당화될 수 있는가? 한두 번의 잘못된 권위 행사에도 저항이 정당화되는가? 혹은 권리 위반의 행위가 공동생활에 얼마나 심각한 위해를 가하는 것이어야 하는가? 이러한 대답하기 힘든 질문과 함께, 권위의 시정이 권위 자체의 파괴로 귀결되는 것은 아닌지 의혹을 떨쳐버리기도 쉽지 않다.

앞서서는 왕위가 영국정치의 권위로 수립되는 과정을 살펴보았다. 그러나 사실상 왕위의 권위가 수립되는 과정은 그 권위를 제한하려는 저항의 역사와 분리되어 있지 않다. 왕의 권위를 제한하고 조건적 복종의 씨앗을 심은 대표적 저항의 선례는 '대헌장(Magna Carta)'이다. 왕의 권위를 제한하는 수단은 법적 헌정(legal constitution)을 수립하는 데 있었다. 노르만의 정복 이후 대헌장에 이르기까지 정복민 앵글로색슨에 대한 경계 때문에 노르만 귀족들은 왕에 대항하기는 힘든 상황이었다. 흄은 대헌장에 법적 헌정의 대강이 포함되어 있다고 말한다. 대헌장의 전반부는 봉건귀족들의 재산을 보장하는 내용을 담고 있으나, 그 후반부는 재산의 침해에 대한 사회 전반의 보장과 더불어 권리의 침해에 대한 완전한 재판을 보장하는 취지를 담고 있었다. 나아가 대헌장은 왕에 대한 성공적인 반란의 위대한 선례였다. 따라서 왕의 제한된 권위와 인민의 조건적 복종을 담은 대헌장은 영국 군주정의 기반이 되었다. 바꾸어 말해 조건적 복종을 전제로 해서 왕의 자의적 통치에 대한 저항의 구제책이 마련되지 않고서는 왕의 권위를 제한한다는 말은 유명무실해진다.

흄은 대헌장의 관행이 사회에 뿌리내리는 과정을 추적한다. 그 관행은 두 가지 방향으로 성장했다. 첫째는 하원의 수립으로 의회가 성장하는 길, 둘째는 법적 헌정으로의 길이었다. 우선 왕을 법의 구속에 가두었다고 가정해 보라. 봉건제의 주요 경향은 힘이 대귀족으로 쏠린다. 귀족은 법의 구속으로부터 벗어나 방종을 자행하면서도 왕에게는 법을 강요한다. 대귀족은 지키지 않는 법을 왕인 자신은 왜 지켜야 하는지 볼멘소리를 하는 헨리 3세의 모습은 쉽게 상상이 된다. 그럼에도 그는 대귀족 집단에 대항하지 못했고, 개별적으로 탐욕을 채우면서 위법을 자행했다. 그는 최초로 법의 구속을 받은 왕이면서도 교황이 사용한 면제권(dispensing power)을 행사한 첫 번째 왕이었다. 그는 "'관련 법 규정이 있음에도 불구하고(Non Obstante)'라는" 조항을 처음 사용했다. 법을 어기지 못하기 때문에 대권이란 권위를 사용한 것이다. 이로써 왕과 대귀족 사이에 일종의 정치적 교착상태가 발행한 것이다.

약 60년간 지속된 헨리 3세의 치세는 정치적 교착상태에서 발생하는 대귀족과 왕 간의 싸움이 반복되었다. 여기서 정치적 교착상태를 벗어나고자 하는 정치적 시도가 있었다. 하원의 선례가 된 지방대표의 의회 소집이라는 실험이 있었다. 대귀족의 반란을 이끈 시몽 드 몽포르(Simon de Montfort)에 의해 시도된 이 정치적 실험을 헨리 3세의 적통 왕위 계승자인 에드워드 1세는 부활시킨다. 귀족세력을 억누르고 왕권을 강화할 의도로 이번에는 국왕인 에드워드 1세가 법의 공정한 집행을 강화했고 귀족들의 힘을 견제하기 위해 지방대표를 소집했다. 대귀족은 자신들의 재산을 지키는 데 관심을 집중했기 때문에 지방대표의 의회 소환을 묵과했다. 이로써 서서히 하원이 형성된다. 그러나 다른 한편으로, 강력한 왕인 에드워드 1세는 법에 완전히 구속되지 않으려 했다. 비상시를 대비하기 위해 그는 의회의 동의 없이 세금을 징수할 권리를 보유하고자 했다. 세금 징수와 관련된 왕과 귀족의 투쟁은 에드워드 1세의 손자 에드워드 3세 시대까지 지속되었다. 에드워드 3세도 유사시 의회의 동의 없이 세금을 걷을 권리를 절대 포기하지 않았다. 의회의 동의가 없는 징세를 금하는 원칙은 적통성이 결여된 랭커스터 왕조에서 굳어졌다. 리처드 2세를 폐위하고 왕위계승 순서를 어기고 등극함으로써 정통성이 결여되었던 헨리 4세는 인민의 호의를 구하지 않을 수 없었기 때문이다.

국왕, 대귀족, 그리고 인민을 법적 구속의 테두리에 묶어내는 헌정의 수립은 봉건사회의 변화 속에서 부침을 겪었다. 그러나 가장 큰 문제는 재산의 많은 부분을 차지한 대귀족의 방종을 제어하는 것이었다. 그렇기 때문에 왕과 인민은 상호 이익의 동기로 긴 정치적 동맹을 유지하게 된다. 왕은 정치적 위압을 주지 않으면서 재정에 도움을 주는 인민을 포용하는 데, 인민은 대귀족의 횡포로부터 그들을 보호해 주는 정의의 원천으로서의 왕을 지지하는 데 이익이 있었다. 대귀족은 법을 지키지 않을 수 있었지만 왕의 권위를 제한하기 위해 법의 형식적 준수를 강조하는 것이 이익이 되었다. 그러나 귀족주의로 경도된 봉건제의 특성상 대귀족 세력이 결정적으로 기울지 않는 이상 법적 헌정으로의 길은 순탄할 수 없었다. 영국사에서 대귀족의 몰락은 랭커스터 가문과 요크 가문 사이에 벌어진 오랜 장미전쟁과 요크 가문 내의 찬탈로 얼룩진 대귀족 간의 왕위쟁탈전으로부터 시작되었다. 이러한 대귀족의 몰락으로 생긴 힘의 공백을 틈타 튜더의 왕들은 왕의 권위를 한껏 높였다. 튜더 왕들은 이미 굳어진 인민의 권리를 침해하지는 않았고, 대귀족에게는 봉건제에 묶였던 토지를 합법적으로 매각할 수 있게 했다. 덧붙여 튜더 왕조의 헨리 7세는 요크 가문과 결혼을 통해서 왕위승계의 정통성 문제를 해결한 덕분에 그의 아들 헨리 8세는 인민으로부터의 인기를 유지하면서 거의 절대적 권위를 행사할 수 있었다.

튜더 왕조에서 대헌장의 언급이 없는 이유는 그것이 왕에 대한 귀족들의 반란의 선례를 떠올릴 수 있는 것이었기 때문이다. 그리고 인민으로서는 튜더 왕들이 기존의 권리를 침해하지 않았기 때문에 대귀족의 방종과 시민전쟁을 떠올리게 하는 자유라는 말은 부정적으로 들렸기 때문이다. 튜더의 평화로운 시대에 사람들은 상업에 종사하거나 법률지식을 습득하여 얻을 수 있는 직업으로 눈을 돌렸다. 또한 동시에 개인적 자유감(personal freedom)이 꽃피게 되었다.

대헌장이 역사의 전면으로 다시 소환되는 때는 왕의 권위를 제한하려는 의회의 투쟁에서다. 대귀족의 정치적 몰락과 하원의 부상으로, 대헌장에서는 봉건귀족의 권리를 명시한 전반부가 아니라, 법적 헌정의 개략적 초안에 해당하는 후반부가 부각될 것이다. 투쟁의 방식에서는 칼의 겨룸보다는 말의 겨룸, 곧 논쟁이 더 중요하게 된다. 스튜어트 왕조 이전에는 헌정에 대한 명시적 논쟁이 거의 없었다. 리처드 2세의 폐위에서 의회의 결정은 한 파벌에 의한 것으로 일방적 성격을 띠었다. 그러나 랭커스터 가문의 왕위 정통성에 의문을 제기한 요크 가문의 논쟁에는 상당한 정치적 숙고와 논쟁이 있었다. 이 점은 주목할 만한 차이다.

III. 영국의 헌정 논쟁: 반복과 차이

정치는 싸움의 성격을 갖는다. 이러한 정치의 성격은 동서고금을 막론하고 비슷한 정치 현상이 반복되는 이유이다. 그러나 앞의 절(II)에서 보았듯이 그 싸움의 양상과 내용은 변해왔다. 왕위계승이 안정되지 못했을 때는 왕위를 둘러싼 정치적 모험주의가 성행했었다. 그러나 왕위계승의 규칙이 정착됨에 따라 계승에 따른 싸움은 잦아들었다. 다른 한편으로 왕위의 안정이 더해짐에 따라 왕의 통치에 대한 저항은 새로운 양상으로 변했다. 왕위를 둘러싼 대가문 간의 대결 양상 속에서 왕에 대한 저항의 명분은 더 명백하게 요구되었던 것이다. 이 절에서 다룰 스튜어트 왕조에서는 이전 튜더 왕조에서 강력하게 확립된 왕의 권위를 대중정부의 원칙에 입각해서 축소하는 과제에 직면하게 된다. 국왕대권은 왕이 법의 구속을 받게 된 이후 처음 사용되었다. 조야한 봉건사회의 정황에서 유사시 필요에 대처하기 위해서는 국왕대권의 사용은 불가피한 측면을 가졌다. 그 필요성 때문에 신중하게 사용된 국왕대권은 합법적 성격을 인정받았다. 반면 그 권위는 법의 테두리를 벗어나는 것이기 때문에 자의적 통치로 빠질 위험이 있었다. 그러나 선례가 축적되면서 그 권위는 왕위에 내재하는 권리로 비쳤다. 이런 의미에서 스튜어트 왕조에서 의회가 왕의 국왕대권을 제한하려 한 일은 이전처럼 왕을 법의 테두리 속에 구속하려는 것과 다른 것이다.

먼저 스튜어트 왕조의 제임스 1세와 찰스 1세 때의 네 개의 헌정 논쟁을 다룰 것이다. 앞서 보았듯이 제한적 세습군주정(limited hereditary monarchy)의 관념은 스튜어트 왕조 이전의 정치적 거래에 잠재적으로 함축되어 있었다(H. 5. 35). 그러나 봉건적 잔재들을 걷어내면서 잠재적 관념을 명시적인 관념으로 가져오는 일은 새로운 힘든 과정을 겪게 된다. 제한적 세습군주정은 정치적 권위의 성격에 대한 '논쟁'을 통해서 점차 명백해진다. 정치적 권위의 성격에 대한 호기심은 한 사건을 통해 촉발된다. 1621년 의회로부터 거듭되는 왕권제한의 도전을 받던 제임스 1세는 영국정치사에서 처음으로 하원의 유력자이던 존 새빌(John Savile)을 왕실의 감사관(comptroller)으로 임명한다. 흄은 이 사건을 지금까지 왕의 통치를 덮고 있던 '신성한 베일'을 찢어버린 사건으로 평가한다(H. 5. 93). 그 당시 법률가들은 왕의 대권을 '실재하고(real)', '항구적인(durable)'인 어떤 것으로 표상했다. 이것은 마치 스콜라학자들이 주장하듯이 시간과

외부의 힘이 변경할 수 없는 '영원한 본질'로 간주되었다(H. 5. 127). 이렇게 왕의 통치에 씌워진 신비성은 의회의 도전과 왕의 대응과정에서 서서히 벗겨지게 된다.

여기서 흄은 궁정파와 의회파의 권위에 대한 견해를 대조시킨다(H. 5. 93-95). 궁정파는 지금까지 인정받아 왔던 권력에 대한 도전을 제한하기 위해 권리의 위계를 기원(origin)의 관점에서 조망한다. 그들에 따르면 군주정은 가장 간단한 형태의 정부이기에 인간의 머릿속에 가장 먼저 떠오른 정부이다. 그 이외의 것은 나중에 덧붙여진 인위적인 부가물에 불과하다. 따라서 대중의 특권은 기껏해야 왕정으로부터 파생된 것에 지나지 않는다. 영국에서 왕의 권위는 외형적으로나 정신적 측면에서 절대적이고 주권적이다. 반면 인민들은 의회에 소집된 집단일지라도 국왕과 동등한 자질을 갖지 못한다. 이에 반해서 의회파는 의회 특권의 동등성을 주장하기 위해 '시효(prescription)'와 인간본성의 원칙을 주장한다. 그들에 따르면 기원에서 의회가 왕정으로부터 파생된 것일지라도 시효와 수세기의 관행은 의회를 인가해 왔다. 나아가 기원의 측면에서 보더라도 인간본성상 국왕의 권위 또한 최초에는 인민의 자발적 동의에 빚지고 있는 것이다. 그리고 사실상 영국의 정부는 순수한 왕정이었을 때가 없었다. 위와 같은 논리로 그들은 국왕의 권위에 못지않은 의회의 권위를 강조한다. 그들은 왕의 온건한 통치에 대해서가 아니라 그의 통치가 자의적 원칙에 입각한 것인지 아닌지의 문제를 제기한 것이다.

한편으로 국왕대권에 대립해 인민의 특권을 주장하는 정파가 등장한 점은 자유 수립의 전조로 간주되었다. 혼합정에서는 정파의 대립이라는 불편함을 겪지 않고서는 자유를 누릴 수 없을 것이기 때문이다. 그러나 다른 한편으로 정파의 대립으로부터 발생할 수 있는 시민전쟁의 우려가 있었다. 그 두 정파 간의 '조율(accommodation)'을 위한 실현 가능한 계획을 발견할 수 없었기 때문이다(H. 5. 95-96). 과거 영국정치의 소란스런 부침을 고려한다면 두 정파의 대립 또한 전쟁으로 귀결될 것이 아닌가. 바로 이 문제 때문에 고전정치는 파벌이 없는 상태를 최상의 것으로 간주했고 종교 문제에서는 상대를 박해하려는 정신이 가득한 정통과 이단의 구분을 사용했다.

1628년 의회의 권리청원과 관련해서 두 번째 논쟁이 일어난다. 자의적 구속의 폐기를 골자로 하는 권리청원을 둘러싼 논쟁이 그것이다. 하원은 자의적 구속을 자의적 정부의 엔진으로 규정하면서 폐지하려 했다. 이를 뒷받침하기 위해 하원은 대헌장을 소환한다. 그들은 대헌장에 기초한 특권을 '결코 쇠퇴하지 않는 권위의 원천'으로, 또한 대헌장을 국왕과 인민 간의 가장 신성한 계약으로 간주한다. 이러한 의미에서 그들은 대헌장에 위반되는 법규의 경우에는 법적인 타당성을 가질 수 없다고 주장한다.[5] 하원은 '고래(古來)의 헌정(ancient constitution)'을 복원하길 주장했으며, 대헌장을 그 주춧돌로 간주했다. 대헌장에 대해서는 두 가지 크게 다른 의견이 존재했다. 한편에서는 대헌장을 시대에 뒤진 낡은 문서로, 다른 한편에서는 지속적인 타당성을 갖는 불가침의 것으로 간주했다.

---

[5] Andrew Sabl, 2015, *Hume's Politics: Coordination and Crisis in The History of England*, Princeton: Princeton University Press, pp. 142-151. 위와 같은 의미에서 새블(Andrew Sabl)은 대헌장을 'meta-convention'으로 부른다. 새블의 'meta'라는 단어의 사용은 존재론적으로는 철학자가 내세우는 이중존재(double existence)의 학설을 환기시킨다. 흄은 철학자들이 만들어낸 이중존재의 학설을 비판적인 시각에서 검토한다. 이중존재의 학설은 '지각'을 '대상'으로 착각하는 세인(世人)들의 어리석음을 비판하면서, 지각을 '단지 지각뿐인 것(mere perception)'과 그와 별개로 존재하는 대상으로 구분한 것이다. 새블의 meta 용법은 근대철학의 '제일성질'보다는 고전철학의 '실체(substance)'의 용법에 더 가깝다고 생각된다.

대헌장은 기껏해야 오래전에 작성된 낡은 문서이고 현재 통용될 수 없는 항목들이라고 주장할 수 있다. 그러나 아래와 같은 질문은 핵심적이다. 봉건사회의 개별적인 '자유들'을 보호하기 위한 헌장(the Charter of liberties)이 어떻게 '자유'의 일반적 플랜(a Charter of liberty)이 될 수 있었는가?[6] 이 질문은 하원의 허구적 과장과는 결이 다른 것이다. 흄은 '법적 헌정'의 스케치 정도였던 대헌장이 시간이 지나면서 서서히 그 애매했던 의미가 명료하게 되었다고 말한다(H. 1. 445). 그 과정의 전반부를 우리는 두 번째 절(II)의 '교정의 관행'에서 살펴보았다. 스튜어트 왕조에서의 헌정 논쟁은 그 후반부가 된다. 이 논쟁에는 대헌장의 '정체성(identity)'과 '일반화'의 철학적 문제가 개입되어 있다. 대헌장의 성장 내지 진화의 관점은 그 문서의 의미를 축소하는 궁정파나 과장하는 의회파를 가로질러 간다. 법의 성장에서도 비슷한 현상이 나타난다. 규칙은 특정한 시대의 관습, 믿음, 그리고 필요에서 생긴다. 시대가 변함에 따라서 관습, 믿음, 필요는 없어지나 규칙은 남게 된다. 여기서 법연구자는 보다 일반적인 관점에서 그 규칙의 이유를 발견하려 하고 현재의 사태와 화해시키려 한다.[7]

구속에 대해서 궁정파는 하원과 다른 논리를 펼친다. 그들은 반란이나 시민전쟁을 방지하기 위해서는 구속 권한과 같은 국왕의 재량권이 필요하다고 주장한다. 이를 위한 논리로 그들은 복종의 관습과 수립된 관례를 통치의 원리로 내세운다. 낡은 법규나 기록의 권위는 관습의 권위로부터 파생된 것일 뿐이다. 기록된 법규는 관습에 위배될 경우 권위를 가질

---

6   Faith Thompson, 1948, *Magna Carta–its Role in the Making of the English Constitution 1300-1629*, Minneapolis: The University of Minnesota Press, p. 373.

7   Oliver Wendell Holmes, 1881, *The Common Law*, Boston: Little, Brown, and Company, p. 5.

수 없다. 덧붙여 국왕은 때때로 법에 의해서만 아니라 국가의 행위(acts of state)로서 통치해야 할 경우도 있다는 주장이 있었다. 국가이성(reasons of state)의 논리가 개진된 것이다(H. 5. 195).

흄에 따르면 위의 논쟁에서 양측은 모두 난점이 없지 않았다. 그 당시에는 법의 일시적 중지에 대한 생각이 없었기 때문에 폭동이나 파벌싸움이 있을 경우에는 법을 어기지 않고서는 대처가 불가능해진다. 또한 불확실한 의회의 소집과 의회의 더딘 결정은 위급한 필요에 대응할 수 없었다. 따라서 자의적 구속을 금지하는 법을 전반적으로 엄격하게 적용하는 데는 위험이 따랐다. 그리고 그 당시 국왕은 인민들의 안전과 보호를 위한 충분한 힘을 가지지 못했다는 점도 들 수 있다. 더욱이 당시 대중적 성격의 의회는 거의 절대적 권위를 가졌기 때문에 이제 왕이 그 권위에 순응해야만 할 정도였다는 점도 덧붙일 수 있다.

세 번째 논쟁은 찰스 1세의 선박세(ship money) 징수와 관련해서 일어났다. 영국의 혼합정부는 시대에 따라 구성 요소들의 부침을 겪어왔다. 하원의 성장으로 대중정부의 원칙과 군주정의 원칙이 서로 부딪히면서 튜더 왕조 시대에 드높게 수립된 국왕대권에 제한을 가하기 시작한 것이다. 사회가 큰 변화('비밀 혁명')를 겪는 과정에서 찰스 1세의 헌정에 대한 관념은 인민의 것과 부합하길 거부했다. 오늘날의 용어로 표현하지면 그는 가부장적 통치를 벗어나지 못했던 것이다. 그렇기 때문에 그의 적응은 한계를 가졌다. 예를 들어 그는 인민의 안전과 복리를 위한 일에 쓰이는 조세를 걷을 자격을 국왕이 가진다고 생각했다. 공익을 위한 목적이라면 국왕은 법이 허용한 것 이상의 권한, 즉 많은 재량 권한을 사용할 수 있다고 생각한 것이다. 그러나 대중정부의 원칙은 이를 결론을 받아들이지 않는다. 인민이 그가 바다를 지키기를 바라서 특정한 세금을 냈기 때문에 그가 바다를 지켰다고 하더라도, 곧바로 그가 그 세금을 받을 자격을 가진다는 결론이 나오지 않는다. 왜냐하면 그의 봉사가 그만한 세금의 공급을 받을만한지를 판단할 권리는 여전히 인민에게 있기 때문이다. 이러한 결론은 찰스1세에게는 부조리하고 불합리하게 비쳤다. 흄에 따르면, 찰스는 권리청원을 수용했음에도 불구하고 대중정부의 원칙으로부터 나오는 결론에 '충분히(in its full extent)' 동의하지 못했다. 따라서 그는 그러한 결론을 인정하는 길을 택하지 않고 대중정부의 원칙을 부정하는 길을 택하게 된다(H. 5. 210-211). 흄의 관찰에 따르면, 찰스 1세는 쉬운 정치(as far as he easily could)의 함정에 빠졌다. 그렇기 때문에 그는 튜더의 왕들과 달리 필요(necessity)와 편의(expedient)를 신중하게 구별하지 못했다.

1629년 이후 11년간 찰스 1세는 의회 없는 정치를 했다. 그 과정에서 선박세의 징수는 큰 논쟁을 불러왔다. 선박세 거부에 대한 재판에서 찰스는 7대 5로 이기기는 하였으나, 인민들의 불만을 잠재울 수 없었다. 1640년 의회에서 궁정파는 영국 헌정의 성격을 국왕과 의회의 '상호 신뢰(mutual confidence)'에 있다고 주장했다. 그 신뢰가 깨진다면 정부는 완전 해체될 것이고 폭력적인 파벌싸움이 일어날 것이라 경고했다. 이에 불평을 가진 당파는 찰스 1세가 11년간 의회를 소집하지 않는 것은 그가 인민에 대해 품고 있는 질투를 분명히 보여준 것이라 주장했다. 그리고 의회의 오랜 관행은 불평의 제기를 조세의 제공보다 우선시해 왔다. 이렇게 보면 우리의 헌정에는 국왕과 의회 간의 질투가 내재되어 있기에, 따라서 의회가 현재의 국왕에 대해서만 특별히 인색한 것으로 해석될 수 없다.

끝으로 시민전쟁(English Civil War) 이전 두 정파 사이에 격론이 일어난다. 의회파는 혼합정부의 부침과 인민의 변덕을 지적하며 자유 헌정을 확실히 굳히고자 했다. 그들의 눈에는 어려서부터 군주의 권위에 대한 콧

대 높은 관념을 흡수했던 찰스 1세가 각성해서 개종하리라 기대하는 것은 부질없는 일이었다. 자신에게 제한을 가하기 위해 의회가 잔인하게 가한 폭력에 찰스 1세는 일시적으로 양보를 했으나, 호기가 오면 그는 다시 자신이 한 양보를 거두어들일 것이다. 그렇게 되면 현재 인민의 우상이 된 애국자들은 혐오의 대상이 되어 처벌을 받게 될 것이라는 게 의회파의 주장이었다.

이에 대해 왕당파는 국왕과 의회 간 갈등의 원인을 다른 곳에서 찾는다. 그들은 의회파와 비교해 정부에 대한 상반된 원리를 가진 것은 아니었다. 오히려 과거의 사건들에 대한 상이한 생각에 의거했다. 그들에 따르면 찰스 1세는 연소함에서 기인하는 잘못들이 있었으나, 그가 의도적으로 폭정을 한 것이 아니었다. 오히려 의회가 의도적 인색함으로 그를 극단으로 몰아간 것에 갈등의 더 큰 원인이 있었다. 왕당파의 입장은 다음과 같았다. 의회 없는 왕의 통치를 막기 위해 삼년법(triennial act)이 제정되었기 때문에 의회의 영속적 계승이 수립되었다. 따라서 의회는 법의 수호자로 영속하게 될 것이다. 그리고 국왕은 독립적인 군대를 가지고 있지 않기 때문에, 의회를 침범하지 못한다. 따라서 더 이상 국왕으로부터 오는 자유 헌정에 대한 위험은 없는 것이다. 오히려 위험은 대중적 특권에 대한 인민의 태도가 변할 수 있다는 데 있다. 이를 방지하기 위해서는 자제하며 온건한 경계를 지키는 것보다 더 나은 방편이 없다. 그리고 한 극단은 다른 극단을 초래한다는 점을 명심해야 한다. 무정부상태를 초래하여 인민들이 군주의 평화로운 폭정 아래 은신처를 찾지 않게 주의하자. 통치에는 자유뿐 아니라 권위도 필수적이다. 무엇보다 지금의 상황이 새로운 헌정을 위험하게 실험할 필요가 있는 것은 아니지 않는가(H. 5. 352-356).

결국 위와 같은 헌정 논쟁에도 불구하고 양측은 헌정에 대한 타협을 이루지 못하고 시민전쟁으로 빠져들었다. 시민전쟁 이후 찰스 1세의 재판과 처형으로 군주정은 쇠락했다. 이와 더불어 연이은 하극상이 발생했고 기존의 정치적·종교적 권위는 해체되었다. 각자가 자신의 이상적 국가를 주장하고 남에게 설득시키려 했다. 이러한 해방 무드로 인해 생긴 혼란은 크롬웰의 1인 통치로 이어졌다. 이러한 현상은 종교개혁 이후 나타난 정치적 문제와 비교될 수 있다. 월린(Sheldon S. Wolin)은 그 상황을 '질서와 시민성의 위기(crisis in order and civility)'로 요약한다. 정치사상가로서의 칼뱅(Calvin)은 이 위기를 극복하기 위해 프로테스탄트를 정치적으로 교육시키는 과제를 떠맡는다. 영국에서는 시민전쟁을 몸소 경험했던 홉스가 사회적 안전을 확보하기 위한 새로운 정부구성안을 제안한다.[8] 다음의 내용부터는 권위와 자유의 대립이 1688년 새로운 헌정의 방향으로 전환되는 과정과 그 내용에 대한 흄의 시각을 정리한 것이다.

크롬웰을 정점으로 하는 공화정의 실험은 공화정에 어울리는 의식(儀式)과 정신을 진작시키기는 하였지만, 규정되지 않은 호국관이라는 지위와 엉성한 공화정의 헌정은 파벌이 만연한 사회적 혼란을 잠재울 수 없었다. 이 공화정의 실험은 헌정의 자유를 위한 안전을 제공하기에는 불충분했고, 심지어 위험하고 유해한 것으로 판명되었다. 이에 의회는 호국관의 지위에 있던 크롬웰에게 왕위를 제안한다. 영국은 오랫동안 왕이 통치하였기 때문에 법과 관습은 왕의 권위에 기초한다. 미성년인 왕을 보위한 호국관의 지위는 법에 알려진 것이 아니기 때문에 그 권위의 범위와 한계를 사람들은 알지 못한다. 정해지지 않은 권력은 자의적일 수밖에 없다.

---

8   Sheldon S. Wolin, 1960, *Politics and Vision: Continuity and Innovation in Western Political Thought*, Boston: Little, Brown, and Company, chs. 6 and 8.

그리고 호국관의 권위를 명확하게 정하는 데는 오랜 시간이 걸릴 것이다. 따라서 왕의 전체 권한을 법적으로 그에게 양도한다면 남은 문제는 단지 이름일 뿐이다. 왕과 호국관 중 더 나은 이름에 대한 선호는 명백하다. 덧붙여 영국의 헌정은 제일행정관의 출생 권리보다는 정부의 형태에 더 집착한다(H. 6. 94-95). 이 추론은 왕권의 안정을 위해 헨리 7세가 제정한 법으로부터 나온다. 그 법은 현행의 왕이 어떠한 수단으로 왕위를 획득했을지라도 그 왕을 방어하기 위해서 행동한 사람을 처벌하지 않는다는 취지이다. 이 법은 승계의 권리를 둘러싼 시비를 넘어 통치의 안정에 방점을 둔 것이다. 한편 공화정의 실험에서 크롬웰 사후 제일행정관의 선출은 이루어지지 못했고 호국관의 지위를 그의 아들에게 세습하는 것으로 끝났다. 그의 아들 리처드는 정국을 장악할 능력이 없는 것으로 드러났고 대부분의 영국인들은 왕정복고로 마음이 기운다.

결국 찰스 2세의 왕위 등극으로 영국사회는 잠시 안정을 되찾았다. 그러나 왕정복고 이후에도 헌정을 둘러싼 싸움은 그칠 수 없는 것이었다. 자유를 침해하는 것은 헌정에 반하는 것이란 점은 공감대를 형성했지만, 그 방법적 측면에서의 갈등은 계속되었다. 한편에서는 불복종과 저항이 갖는 위험성을 경계하며 '무조건적 복종(passive obedience)'을 설파했다. 이들은 토리(Tory)로 불렸다. 다른 한편에서는 휘그(Whig)는 권력으로부터 오는 권리 침해의 가능성이 남아있는 한 자유는 위태로운 상태에 있다고 주장했다. 저항이 곧 반역죄로 간주되는 상황에서 논쟁은 끝날 수 없었다. 의회파는 조세권을 지렛대로 삼아 왕권을 제한했고, 찰스 1세와 그 후임자 제임스 2세는 프랑스 왕과의 연대를 꾀하거나 왕정의 지지자인 가톨릭 세력의 보호를 통해서 탈출구를 찾으려 했다. 따라서 정국의 교착상태는 지속되었다. 교착상태를 타개하기 위해서 각 정파는 번갈아 가짜 음모극을 꾸며 상대파를 억압하기도 했다. 찰스 1세의 후반기에 있었던 음모극은 의회파의 음모극에 대한 일종의 복수극이었다. 가짜 음모극의 문제를 누구보다 뼈저리게 느꼈을 당사자가 동일한 방식으로 상대방에게 복수하는 일은 용인하기 어렵다. 복수는 특정한 경우에 용인되기도 하지만 대개의 경우 복수는 상호의 신뢰를 뿌리째 갉아먹는 정치세계에서 용납하지 않아야 할 행위임을 흄은 지적한다. 한편 의회파는 싸움의 과정에서 교황의 음모(popish plot)와 같은 정치적 술수(tribunitian arts)를 사용하기도 했으나, 놀랍게도 그들은 싸움을 통해서 법과 자유가 증진되는 방향으로 나아갔다. 그들은 대헌장의 기초에 권리청원을 추가하고, 이를 최종 보완하여 인신보호법(habeas corpus)을 제정했다.

제임스 2세는 누구보다도 호의적인 분위기 속에서 등극했으나, 이는 3년을 넘기지 못했다. 교황 음모의 거짓 전모가 드러난 이후 대부분의 사람들은 종교만 건드리지 않는다면 모든 것을 견디고자 할 정도였지만, 제임스 2세의 통치는 전 영역에 걸쳐서 인민의 자유를 흔들었다. 헌정과 관련해서 그의 가장 큰 문제는 '그의 법적 권위에 대한 콧대 높은 관념(So lofty was the idea…of his legal authority)'에 있었다(H. 6. 520). 그는 공공연히 가톨릭을 표방함으로써 왕위계승에서 배제하려는 저항을 받기도 했으나, 등극 이후도 노골적으로 가톨릭을 공직에 등용시켰다. 그는 공개적으로 불법 모임인 미사에 그것도 온갖 휘장을 휘날리며 참가하기도 했다. 또한 가톨릭의 공직 등용을 위해 가톨릭이 아님을 서약해야 하는 법을 면제권으로 피해갔다. 나아가 처벌의 법률을 일시적으로 중지하는 대권(suspending power)을 사용하기도 했다. 위와 같은 무분별한 국왕대권의 사용은 법을 무용지물로 만들었다. 결국 이러한 통치가 이어지자, 제임스 2세의 가장 강력한 지지자들마저 이탈함으로써 전반적 저항에 의해 그는 이른 종말을 맞게 되었다. 그가 최후를 맞게된 가장 큰 원인은 법적 헌정에 대한 존중의 결여였다.

80년 이상 지속된 왕과 인민의 싸움은 오렌지 공과 그의 부인인 제임스 2세의 딸이 공동으로 왕위에 등극함으로써 큰 획을 그었다. 오렌지 공이 왕위에 등극할 때 몇몇은 정복의 권리로 왕위를 주장할 것을 조언했다. 그러나 오렌지 공은 자유의 원칙에 그의 왕위를 두고자 했다(H. 6. 521). 이를 위해 그는 영국인의 전반적 의사를 묻기 위해 공동체를 대표할 컨벤션(convention)을 소집하게 했다. 이 컨벤션에서 휘그파와 토리파는 열띤 논쟁을 펼쳤다. 토리파는 왕의 선출을 반대했다. 그들은 다음과 같이 주장했다. 새로운 왕의 선출은 또 다른 선출을 위한 선례가 될 것이고, 그렇게 정부는 공화정으로 타락하거나 혹은 더 심한 경우 소란과 폭동이 심한 군주정으로 타락할 수 있다. 섭정의 지명은 실로 많은 불편함을 야기할 것이나, 승계의 계보가 유지되면 조만간 무질서를 끝낼 가망이 있다 (H. 6. 524-525). 영국의 역사에서는 직계 상속을 벗어났을 때 가장 큰 고통이 따랐다는 점을 명심하자는 것이었다.

이에 대해 휘그파는 섭정의 지명을 반대했다. 휘그파의 주장은 다음과 같았다. 섭정의 지명은 왕을 폐위시키고 후계자를 지명하는 것만큼 폐해가 크다. 왕이 외국으로 도망친 현 상황의 이점을 고려해서 논란이 된 승계를 법으로 끝내고 인민들로 하여금 그들의 왕위 요구를 잊게 하는 것이 더 나은 방편이다. 이 이점은 스튜어트 가문의 이름으로 행정이 이루어지는 동안에는 바랄 수 없는 것이다. 또한 제임스 2세의 어린 왕자가 우리의 헌정과 종교에 위배되는 원칙 속에서 교육받고 등극을 하게 될 경우 우리가 지금과 같은 어려움에 처하게 될 것은 명백하다. 섭정이나 호국관에 의해 계속 통치될 경우 나라는 공화정에 더 가까워질 것이다. 그보다는 인민이 정한 권위와 세습적 승계를 갖는 국왕들에 의해 다스려지는 나라가 더 나을 것이다(H. 6. 525). 이 이슈 외에도 휘그파와 토리파의 논쟁에서 대중정부의 원칙들은 우세를 점하게 된다.

휘그파와 토리파는 서로 화해하기 힘든 원칙을 조율하면서 연합하게 된다. 토리는 가톨릭을 왕위계승에서 배제하는 데 동의한 반면, 휘그는 공화정을 고집하지 않고 왕정을 받아들인다. 전체적으로는 대중정부의 원칙에 기초해서 군주정의 원칙을 유지한다. 토리파는 안정을 위해 권위를 더 강조하기는 했으나 자유를 포기하지 않았다. 반면 휘그파는 공화정을 더 선호하기는 하지만 군주정을 배제하지는 않았다. 연합의 지점을 찾는 과정에서 토리파는 '무조건적 복종'이란 무리한 관념을 포기해야 했고, 휘그파는 인민의 '논쟁의 여지가 없는 권리(incontestible right)'란 과도한 관념을 교정해야 했다(H. 6. 531). 흄의 영국정치사는 대헌장에 스케치된 통치자와 인민 간의 '일종의 원초계약(kind of original contract)'이 명예혁명에서 명백하게 구체화된 원초계약이 되는 과정을 추적한다고 할 수 있다 (H. 2. 7; H. 6. 528). 세습을 통한 안정의 원칙과 군주의 자의적 통치를 제한하려는 조건적 복종의 원칙이 서로 조율되면서 틀이 잡힌 자유헌정으로 발전하는 과정은 차이를 내는 반복 현상을 잘 드러낸다.

IV. 이행적 정의

'혁명'이란 단어에서 우리 사회가 익히 떠올리는 의미는 앙시앵 레짐을 파괴하며 새로운 공화국을 건설하려 했던 프랑스혁명에 강하게 뿌리내리고 있다. 그렇기 때문에 혁명은 '시-비'의 문제, '과거-현재'의 문제, '악-

선'의 문제 등 이분적 사고에 물들어 있다. 여기서 두 항 중 한쪽은 개혁되고 제거되어야 할 대상이 될 수밖에 없는 것이다. 역사 계몽주의가 깔고 있는 진보의 관념은 이와 다른 사고의 길을 제시하기 힘들다고 생각된다. 진보를 극단으로 몰고 가는 '영구혁명'이란 관념은 사람들에게 희망을 주기보다는 절망을 안겨준다. 영구혁명이란 실상 영속적 숙청에 다름 아니기 때문이다. 그러나 앞서 보았듯이 흄은 혁명에 대한 새로운 발상을 제시한다. 그가 본 명예혁명은 권위와 자유를 각각 내세웠던 두 정파의 연합을 배경으로 서로 딱딱하게 경색되어 있던 사고의 틀을 교정하며 새로운 헌정을 산출하는 과정이었다. 명예혁명 과정에서 이룬 정치적 성취를 한 정파의 승리로 규정하며 특정 집단의 전유물로 만드는 일은 역사를 왜곡하는 것이다. 휘그는 명예혁명을 전유물로 삼아 그 후 50년간 토리를 배제하며 권력을 독점했다. 권위를 배제한 자유의 논법은 새로 수립된 헌정의 기반을 스스로 허무는 것이다. 이러한 점에서 영국에서 일어났던 헌정 논쟁은 미국의 연방파와 반연방파의 논쟁과 그 논쟁을 통한 결합의 선례가 될 수 있겠다는 인상을 갖는다.

그럼에도 인간본성은 시비의 논쟁에 빠지기 쉽다. 흄이 살았던 당시 휘그 역사와 토리 역사의 싸움은 그 명백한 예가 될 것이다. 흄의 영국정치사는 당파적 역사관을 극복하기 위한 목적이 크게 작용했다. 흄이 지적하듯이 휘그파는 영국 헌정의 발전에 큰 기여를 한 것이 사실이지만, 역사적 진실과 도덕적 측면에서는 나쁜 영향을 끼쳤다. 오늘날의 용법을 빌면 휘그의 역사서사는 진영논리에 사로잡혀 있었다고 할 수 있다. 흄은 새로운 헌정의 수립이란 정치적 성취를 보지 못하고 스튜어트 왕가를 도덕적으로 비난하는 휘그의 역사서사를 비판한다. 그들의 태도에는 자유를 기준으로 자유수호파와 그 반대파에 대한 구분이 작동한다. 그리고 그러한 구분에는 '고래의 헌정'의 연속이라는 허구가 도사리고 있다. 이 허구는 혁신의 시도에 대한 의심을 잠재우는 정치적 구호로서는 용납될 수 있을 것이다. 흄은 구헌정의 연속에 대한 허구를 곳곳에서 언급한다. 그리고 시대의 변화에 따른 헌정의 변화를 추적한다.

변화와 관련해서는 두 가지 이슈를 언급해야 한다. 흄이 언급한 변화에 대한 두 가지 이슈는 다음과 같다. 첫째, 흄은 헌정의 변화를 정치의 문제를 중심으로 접근한다. 정치의 문제를 중심으로 볼 때 자유는 권위와 독립적으로 다루어질 수 없다. 더 중요한 점은 권위의 문제는 자유의 문제에 선행한다는 것이다. 권위가 수립되어 있지 않으면 무정부의 혼란을 벗어날 수 없기 때문이다. 이것이 튜더시대가 영국정치사의 발전에서 중요한 자리를 차지하는 이유이다. 모두가 자연적 자유를 만끽하는 세상을 바란다고 가정하더라도 그 결과는 여러 형태의 폭정, 방종, 혹은 무정부상태가 될 것이다. 시민적 자유를 말하기 위해서는 권위의 수립을 빼놓을 수 없다는 말이다. 관행의 발전 방향은 인간본성에 비추어 안정이 우선하고, 안정에 깔린 고착성을 교정하는 방향으로 향한다. 정치의 문제를 중심으로 볼 때 진영논리는 완화되는 경향이 있다. 우리가 어떠한 문제 때문에 싸웠는지를 확인한다면 균형감각을 익힐 수 있기 때문이다.

둘째, 변화의 과정에서 패한 자에 대한 평가이다. 역사는 흔히 승자의 기록이라 말해진다. 역사의 승자 관점에서는 스튜어트 왕들은 모두 비난의 대상이 된다. 그렇기 때문에 찰스 1세와 제임스 2세에 대한 흄의 서로 다른 평가는 의아한 것이 된다. 찰스 1세는 그가 물려받은 헌정을 고수하려 한다. 그럼에도 그는 변화에 적응하지 않을 수 없다. 변화에 대한 인식은 저항의 경험으로부터 나온다. 친숙하고 익숙한 관념이 더 이상 통용되지 않게 되는 처지에서 그는 저항하거나 혹은 적응하려 한다. 저항과 적응 사이를 맴돌다 그는 결국 죽음을 맞게 된다. 정치세계에서 권위를 세우는 일은 권위를 파괴하는 일보다 더 어렵다. 그 어려움에 대해서는 헌정 논쟁의 전사(前史)를 서술한 두 번째 절(Ⅱ)에서 충분히 확인할 수 있을 것이다. 따라서 주권자인 국왕에게 적응을 위한 충분한 시간과 기회(indulgence)를 주는 것이 더 나은 방편이다. 찰스 1세의 여러 과오에도 불구하고, 전체적으로 볼 때 그에게 시민전쟁의 책임을 지우는 것은 지나친 평가이다. 그의 죽음 이후 일어난 사회 전체의 혼란상과 뒤이은 왕정복고는 찰스 1세에 대한 흄의 평가를 지지하는 역사적 사실이 될 것이다. 변화에서의 학습과 적응은 시간이 걸리는 일이다. 과오를 통한 학습은 실천적 지침으로 작동하는 것이 아닌가. 따라서 그의 아버지 찰스 1세의 사례로부터 배우지 못한 제임스 2세에게는 그의 아버지에게와 같은 관대함을 베풀 수 없는 것이다. 휘그는 흄의 찰스 1세에 대한 평가를 비판하면서도 제임스 2세에 대한 평가에는 환호했다. 토리는 반대의 반응을 보였다. 그들은 두 사례를 차이 없는 단순한 반복이라 간주한 것이다.

휘그와 토리와 같은 당파적 태도는 도처에서 나타난다. 제퍼슨(Thomas Jefferson) 또한 휘그의 도그마를 벗어나지 못했다. 제퍼슨은 명예혁명으로 왕위에 오른 윌리엄 3세의 왕권의 기원에 대한 견해차에서 토리와 휘그의 갈등을 찾는다. 토리는 그것을 노르만 원천에서 찾고, 반대로 휘그는 앵글로색슨으로부터 유래하는 것으로 본다는 것이다.[9] 사실상 제퍼슨의 논리는 앵글로색슨의 법으로부터 '고래의 헌정'을 도출하려는 휘그의 논법과 차이가 없다. 이러한 논리가 혁신에 대한 사람들의 의심을 완화시키

---

9   Thomas Jefferson, 1984, *Writings, edited by Merrill D. Peterson*, New York: The Library of America, pp. 1490-1491.

기 위한 정치적 고려에 따른 것이라면 인정할 수도 있겠다. 그럼에도 이 것은 역사의 진실과는 거리가 멀다.

근대역사학의 창시자로 알려진 랑케도 동일한 오류에 빠진다. 그는 1017년 덴마크의 크누트(Canute)가 영국의 왕관을 손에 넣으려 했을 때 앵글로색슨의 귀족들은 덴마크의 주요 우두머리들과 조약을 맺고 크누트를 그들의 왕으로 '선출'했다고 기술한다. 앵글로색슨의 귀족들은 기존 왕가에 대한 충성을 거두고 자진해서 새로운 왕을 선출했기 때문에 이 사건은 '몇 세기를 함께 연결하는 대단히 중요한 사건'이라는 것이다. '출생'에 따른 권리가 없었던 크누트를 새로운 주권자로 선출한 일은 '영국의 미래'를 결정했다고 본 것이다.[10] 이 사건에 대해 흄은 다른 견해를 제시한다. 그에 따르면 크누트가 영국의 왕관을 차지하려 했을 때 처음에 그는 영국의 귀족들에게 큰 양보를 하지 않을 수 없었다. 그러나 왕위가 공고해지자 크누트는 그들을 추방하거나 죽였다. 흄의 추론에 따르면 그는 앵글로색슨 귀족들의 충성을 신뢰하지 않았고, 자신들의 토착 왕에 대해 불충했던 그들을 미워했다(H. 1. 121-126).

크누트의 행위 전반을 볼 때 흄의 추론이 더 설득력이 있다는 점을 부인하기 힘들 것이다. 랑케의 견해는 왕이 된 후 일어난 크누트의 폭력행위를 설명하지 못한다. 그는 이념으로 포장된 형태상의 유사성을 기준으로 크누트의 선출과 윌리엄 3세의 임명을 동일한 것으로 구분하였는데, 랑케는 야만상태의 정황들을 고려하지 않은 것이다. 특히 야만상태의 앵글로색슨인에게는 '권리'의 관념이 강하지 않았다는 점을 간과한다. 아

---

10 Leopold von Ranke, 2010, *A History of England Vol. 1*, Cambridge: Cambridge University Press, p. 25.

마도 이것은 그의 이념사의 틀에서 해소될 수 없는 부분이었기 때문일 것이다. 이념사에서 나타나는 동일화의 문제는 곳곳에 나타난다. 예를 들어 랑케는 게르만인의 관습에 붙어있던 '개인적 자유감'을 일종의 초역사적인 존재인 게르만족의 '요소(element)'로 둔갑시킨다. 관념이 이념으로 상승하면서 초월적 존재성을 획득하는 것이다. 반면에 흄은 대륙의 북쪽에 위치한 숲 속에서 전쟁에 훈련된 전사들이 누렸던 야만적 자유의 양상, 그들이 광대한 영토에 정착한 이후 봉건제도하에서의 자의적 통치, 방종 등으로 나타난 자유의 양상, 그리고 시민적 자유의 양상을 대비시킨다. 결국 인간에게 자유는 소중한 것이지만 시민적 자유는 많은 정치적 문제를 넘어서야 가능하다.

따라서 역사적 큰 변화인 이행을 고려한다면 현재의 잣대로 과거를 재단하거나 미래의 잣대로 현재를 판단하는 과오를 벗어나는 것이 중요하다. 이 점은 이행적 정의를 이해하는 데 핵심적 요소이다. 인간의 행위를 평가하는 잣대는 그 당시에 통용되는 일반적 기준이 되어야 할 것이다. 그리고 정치는 '쟁(爭)'의 성격을 갖기 때문에 역사에는 비슷한 현상이 반복되는 것 같이 보이지만, 그 싸움의 성격을 이해하기 위해서는 그 공동체가 당면한 정치적 문제의 성격을 밝힐 필요가 있다. 그럴 때만이 야만적 사회격변과 시민사회를 향한 격변의 차이를 이해할 수 있다. 나아가 이런 차이를 이해할 때만이 싸움의 양상 또한 다듬어지고 절제될 가능성이 늘어난다. 그리고 당파들의 존재는 서로 격돌하며 진영의 논리를 강화시키지 않고 견제와 균형 속에서 자유의 발전에 도움이 되는 방향으로 진행된다. 여기서 우리는 통일성을 강조하던 고대적 해법과 다른 근대적 발견으로서 정치적 화해 전략을 읽을 수 있다.

V. 맺음말

지금까지 보았듯이 역사화해의 큰 걸림돌 중 하나는 자신의 정체에 대한 과도한 집착이다. 족보 내지 계보의 의식은 자아의 정체를 수립하는 중요한 기제 중의 하나이다. 한 인간은 성장하면서 많은 것들이 바뀌지만, 동시에 변치 않는 정체성의 관념을 가지려 한다. 이러한 습관은 사물의 지각에서도 반복된다. 내가 살던 집의 모습이 아무리 많이 바뀌더라도 여전히 그 집을 자신의 집이라고 생각하듯이 말이다. 철학자 아리스토텔레스는 아마도 이러한 특징을 표현하기 위해 흔히 본질이라고 번역되는 'τὸ τί ἦν εἶναι'라는 기괴한 조어를 만들어 냈을지도 모르겠다. 이 경향은 인간의 자연적 성향이다. 이 관념은 비록 '거짓'이기는 해도 벗어나기 대단히 어려운 '허상'이다. 비유하자면 오늘날 개별 민족국가의 정체가 수립되면, 그것이 아무리 상상의 산물이라고 할지라도, 뭔가 변하지 않고 지속되는 실체를 가진 것으로 사유되는 것이다. 앤더슨(Benedict Anderson)이 민족국가를 '상상된 공동체'로 명명했을 때, 그는 민족주의에서 실체의 지위를 박탈하는 것이 맞는 것이 아닌가 고민했을 것이다. 다른 한편으로 민족주의의 현실 앞에서 그것의 실체성을 부정하기도 힘들었을 것이다. 바꾸어 말하면 정체의 구성에 대한 질문을 할 수 있을지 모르지만, 그것을 벗어나서 사유하는 일은 인간의 자연적 성향과는 거리가 있다는 것이다.

그럼에도 정체성에 대한 과도한 집착은 진리의 계보를 형성하곤 한다. 그 계보에 대한 비판은 곧 자기 자신에 대한 비판으로 간주되고, 따라서 배격되어야 하는 것이 된다. 영국에서 자유의 승리는 영국이라는 나라를 근대의 선두주자로 올려놓은 역사상 새로운 존재의 탄생이라고 말할 수 있다. 그러나 자유의 승리는 역으로 자유의 계보를 진리로서 확정하려는 욕망을 낳게 된다. 이것은 곧 또 다른 역사전쟁이 전개되는 신호탄이다. 자유를 주창하는 것만이 승인을 받게 되는 것이다. 그러나 자유만이 승인되는 세상이 유지될 수 있는가? 무엇보다도 세상에 순수한 자유의 표출이 존재할 수 있는 것인가? 이러한 질문들은 자유를 주창하는 사람들을 겸손한 태도로 유도할 수 있으리라 본다. 또한 오늘날 정체성의 정치에 골몰한 사람들에게 유익한 조언이 될 것이다.

이와 더불어 이행적 정의의 시각에서 역사적 평가의 어려움을 지적해야 한다. 현재 과거사에 대한 극단적 대립이 여러 사회에 널리 일어나고 있다. 특히 사회가 크게 변화하는 이행적 시기에 대한 평가는 더 극단적 성격을 띨 수밖에 없다. 흄은 특정 시대에 대한 평가는 그 시대의 일반적 기준에 따라야 한다고 말한다. 그렇다면 이행적 시기를 산 사람들은 어떻게 평가되어야 하는가? 흄은 듀프로세스(due process)를 강조한다. 법의 듀프로세스는 이념적 대립이나 당파적 관점을 극복할 수 있는 좋은 기준점이 된다고 생각된다. 무엇보다 우리는 법을 고려할 때 인간의 본성이 갖는 허약성을 이해할 필요가 있다. 가령 뿌리 깊은 관념이나 습관은 변경하기 대단히 어려운 것이다. 새로운 사태가 명백해지기까지는 기존의 관념과 습관을 지키려고 하는 것을 크게 나무랄 수 없는 이유이다. 이것은 법이 보수적 성격을 띠는 이유이기도 하다.

그렇기 때문에 안정을 유지한 변화의 과제는 인간에게 늘 힘든 일이다. 이 점에서 영국의 경우도 그다지 다르지 않았다. 그러나 새로운 것이 가진 이익이 명백해진 이후에도 동일한 과오를 범하는 시대착오적 행위는 비난받아야 할 것이다. 우리는 그때그때 공동체의 행위기준(standards of conduct)을 살피며 살도록 요구받는다. 이러한 흄의 논의는 세상의 변화를 읽지 못하는 '수구적인' 인간의 성향과 더불어 '진보'의 허상으로 세상을 재단하려는 다른 극단의 인간 성향을 교정하는 데 도움을 줄 것이다. 새로운 것이 좋고 이익이 되는 것인지 아닌지는 사변적 설득의 영역이 아니라 경험의 영역이기 때문이다. 선택은 경험의 무게에 따라 이성적 판단에 의해서 이루어져야 할 것이다.

참고문헌

Bowden, Sean, 2011, *The Priority of Events, Deleuze's Logic of Sense*, Edinburgh: Edinburgh University Press.

Holmes, Oliver Wendell, 1881, *The Common Law*, Boston: Little, Brown, and Company.

Hume, David, 1983, *The History of England, I - VI*, Indianapolis: Liberty Fund.

Jefferson, Thomas, 1984, *Writings, edited by Merrill D. Peterson*, New York: The Library of America.

Lefebvre, Alexandre, 2008, *The Image of Law, Deleuze, Bergson, Spinoza*, Stanford, California: Stanford University Press.

Ranke, Leopold von, 2010, *A History of England, Principally in the Seventeenth Century, Vol. 1.*, Cambridge: Cambridge University Press.

Sabl, Andrew, 2015, *Hume's Politics: Coordination and Crisis in The History of England*, Princeton: Princeton University Press.

Teitel, Ruti G., 2000, *Transitional Justice*, New York: Oxford University Press.

Thompson, Faith, 1948, *Magna Carta–its Role in the Making of the English Constitution 1300 - 1629*, Minneapolis: The University of Minnesota Press.

Wolin, Sheldon S., 1960, *Politics and Vision: Continuity and Innovation in Western Political Thought*, Boston: Little, Brown, and Company.

이병택, 2014, 「사회제도의 정착과 방향: 데이비드 흄의 존재론과 정념론을 중심으로」, 『한국정치학회보』 제48집 4호.

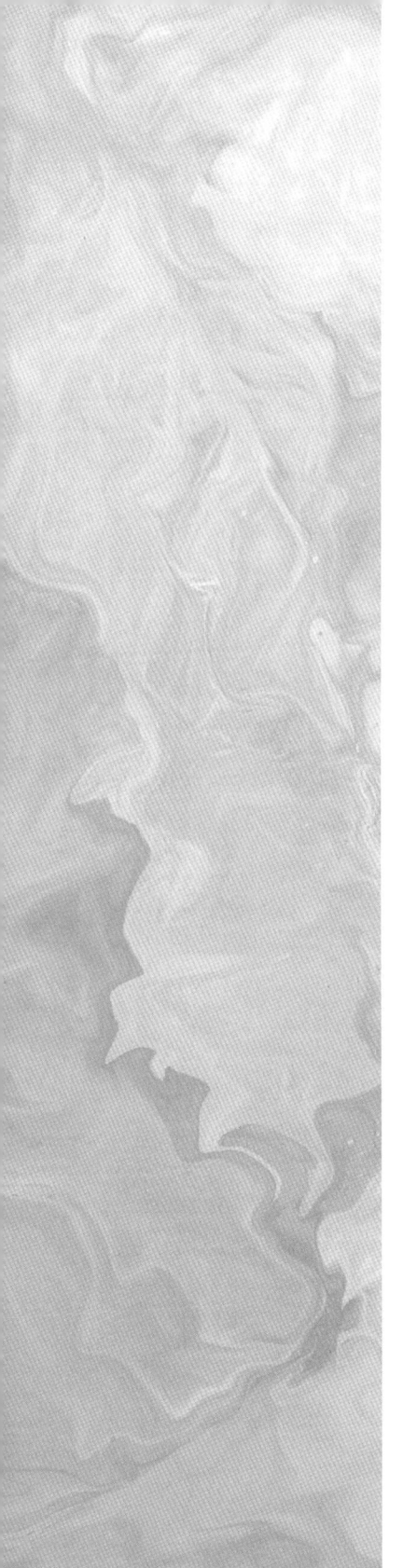

제2부

국제질서와 화해적 공존

1

조선 세조 대 여진정책과 역사화해

'중화공동체론'의 관점에서

방상근 고려대학교 법학연구원 정당법연구센터 선임연구원

I. 머리말

조선왕조의 창업자 이성계는 함경북도 영흥 출신으로 동북면에서 무장세력을 통해 정치적 배경을 쌓았고, 이 지역의 여진족 지도층과 대단히 밀접한 관계였다. 그런데 이성계 사후에 조선과 여진의 관계는 차츰 악화되어 변경이 소란스러워졌다. 결국 태종이 즉위한 이후 여진족은 북쪽 국경을 침입해 왔다. 태종은 동맹가첩목아(童猛哥帖木兒)와 같은 우호적인 여진족 추장을 포섭하여 변경을 튼튼히 하고 영토를 확장하는 것을 구상했다. 그는 압록강 및 두만강 유역으로 영토 확장을 시도했고, 특히 이성

---

* 이 글은 2020년 10월 『평화연구』 제28권 2호에 게재된 방상근, 「조선 세조대 여진정책과 역사화해: '중화공동체론'의 관점에서」를 수정하여 재수록한 것이다.

계 집안이 일어났던 동북면 일대를 '왕실의 발상지(祖宗舊地)'라고 여겨 반드시 확보하고자 했다.

　세종 대에는 동맹가첩목아와 같은 유력한 여진족장이 사망하여 4군과 6진의 개척을 통해 압록강과 두만강 일대를 조선의 영토로 편입시키는 확장정책을 폈다. 이 과정에서 일부 여진족은 조선에 귀화하였지만, 다른 여진족들은 조선에 반발하여 침입과 약탈을 자행하기도 하였다. 자신들의 근거지를 상실한 여진족의 입장에서 볼 때, 조선의 북방영토 개척은 일종의 '침략'이었고, '가해자 조선'에 대한 복수를 위해 지속적으로 변경을 침입하고 노략질을 감행했다. 반면 영토 개척을 '조종의 옛 땅을 회복'하는 것으로 생각했던 조선의 입장에서는 변방을 침입하여 인민을 살해하고 약탈하는 '가해자 여진족'에 대한 복수를 위해 때로는 대규모 정벌을 단행하기도 하고 때로는 회유를 모색하기도 하였다.

　이 글에서는 조선의 여진정책이 종래 이해되어 온 바와 같이 '오면 어루만져 주고 가면 추격하지 않는다(待夷狄之道, 來則撫之, 去則不追)'는 원칙이나 혹은 '당근과 채찍'인 은위병행(恩威竝行)의 정책만으로는 이해될 수 없는 부분이 있음을 제시하고자 한다. 조선의 국왕들, 특히 세조는 단지 여진족이 변방의 환란이 되지 않도록 회유하여 그들의 내침을 방지하는 기미책(羈縻策)에만 머물지 않았다. 실록을 통해서 확인할 수 있듯, 세조는 '일시동인(一視同仁, 모두를 평등하게 보아 똑같이 사랑함)'이라는 명분을 내세워 여진족 내부의 갈등과 반목에 깊숙이 개입하여 그들을 중재하였고, 이를 통해 올적합·올량합·알타리 등의 여진족을 조선 '변방의 울타리(藩籬)'로 만들고자 했다.[1] 이는 조선이 중국 주변의 다른 이적(夷狄)들

1　계승범은 『조선왕조실록』 '진하(進賀)' 기사의 왕대별 비교를 통해 세조가 직접 백관

과는 다른 국가정체성을 가지고 있었음을 의미한다.

여진을 둘러싼 명(明)과 조선의 경쟁관계, 조선과 여진의 화해 문제는 기존의 사대관계라는 질서와 제도를 통해서 이해되기 어려운 측면이 존재한다. 이 글에서는 조선의 국가전략인 '중화공동체 전략'의 구현이라는 점에 초점을 맞추어 이 문제를 고찰해 보고자 한다.

II. 역사화해의 개념

'화해'는 공존부터 태도 및 신념의 변화, 그리고 과거에 적대적이던 당사자 간의 파트너십 관계의 발전에 이르기까지 다양하다. 천자현은 국제정치학계에서 논의되고 있는 화해 이론을 국가이익론, 제도론, 상호인식론, 국제정의론, 용서 등 다섯 가지로 구분하여 기존의 화해 연구 동향을 설명하고, 각각의 접근에 따른 장점과 단점 등을 분석한 바 있다.[2] 필자는 조선과 여진의 화해를 설명하는 데 있어서 이들 이론 가운데 제도론적 접근과 상호인식론적 접근이 상대적으로 유용한 분석틀이라고 판단한다. 국가이익론적 접근은 전통시대 국가 간 관계가 국익만으로는 설명될 수 없는 요소가 있다는 점에서 적용되기 어렵고, 국제정의론적 접근은 가해자

들의 진하를 받은 기록이 49건(74%)인데 비해, 명에 보내는 진하는 13건(26%)이라는 점을 밝혔다. 이 비율은 태종 및 세종 대와는 완전히 역전된 것으로, 세조는 왕권과 정통성을 명 황제에게 의존하면서도 스스로의 힘에 더 중점을 두는 방향으로 나아갔음을 강력하게 시사한다고 한다(계승범, 2014, 『중종의 시대』, 역사비평사, 76-77쪽). 하지만 세조 대 초반에 여진의 내조(來朝)가 많아진 것은 이징옥의 난(1453)에 참여했던 야인을 회유하고자 물품을 많이 하사했기 때문이라는 시각도 있다.

와 피해자의 구분이 명확하지 않고 전통적인 사대관계에서 징벌적 정의와 보상이 잘 이루어지지 않는다는 점에서 적용되기 어렵다. 또한 용서론적 접근은 가해자(강대국)의 과오를 무조건적으로 정당화할 수 있으며 무조건적 용서의 요구가 피해자(피해국)에게 또 다른 폭력일 수 있다는 점에서 적용되기 어렵다. 따라서 제도론적 접근의 대표자라고 할 수 있는 가드너-펠드만(L. Gardner-Feldman)과 상호인식론적 접근의 대표자인 보리스(B. Borries)의 논의에 따른 설명을 시도한다. 물론 이들의 이론을 전통시대에 적용하는 데에 따르는 한계도 있을 수 있다.[3]

---

2 천자현, 2013, 「화해의 국제정치: 화해 이론의 발전과 중일관계에 대한 비판적 적용」, 『국제정치논총』 제53집 2호, 14-28쪽. 각 이론의 특성은 아래의 표와 같다(천자현, 2013, 28쪽).

이론적 접근 특성	핵심 개념	국가 간 화해에 대한 입장	취약점
국가이익론적 접근	안보, 경제 등 국가 이익에 직결	회의적	이익 외의 역사, 관념적인 요소에 대한 설명 부족
제도론적 접근	국가와 사회의 제도	화해 원인보다는 과정에 초점	아래로부터의 변화(bottom-up 방식), 시민 사회에 대한 이해 부족
상호인식론적 접근	정체성의 변화	심리적, 관념적	역사적 관점에서 사례별 연구가 주를 이루어 일반화, 이론화 부족
국제정의론적 접근	처벌	처벌 이후에 실현 가능, 가해자와 피해자의 명확한 구분	국내정치와 국내법의 논리와 영향을 받아 불공정 사례들 존재
용서론적 접근	상처의 치유	가해자와 피해자의 관계 회복	무조건적 용서의 요구도 하나의 폭력, 처벌의 미비

3 현대의 국제관계이론은 (적어도 이론상으로는) 상호 평등한 주권국가를 전제로 한 것임에 반해서, 전통시대의 국제관계는 (적어도 원리상으로는) 천자를 정점으로 하는 수직적 국가관계를 전제로 한 것이라는 점에서 차이가 있다. 그러나 오늘날 국제관계에서 극성(polarity)이 논의되는 것처럼 주권국가들 사이에는 위계(hierarchy)가 존재한다. 반면에 전통시대 사대(事大)관계에서 중국과 수평적 관계를 설정했던 국가들도 존재했다. 그런 점에서 그 차이는 상대적이라 할 수 있다.

펠드만은 국가 내부 집단 간의 화해와는 구별되는 개념으로서 국가 간, 사회 간의 국제적 화해에 초점을 맞추어 화해를 "각국 정부와 사회를 넘어서 쌍방 간의 제도를 통하여 과거 절대적 관계에 놓여 있던 국가 간에 장기적 평화를 구축해가는 과정"으로 정의한다. 이 개념에는 "조화롭고 갈등이 없는 공존의 비전을 평화에 포섭하는 것은 물론 서로의 차이를 포용하는 것까지를 의미"한다. 그녀는 적대적 국가관계를 우호적으로 발전시키는 데 있어서 역사라는 변수를 중시하고 그외의 변수로 리더십·제도·국제 상황을 제시한다.[4] 리더십의 경우, 비전을 가지고 국내의 반대 여론을 극복할 의지가 있어야 하고, 상대방 국가의 정치 지도자들과 (때로는 개인적 친근관계를 통한) 우호적 파트너십을 형성할 수 있어야 한다. 제도의 경우, 권력의 구조적 비대칭성에도 불구하고 대등한 권리와 의무를 부여하게 되며, 임시적이기보다는 정형화된 형태를 갖추게 된다. 국제 상황의 경우, 대립관계를 완화시키기도 하며 화해관계의 영향을 받게 된다.

한편 보리스는 화해를 역사적인 적대감과 증오를 경감시키는 일인 동시에 성가시고 고통스러운 역사의 중요성과 기억을 인정하는 일로 정의한다. 그는 이러한 화해를 위해서는 정치 경제적 조건 및 마음의 전제조건이 중요함을 강조한다. 예를 들면 냉전·러시아(소비에트)의 위협·NATO·미국과의 이해관계와 같은 정치적 조건이 없었다면, 프랑스와 독일은 제2차 세계대전 후 동맹국이 되는 일을 배우지 못했을 것이다. 또한 경제적 협력(유럽연합)이 정치적인 제휴와 역사적 화해를 이끌어내기도 하고, 경제 기적을 통한 생산과 소비의 안정적 성장으로 화해의 과

---

[4] 릴리 가드너 펠드만, 2009, 「독일의 화해 외교정책에서 역사의 역할」, 『역사 대화로 열어가는 동아시아 역사 화해』, 동북아역사재단, 16-19쪽.

정이 더 쉬워졌다고 지적한다. 뿐만 아니라 두 차례의 세계대전이 몰고 온 충격과 도전, 그로 인한 전쟁 피로는 평화를 위한 마음의 준비에 영향을 미쳤고 유럽통합운동을 일으켰다.[5] 그는 이러한 조건들에 기반하여 역사화해를 위한 전략이 필요함을 강조한다. 즉 "서로 같이 다가서고 움직이는 것, 또는 서로를 향해 같이 나아가는 것"이 필요함을 지적한다. 그는 이를 '적'의 이야기를 하고 '적'의 노래를 부르면서 '타인', 심지어 '적'의 눈을 통해 보고 '그들의 신발을 신고 걷기'라고 표현한다. 단순히 '타인'을 이해하는 감정이입만으로는 충분치 않고, 체계적으로 역사적 이야기를 비교하고 교체하는 데까지 나아가야 한다는 것이다.[6]

이제 역사화해에 관한 이러한 정의와 조건, 방식과 전략을 참고하여 조선과 여진족 사이의 역사화해는 어떻게 이루어졌는지를 살펴보고자 한다. 이를 통해서, 동아시아 전통에 있어서 역사화해의 보편성과 특수성을 이해할 수 있을 것이라 기대한다.

III. 조선의 국가전략과 중화공동체론

조선의 여진에 대한 정책은 고려 이래로 '오면 어루만져 주고 가면 추격

---

5 보도 폰 보리스, 2009, 「역사 화해를 위한 역사교육」, 『역사 대화로 열어가는 동아시아 역사 화해』, 동북아역사재단, 196쪽.
6 보도 폰 보리스, 2009, 앞의 글, 207-209쪽. 그는 역사적인 우월감과 편견으로 가득 찬 신화·특정집단의 특별한 존엄성(선택됨, 엄선됨)과 상대집단의 열등의식 또는 존엄성(저주받음, 타락함)을 완전히 파괴해야 하며, 보편적이고 정당한 시민권과 인권의 승인이 필요하며, 그때에 비로소 조상들의 증오에도 불구하고 타자를 위한 관용, 그리고 더 나아가 상호 연민과 상호 수락에 이를 수 있다고 한다.

하지 않는다(待夷狄之道, 來則撫之, 去則不追)'는 것이 원칙이었다. 조선은 후사(厚賜)나 수직(授職)함으로써 회유를 통해 그들의 내침을 방지하고자 했다. 때로 정벌이 단행되기도 했으나, 조선은 기본적으로 북방 여진을 기미권(羈縻圈) 내에 두어 그들이 변방의 환란이 되지 않도록 하고자 하였다. 조선 전기에 이러한 교린(交隣)의 도(道)가 적용되었던 북방의 여진 종족은 크게 알타리, 올량합, 그리고 올적합이었다. 이 중 알타리와 올량합은 태조 대 이래로 조선과 우호적인 관계를 맺었고, 세종 대 두만강 유역에 6진이 설치된 이후로는 성 아래에 거주하면서 이른바 '성저야인(城底野人)'으로 조선의 번리(藩籬) 역할을 담당하였다. 그러나 올적합은 그렇지 않았다. 그들은 지리적으로도 알타리나 올량합보다는 조선과 먼 거리에 있었으며, 농경을 전업으로 한 것도 아니었기 때문에 조선과 밀접한 관계를 유지해야 할 필요성이 적었다. 그 때문에, 예외의 경우도 있었지만, 올적합은 세종 대까지도 대개 조선 변경을 침입하여 인축(人畜)을 노략질함으로써 북방의 흔단(釁端)이 되었다. 그러다가 세조 대에 들어 비로소 조선에 납관(納款)하였고, 이후 보다 빈번한 왕래가 이루어졌다.[7]

이처럼 여진이 조선에 빈번하게 내조했을 뿐만 아니라 여진과 '사대'의 관계를 맺고 명으로부터 동북면 여진에 대한 관할권을 인정받은 것은 매우 이례적인 일이다. 더욱이 조선이 여진족들 내부의 문제에까지 개입하고 있었다는 점에서, 원칙과 실제가 서로 모순되게 느껴지기도 한다. 따라서 이를 설명하기 위해서는 '사대'의 본래적 의미와 명나라가 생각한 사대질서, 그리고 조선이 지향한 명-조선 간 사대관계의 특징을 먼저 이

---

7 김순남, 2009, 「조선 성종대 올적합(兀狄哈)에 대하여」, 『조선시대사학보』 49집, 36-37쪽.

해할 필요가 있다.

맹자는 "오직 인자(仁者)만이 대국(大國)을 가지고 소국(小國)을 섬길 수" 있으며, "오직 지자(智者)만이 소국을 가지고 대국을 섬길 수 있다"고 말한 바 있다.[8] 더 나아가 "대국을 가지고 소국을 섬기는 자는 천리(天理)를 즐거워하는 자요, 소국을 가지고 대국을 섬기는 자는 천리를 두려워하는 자이니, 천리를 즐거워하는 자는 온 천하를 보전하고, 천리를 두려워하는 자는 자기 나라를 보전한다"고 주장했다.[9] 그리고 이에 대한 주석에서 주자는 "지혜로운 자는 의리(義理)에 밝고 시세(時勢)를 안다. 그러므로 강대국에게 침략과 모욕을 당한다 하더라도 내가 그를 섬기는 예(禮)를 더더욱 폐할 수 없는 것이다"라고 말했다.[10] 또한 맹자가 언급한 천(天)을 '리(理)'로 규정하면서, "대국이 소국을 사랑함과 소국이 대국을 섬김은 모두 '리'의 당연함이다"라고 주장했다.[11]

본래 『맹자』의 사대(事大)·사소(事小)의 개념에서 소국이 사대하는 것은 대국을 지속적으로 섬기기 위한 것만이 아니라, 자신이 대국이 되어 천하를 통일할 때까지의 잠정적인 조치로 상정된 것이다. 따라서 이적인 소국도 화(華)로 변화되어 천하를 통일할 수 있는 길(가능성)이 열려 있다. 이러한 맹자의 사대·사소의 질서에서 중국과 주변국 사이의 관계는 수평적이며, 각 국가는 대용(大勇)을 길러서 천하를 통일하는 것이었다. 그런

---

8 『맹자』「梁惠王 下」: "惟仁者 爲能以大事小 … 惟智者 爲能以小事大."
9 『맹자』「梁惠王 下」: "以大事小者 樂天者也 以小事大者 畏天者也 樂天者 保天下 畏天者 保其國."
10 『맹자집주』「梁惠王 下」: "智者 明義理 識時勢 故 大國 雖見侵陵 而吾所以事大之禮 尤不敢廢."
11 『맹자집주』「梁惠王 下」: "天者 理而已矣 大之字小 小之事大 皆理之當然也."

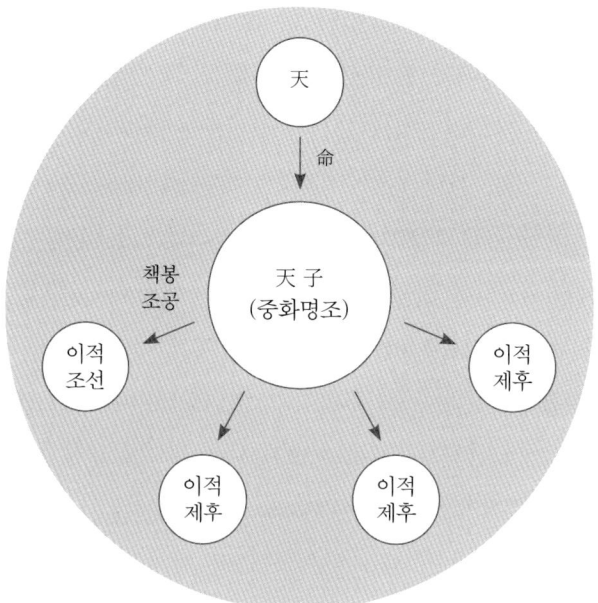

그림 1 명나라 중심의 천하질서

데 명나라가 주변국을 포섭하기 위해 사용한 '일시동인'이라는 사소의 레토릭은 맹자시대의 사대와는 다른 의미를 갖고 있었다.[12] 중국과 주변국 사이의 수직적·일방적 질서를 상정하고 있는 이 체제를 그림으로 표현하면, 〈그림 1〉과 같다.[13]

〈그림 1〉에서 보는 바와 같이, 만약 명나라의 주변국이 화이론을 수용한다면, 명나라 중심의 천하질서에 포섭되어 정치적으로 속국이 되고 문명적으로는 중화문명의 아류로 전락하게 된다. 그러나 주변국이 『맹자』

---

12 박홍규, 2016, 『삼봉 정도전 생애와 사상』, 선비, 279-281쪽.
13 박홍규, 2016, 앞의 책, 286쪽.

의 본의를 고수한다면, 스스로 천하질서를 담당하는 길을 가야 하고 그렇게 되면 명나라와 천하를 놓고 대결해야 한다. 그 어느 쪽도 선택하기 어려운 난제에 빠지게 되는 것이다. 박홍규는 조선이 이러한 딜레마를 극복하기 위해서 내세운 논리가 바로 '중화공동체론'이라고 말한다.[14] 이것은 맹자의 본의와도 다르고 명나라의 화이론과도 다른 조선만의 국가전략이며, 이 전략을 체계화한 것이 바로 정도전의 『조선경국전』이다. 이 책에서 정도전은 천자(명)와 제후(조선)를 수직적 관계가 아닌 동일한 원리(道)에 의해 존재하는 수평적 관계로 묘사하고, 조선왕조의 유지는 천자의 책봉이 아니라 조선 임금의 인정(仁政) 여부에 달려 있다고 설명한다.

『주역(周易)』에, "성인의 큰 보배는 위(位)요, 천지의 큰 덕은 생(生)이니, 무엇으로 위를 지킬 것인가? 바로 인(仁)이다" 하였다. 천자는 천하의 봉공(奉貢)을 누리고, 제후는 경내(境內)의 봉공을 누리니, 모두 부귀가 지극한 사람들이다. …… 인군(人君)은 천지가 만물을 생육시키는 그 마음을 자기의 마음으로 삼아서 불인인지정(不忍人之政)을 행하여, 천하 사방 사람으로 하여금 모두 기뻐해서 인군을 마치 자기 부모처럼 우러러볼 수 있게 한다면, 오래도록 안부(安富)·존영(尊榮)의 즐거움을 누릴 수 있게 될 것이묘, 위망(危亡)·복추(覆墜)의 환(患)을 끝내 갖지 않게 될 것이다. 인으로써 위를 지킴이 어찌 마땅한 일이 아니겠는가?[15]

---

14 박홍규, 2016, 앞의 책, 284-293쪽.
15 『삼봉집』「朝鮮經國典」: "易曰 聖人之大寶曰位 天地之大德曰生 何以守位 曰仁 天子享天下之奉 諸侯享境內之奉 皆富貴之至也 … 人君以天地生物之心爲心 行不忍人之政 使天下四境之人 皆悅而仰之若父母 則長享安富尊榮之樂 而無危亡覆墜之患矣 守位以仁

정도전은 조선 국왕의 왕권과 권위가 천자로부터 유래하는 것이 아니라 스스로 천지가 만물을 생육시키는 그 마음을 자기의 마음으로 삼는 '불인인지정'을 행함으로써 유지될 수 있음을 강조하고 있다. 물론 명나라 천자로부터의 책봉과 그에 따른 조공관계를 부정하는 것은 아니다. 그러한 형식적 사대질서 속에서도 실질적으로 왕권을 유지하는 요체는 '인정'에 있음을 말하고 있는 것이다.

나아가 그는 기자(箕子)가 주(周)나라 무왕(武王)의 명령을 받아 조선후(朝鮮侯)에 봉해졌던 것을 언급하면서 "명 천자의 덕도 주 무왕에 부끄러울 게 없거니와, 전하의 덕 또한 어찌 기자에게 부끄러울 게 있겠는가"라고 주장한다.[16] 기자와 무왕의 관계를 이성계와 명 태조의 관계에 비유한 것이다. 또한 그는 기자가 무왕에게 홍범(洪範)을 설명하고 그 뜻을 부연하여 8조(條)의 가르침을 나라 안에 실시하여 정치와 교화가 성하게 행해지고 풍속이 지극히 아름다웠음을 강조한다.[17] 또한 공자가 "나는 동주(東周)를 만들겠다"[18]라고 말한 것을 인용하면서 "공자가 어찌 나를 속이겠는가?"라고 언급한다.[19] 공자가 그의 조국 노(魯)나라를 동주로 만들고자 했던 것과 마찬가지로, 정도전은 조선을 명과 같이 융성한 나라로 만들고자 했던 것이다.

　不亦宜乎."
16 『삼봉집』「朝鮮經國典」: "惟箕子受周武王之命 封朝鮮侯 … 嗚呼 天子之德 無愧於周武 殿下之德 亦豈有愧於箕子哉."
17 『삼봉집』「朝鮮經國典」: "箕子陳武王以洪範 推衍其義 作八條之敎 施之中國 政化盛行 風俗至美."
18 『논어』「陽貨」: "子曰 夫召我者 而豈徒哉 如有用我者 吾其爲東周乎."
19 『삼봉집』「朝鮮經國典」: "… 孔子曰 吾其爲東周乎 豈欺我哉."

이처럼 정도전은 조선과 명나라의 관계를 '원리적 수평성'으로 설정하고 있다. 그러나 맹자와 달리 주변국(소국)인 조선이 장차 대국이 되어 명과 일전을 치루고 중원을 차지하는 것은 부정한다. 대신에 조선이 작은 주나라(소중화)가 되어 큰 주나라(대중화)인 명과 함께 '중화공동체'를 형성한다는 전략을 구상했다. 중원으로의 진출을 예정하고 대국주의 전략을 유지했던 고려가 요동정벌에서 보듯 중원의 왕조와 전면전을 상정했던 것과 달리, 조선은 대국주의가 초래한 고려 멸망의 전례를 인지하고 소국주의로 전환한 것이다. 그러나 이 소국주의는 종종 오해받고 있듯이 수직적 사대질서하에서 중국의 속국이자 중화문명의 아류로 전락하는 것을 의미하지는 않는다. 수평적이고 쌍무적인 관계에서 명나라와 함께 '평천하'의 한 부분을 담당하겠다는 주체적인 전략이며, 조선은 다른 이적과는 다르다는 '조선 예외주의' 전략이었다. 조선과 중국(명)은 동일한 도(道), 즉 유교를 국가이념으로 채택하여, 동질적인 유교문화를 실현하면서도 정치적으로는 자립을 유지하는 것이 바로 정도전이 구상한 국가전략이다.[20] 이 전략을 〈그림 2〉로 나타낼 수 있다.[21]

〈그림 2〉에서 조선은 명과 마찬가지로 천명을 받은 나라이며 중국과 동일한 도, 즉 유교문명을 국가이념으로 채택하여 명과 함께 중화공동체를 형성하여 주변의 이적들을 다스려 나가면서 정치적으로는 자립을 유지하는 것으로 상정되어 있다. 조선에 대한 여진의 '사대'와 동북면 여진에 대한 조선의 관할권은 이러한 전략의 틀에서 이해될 수 있다.

태종과 세종은 이러한 전략에 입각하여 주변의 이적인 여진과 왜인

---

20 박홍규, 2016, 앞의 책, 292-293쪽.
21 박홍규, 2016, 앞의 책, 293쪽.

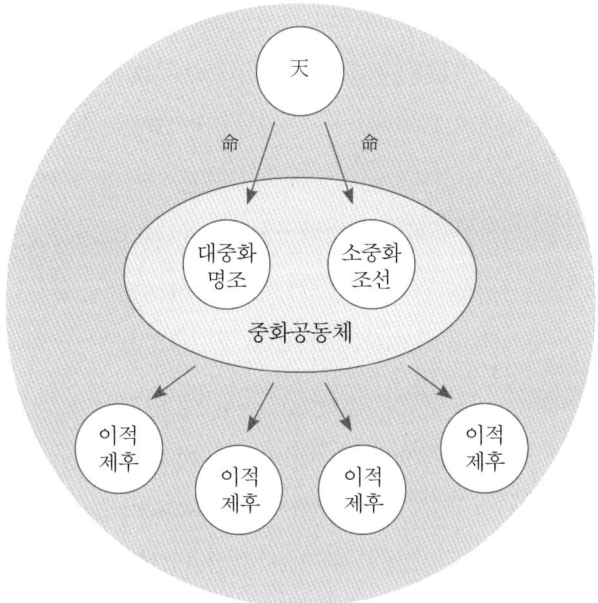

그림 2 중화공동체 질서

의 내조(來朝)를 받아들이고 때로는 대마도 정벌과 파저강 토벌을 단행했다.[22] 세조와 성종 시대에는 이적의 내조를 받아들이고 여진에 대한 정벌을 단행했을 뿐만 아니라, 여진족(올적합·알타리·올량합 등) 내부의 갈등에 개입하여, 그들 사이에 반복되는 유혈 복수를 중재하여 화해를 시키고자 노력했다. 조선이 스스로를 단지 이적 제후의 하나일 뿐이라고 생각했다면 상상할 수 없는 일이었다. 특히 세조는 명나라 천자와 마찬가지로

22　태종과 세종 대의 중화공동체 전략의 구체적 모습과 사례는 박홍규, 2019, 「중화공동체 전략과 태종 전반기 국제관계」, 『평화연구』 제27권 1호, 85-129쪽; 박홍규, 2019, 「중화공동체 전략과 세종대 조선 문명: 예(禮) 문명과 역(曆) 문명을 중심으로」, 『한국동양정치사상사연구』 제18권 1호, 31-58쪽.

'일시동인'의 논리를 내세우며 주변 이적들에 대한 영향력을 행사하며 평천하의 사명을 충실히 담당하고자 했다.[23] 다음에 살펴볼 바와 같이, 동북면 지역의 여진족들(올량합·올적합·알타리)을 화해시키고 명과 조선의 변방에서 끊임없이 문제를 야기했던 압록강 지역의 이만주(李滿住) 일당을 세조 13년(1467)에 토벌하여 조선의 국제적 위상을 높였던 사례가 대표적이다.

IV. 세조시대의 화해 노력

조선의 입장에서 보면, 오랑캐들이 서로 화해하는 것보다는 서로 다투고 싸우면서 분열되어 있는 것이 변경을 관리하는 측면에서 보다 유리한 점이 있다. 중국 역사를 통해서 알 수 있듯이, 분열된 오랑캐 세력들이 화해하여 힘을 합치면 변경을 넘어서 중원을 침략했던 사례들이 많았다. 물론 그들이 서로 싸우는 와중에 일부 세력이 변경을 침략하여 문제를 일으키기도 하는 사례도 있지만, 그들이 통합되어 있는 것보다는 적절하게 분열되어 있는 편이 조선의 입장에서 관리하기에 보다 수월한 측면이 있다.

세종 대에 오랫동안 야인들을 다루고 변경 문제를 관리했던 김종서가 "오랑캐란 흩어져 살면 힘이 분산되어 통합이 안 되므로 아무런 사변도 일어나지 않을 것이나, 만약 한곳에 모여 살면 반드시 후환이 있을 것이

---

23 세조실록 5년 3월 壬辰條; 4월 甲子條; 11월 甲辰條. '일시동인'이란 용어는 『조선왕조실록』에서 태종 대에 처음 사용되었다(태종실록 4년 5월 己未條). 세종 대에도 일본 사신 도도웅와(都都熊瓦)에게 보낸 예조판서(허조)의 글에 "나(세종)의 일시동인"이라는 용어가 사용된 사례가 있다(세종실록 1년 10월 己丑條).

니 그들의 모여 살겠다는 말을 들어주지 마소서"라고 세종에게 건의한 바 있다. 그는 "알타리가 올적합이나 올량합 등과 화친하여 세력이 강해지면 변경에 이롭지 못할 것"이라고 보았다. 그의 건의에 대해 세종은 "그들의 화친하고자 하는 마음이 확고하여 강박하게 청하여 오는 것을 또 이쪽에서 너무 막는다면 도리어 틈이 생길 것"이라고 답하였다.[24] 세종은 야인들의 화친을 무리하게 막는다면 오히려 조선과 야인들 사이가 악화될 수 있음을 언급한 것이다.

세종 15년(1433)과 19년(1437)에 있었던 두 차례의 여진정벌과 4군 6진의 개척으로, 세종 이후 조선에 귀화해 오는 여진인이 많이 생겨났다. 이로 인해 세조 초년에는 국가의 여론이 향화야인(向化野人)들이 많이 서울에 머물러 있으면서 하는 일없이 봉록을 먹기 때문에, 이들을 추려서 그의 고향으로 돌려보낼 것을 청한 바 있다. 이때 세조는 "이는 향화(向化)하려는 마음을 막는 것이니, 원대한 계책이 아니"라고 보고, "오랑캐를 제어하는 방법은 그들을 부지런히 부리고 편히 거처하게 하면 일없이 봉록을 먹는 것을 어찌 걱정하겠는가"라고 말했다. 그는 야인들을 부지런히 부림으로써 그 기운을 제어하고 편히 거처하게 함으로써 그 마음을 안정시켜야 한다고 생각했다.[25]

세종 대의 여진정벌 이후 한동안 조용했던 여진족은 세조 3년 즈음부터 다시 문제를 야기하기 시작했다. 올적합이 알타리에게 복수를 꾀했기 때문이다. 이에 세조는 함길도 도절제사 곽연성에게 야인들에 대하여 신중히 행동하라고 유시(諭示)하면서 다음과 같이 말한다.

---

24 세종실록 24년 1월 戊寅條.
25 세조실록 1권, 「총서」.

근자에 듣건대, 올적합 등이 군사를 모아 알타리에게 복수를 꾀하고 있다 하고, 알타리들도 역시 군사를 모아 이에 대응할 기세라 하니, 이는 곧 자중상도(自中相圖, 저희끼리 서로 도모하는 것)이다. 그러나 이 무리들이 흩어져 있기 때문에 힘이 약하여 감히 변방을 침범하지 못한 것인데, 이제 만약 합치게 되면 장차 변방의 우환이 될 것이므로 그 형세를 살피지 않을 수 없는 것이다. 마땅히 계략을 써서 화해시킬 것이지만, 만일 올적합이 근경(近境)에 이르면 우리는 마땅히 근경의 사람들을 성원하고 비호해야 할 것이다. 그러나 남을 대신하여 경솔히 일어나는 것은 마땅치 않으니, 경은 살펴서 처리하라.[26]

세조는 야인들이 분열되어 있을 때는 힘이 약하여 변방을 침입하지 못하지만, 합치게 되면 변방의 우환이 될 수 있다고 말한다. 마치 김종서의 지론을 계승하고 있는 듯 보인다. 그럼에도 불구하고 세조는 "마땅히 계략을 써서 화해시킬 것"이라고 주장하고 있다. 여기서 유의할 점은 올적합과 알타리의 화해와 그들 각각 족속의 내부적 단결 문제가 서로 연동되어 있다는 사실이다. 즉 올적합과 알타리(혹은 올량합)가 서로 불화하여 싸우게 될 때에는 각 족속 내부가 서로 단결하게 되지만, 그들이 화해하여 평화롭게 지낸다면 각 족속 내부는 분열하게 된다는 점이다. 이는 집단들 사이에 나타나는 일반적인 현상으로, 외부의 적에 대항하기 위해서 내부적 단결이 일어나고, 외부의 위협이 없을 때 내부적으로는 분열되는 것이다. 따라서 세조가 올적합과 알타리를 화해시켜야 한다고 말하는 것은 일차적으로 그들 간에 평화를 유지시켜서 각 족속이 내부적으로 분열

---

26 세조실록 3년 11월 庚午條.

되어 힘을 합치지 못하게 하고자 한 것임을 의미한다.

여기서 '화해'는 두 가지 목적이 있다. 첫째로, 올적합과 알타리·올량합을 화해시킴으로써 그들 각각의 종족 내부가 단합하지 못하도록 하는 것이다. 이는 단합된 종족의 일부가 조선의 변경을 침입하는 것을 사전에 예방한다는 측면에서 중요한 과제이다. 둘째로, 세 부족을 '분리하여 지배'함으로써 그들이 하나의 나라로 통일되지 못하도록 하기 위한 것이다. 이는 당시의 천하질서를 안정적으로 유지하기 위해서 필수적인 과제이다. 그리고 이 두 가지 사안은 서로 긴밀하게 연결되어 있다. 역사적으로 볼 때, 여진의 여러 부족들이 서로 화해하지 못하고 치열하게 싸우는 가운데 보다 강력하게 단결된 어느 한 부족의 힘이 커지는 경우 다른 부족들을 정복하고 통일국가를 세운 경우가 많았기 때문이다. 12세기의 금(金)나라와 17세기의 후금(後金)이 대표적 사례이다. 이처럼 그들의 통일된 국가는 주변 국가로의 침략으로 이어졌고, 때로는 중국을 무너뜨리는 일대사변을 야기하기도 했다.

2년 후 세조는 올량합과 올적합을 화해시키기 위해서 신숙주를 함길도 도체찰사로 삼아 파견하였다. 이때 세조가 신숙주를 통하여 야인들에게 내린 유시는 다음과 같다.

> 들건대, 너희들이 옛날부터 서로 원수라고 하나, 함부로 죽이는 것은 무익하다. 우리에게는 아무런 이해관계가 없지만 나는 너희들이 비록 이족(異族)의 무리이나 인정(人情)은 같다고 여긴다. 이 때문에 우리나라 사람들과 한가지로 돌본다. 이만주가 실로 나라의 적(賊)이지만 내가 편협한 마음이 없기 때문에 그 아들이 모두 왔으며, 한 사람은 조정(朝廷)에 시위(侍衛)하고 있다. 동창(童倉) 등도 또한 내조(來朝)하였는

데, 너희 종족의 무리와 어찌 다른가? 나는 서로 죽이는 것을 참을 수가 없다. 처자들이 이산(離散)하여 울부짖으며 슬퍼하면 하늘도 또한 반드시 이를 근심하며 측은해 할 것이다. 내가 지금 하늘을 대신하여 만물을 다스리고 화란(禍亂)을 평정하며 너희들을 보기를 오히려 자식과 같이 하는 때에 너희들을 보호하여 평안하게 하지 못한다면, 어찌 천심(天心)에 합(合)하겠는가? 너희 올적합 등은 길이 막힐까 두려워하지 말고 자주자주 내조하고, 올량합·알타리 등도 왕화(王化, 임금의 덕화)를 가로막지 말고, 각각 전의 원한을 버리고서 나의 지극한 가르침을 들어라.[27]

세조는 여진족들이 서로 죽이는 것이 조선과는 아무런 이해관계가 없다고 말하면서도, 인정(人情)과 측은지심(惻隱之心)을 내세우면서 그들에 대한 조선의 '보호' 혹은 간섭을 정당화하고 있다. 중국의 관점에서 보면 똑같은 이적이라 할 수 있는 조선의 세조는 또 다른 이적인 여진족에게 그들을 '자식'과 같이 가르치고 타이르고자 하는 뜻을 밝히고 있다. 마치 중국의 황제가 주변의 이적을 향하여 '일시동인(一視同仁)'의 논리를 내세우며 교화시키고자 하는 것과 같은 논리임을 알 수 있다.

두 달 후에 신숙주가 올량합·알타리의 추장을 타이른 일을 보고하였는데, 그 글에서 그는 여진족을 화해시키고자 하는 세조의 뜻을 설명하면서 "왕전하께서 신무(神武)하시어 화란을 평정하고서 동토(東土)를 무육(撫育)하시고, 정성을 다하여 만물을 대우하는 데 일시동인하시니, 위엄과 은혜가 먼 곳에까지 미치어 동이(東夷)·북적(北狄)이 앞을 다투어 충성을

---

27 세조실록 5년 1월 壬子條.

바쳐 오는 것이 마치 불나비가 촛불에 날아드는 것과 같다"고 표현하고 있다.[28] 그는 여진족의 추장들에게 '세조의 일시동인'을 설파하고 그 위엄과 은혜로 인하여 동이와 북적이 충성을 바쳐오고 있다고 역설하였다. 여기서 '동이'는 일본을 가리키고, '북적'은 여진족을 의미한다. 이만주와 동창 등이 이전에는 조선의 적이 되었지만 투화(投化)하고 그 아들을 보내어 입시(入侍)하고 있는 것처럼, 세조는 올량합과 알타리 역시 옛 혐의(嫌疑)를 기억하지 않고 한결같이 대접하기를 원하니 그들도 서로 화해하도록 설득하였다.

신숙주의 노력은 상당한 효과가 있었던 것으로 보인다. 그의 말을 듣고 올량합과 알타리 등은 사로잡은 자를 쇄출(刷出)하고 원수를 풀기를 원했다고 한다. 특히 올량합은 은혜에 감동하여 "상위(上位)께서 우리들을 위하시는 계책은 비록 아비가 자식을 연휼(憐恤)하더라도 또한 이보다 지나치지는 못할 것이다"라고 말했다. 다만 올적합의 경우 올량합과의 화해를 모색하기는 하였지만, 그것은 진심으로 화해를 원해서라기보다는 조선이 올량합을 원조할 것을 두려워했기 때문이며, 올량합을 고립시킬 목적으로 조선에게 충성을 바치고자 한다는 점을 신숙주는 지적했다. 그는 "올적합 등은 땅이 멀어서 은혜와 위엄이 미치기는 하지만 이러한 무리와 같지는 않습니다"라고 보고했다.[29]

신숙주는 한 달 후에도 야인을 초무(招撫)하여 화해시키는 일과 관련하여, "올량합과 알타리의 여러 추장을 불러서 이달 초 6일에 원근(遠近)이 다 모여서 올미거 올적합의 육첩응가(育帖應哥)와 더불어 서로 보고 면

---

28 세조실록 5년 3월 壬辰條.
29 세조실록 5년 3월 壬辰條.

전에서 화해하도록 하였고, 또 장차 (올미거 올적합의) 야당기(也堂其) 등 여러 사람을 데리고 와서 화해를 청종(聽從)하고 차차로 쇄환하기로 약속했습니다"라고 보고하였다.[30] 이 보고서에서도 신숙주는 올량합의 소다합(蘇多哈)을 살해한 올적합의 육첩응가에게 "우리 성상(聖上)께서는 일시동인하시어 이왕에 잘못한 죄악은 기억하지 않으시니, 네가 행실을 고쳐서 명(命)을 듣고 또 초래(招徠)하는 일에 노력한다면, 성상께서는 반드시 칭찬하실 것이다"라고 말했고, 이에 육첩응가가 머리를 조아리면서 "감히 마음을 다하지 않겠습니까?"라고 대답하였다고 전하면서 "화친하는 일은 대개 이미 정하여진 것"이라고 보고했다. 세조의 일시동인에 감복하여 올적합과 올량합 사이에 화해가 이루어졌다는 것이다.

신숙주의 연이은 보고에 대해 세조는 야인을 화해시키고 초무한 그의 노력을 치하하면서, "그러나 형적(形迹)을 나타내는 것은 불가하니, 화해의 일은 마땅히 시종 한결같이 하여 마침내 귀순하게 할 뿐"이라고 유시했다. 세조의 입장에서는 야인들이 화해하고 조선에 귀화하는 것이 좋은 일이기는 하지만, 중국의 입장을 생각하지 않을 수 없었다. 그는 "중국에서 많은 계책이 있어 우리를 달랠 뿐이다. 위협하려고 하여도 위협할 수가 없고, 내버려 두려고 하여도 내버려 둘 수가 없으니 형세가 진실로 그러한 것이다"라고 언급한다.[31] 형세가 어쩔 수 없어서 조선이 하는 대로 내버려 두고 있기는 하지만, 중국을 자극해서는 안된다는 것이다. 세조는 야인들이 조선에 '귀순'[32]하는 일이 대규모로 이루어지면 중국에서 의심

---

30   세조실록 5년 4월 甲子條.
31   세조실록 5년 4월 甲子條.
32   원문에는 '쇄환(刷還)' 혹은 '환수(還授)'라는 용어로 표현되어 있다.

할 수도 있기 때문에, '형적을 나타내지 않고' 조용하게 그리고 자발적으로 그들로 하여금 귀순하도록 권유하는 것이 상책이라고 신숙주에게 지시한 것이다.

두 달 후에 함길도 경차관 강효문이 올린 야인들의 정세보고에 의하면, 신숙주의 노력으로 올적합의 여러 추장들은 그들이 사로잡은 남녀를 쇄환하고 올량합·알타리 등과 화해를 하였는데, 낭발아한(浪孛兒罕)만은 병을 핑계로 오지 않았다. 강효문은 "낭발아한의 사람됨은 성질이 본디부터 음험하고 휼망(譎妄)하여 필시 사로잡은 인물을 돌려보내려고 하지 않고 여러 가지 방법으로 속일 것이니, 만약 갑자기 위협을 가한다면 다만 화해하는 데에 이익이 없을 뿐 아니라, 장차는 붕당(朋黨)을 불러와서 혹시 성상의 교화를 배반한다면 여러 진(鎭)을 빙 둘러싼 야인들이 다 이와 같이 할 것을 어찌 알겠습니까?"라고 말하면서 "동량북(東良北)의 무아계(無兒界)와 사지(舍地) 등지의 야인들의 안온하지 못한 형세는 반드시 낭발아한이 이를 수창(首唱)한 것"이라고 보고했다.[33]

실록의 기록에 의하면, 낭발아한은 평소에 함길도 도절제사 양정(楊汀)에게 원한을 품고 있었고, 올적합의 사람들을 돌려보내려 하지 않았으며, 거짓으로 '조선에서 장차 치려고 한다'고 말하였다. 여러 종족도 또한 목계(木契, 여진인들이 부족 간 연락 시 사용하던 나무패)를 서로 전하여 선동했다고 한다. 이에 세조는 "낭발아한은 또 화해에 있어서 능히 명령에 따르지 않았으니, 이들 부자(父子)의 정상(情狀)이 너무 심하여 천벌을 가할 바이므로 그 죄는 용서할 수가 없다"고 말하면서, 함길도 도절제사 양정

---

33 세조실록 5년 6월 辛酉條.

에게 낭발아한 등을 처리할 방법을 보내었다.³⁴ 결국 세조는 낭발아한과 그의 아들로서 조선에 입시한 낭이승가(浪伊升哥)의 목을 베었다.³⁵

당시 건주위 추장 이만주가 낭발아한의 친당(親黨) 화라온(火刺溫)의 가창합(可昌哈)이 천여 명의 군사를 거느리고 변방을 침범하려고 한다는 보고를 하자, 세조는 양정을 통해서 이만주에게 다음과 같이 타이르도록 유시하였다.

낭발아한이 우리나라의 후한 은혜를 받은 지가 이미 오래 되었는데, 지금 국가에서는 올량합과 올적합 등을 화해시켜 각기 생업에 안정하도록 하였다. 낭발아한이 홀로 명령에 순종하지 않고서 근거 없이 말을 만들어, 동류(同類)를 두려워서 요동하게 하여 그들로 하여금 산에 오르게 해서 직업을 잃도록 하였으며, 또 나무를 새겨 동류를 불러 모아서 변방의 흔단을 일으켜 스스로 죄고(罪辜)에 걸렸으나 전하께서는 너그럽고 어진 데다가 도량이 커서 다만 죄인의 우두머리만 목 베고, 위협당하여 복종한 사람은 문죄(問罪)하지 않았다. 그 아들 아비거(阿比車)가 도망해 숨었는데 지금 너희가 낭발아한과 무슨 관계가 있기에 스스로 흔단을 만들고 있는가? 하물며 우리 주상께서는 일시 동인하시어 너희들 중에서 온 사람은 후하게 구휼하지 않음이 없었는데, 은혜를 갚기 위해 힘을 다할 줄은 알지 못하고서 지금 도리어 이와 같으니 후회한들 미치지 못할 것이다.³⁶

34　세조실록 5년 6월 己卯條.
35　세조실록 5년 8월 丁丑條; 9월 癸卯條.
36　세조실록 5년 11월 甲辰條.

이 글에서는 세조가 올적합과 올량합을 화해시키고자 노력했지만 낭발아한만이 순종하지 않았고 그의 동족 올적합을 선동하여 변방을 소란케 하는 죄를 저질렀다고 명시되어 있다. 그럼에도 불구하고 세조는 '일시동인'의 마음으로 죄인의 우두머리, 즉 낭발아한과 그 아들을 목 베었을 뿐이고, 그들의 위협에 복종하여 놀아난 사람들은 너그럽게 용서했음을 지적한다. 낭발아한의 당파인 화라온 역시 세조의 '일시동인'하려는 뜻을 알아서 낭발아한의 꾀에 놀아나지 말고 후회할 일을 만들지 말 것을 경고하고 있다.

세조의 유시와 경고로 화라온은 변방에서 흔단을 만드는 일을 중지했고, 올적합과 올량합의 화해가 이루어졌다. 올적합이 서로 잇달아 조선에 투항한 것이다.[37] 그러나 올적합은 조선(세조)의 위세에 굴복한 것이고, 올량합과의 화해도 조선의 강제에 의해 이루어진 것이었다. 세조도 이 점을 알고 있기에 양정에게 유시하여 "적들이 비록 물러갔다 하더라도 더욱 방비를 튼튼히 하여야 한다"고 주문했다. 특히 세조는 "비록 강제로 화해시키더라도 그 형편이 끝내 그만두게 할 수는 없을 것"이라고 지적했다. 그는 공식적인 외교수사로서 '일시동인'의 마음으로 올적합과 올량합의 화해를 추구하고 있음을 천명했다. 하지만 내심으로는 올적합과 올량합이 서로의 원수를 갚기 위해 싸우더라도 조선의 국익에는 오히려 이익이라는 점을 양정에게 밝히고 있다.

올적합 등은 올량합이 우리나라를 배반한 것을 다행스럽게 여겨 전일의 원수를 갚고자 하니, 비록 강제로 화해시키더라도 그 형편이 끝내

37　세조실록 5년 12월 甲子條.

그만두게 할 수는 없을 것이다. 더구나 올량합 등이 우리의 변경을 다시 범한 것이 아직 순월(旬月)도 지나지 않았는데, 오히려 '우리나라의 변리'라고 이르면서 화해하도록 권한다면 국위(國威)가 손실될 것 같고, 또 올적합의 마음을 막는 것이다. 저들이 만약 원수를 갚고자 한다면 바로 이른바 만이(蠻夷)로써 만이를 공격하는 형세가 되니, 실로 우리나라의 이익인데, 하필이면 이를 금지하겠는가? 지금의 방책으로서는 바깥으로는 올량합 등을 옹호하는 형상을 보이고, 안으로는 실제 올적합의 군사를 일으켜 와서 치는 것을 금하지 말되, 우리는 도와주지도 말고 책망하지도 않는 것이 가할 것이다. 이와 같이 한다면 근경(近境)에 사는 올량합 등이 진퇴유곡 하여 형세상 반드시 우리에게 단단히 의지하게 될 것이니, 따라서 이들을 무휼(撫恤)하면 아비거도 잡을 수 있을 것이다. 상벌이 쉽게 시행되고 국가의 위령(威靈)이 혐오하지 않는 가운데 엄해진다면, 은혜와 위엄이 아울러 전달되어 인정(仁政)이 멀고 가까운 곳에 들리게 될 것이다. 다만 올량합으로 하여금 우리의 계책을 엿보지 못하도록 하라. 만일 우리의 계책을 엿보아 알게 한다면 원수를 맺은 것이 보통 사람들보다도 반드시 갑절이 되어 모두 원수가 될 것이다.[38]

세조가 올적합과 올량합 사이의 화해를 추진하는 것은 그들의 싸움으로 각 종족의 내부가 단결하여 힘을 합칠 경우 조선의 변방에 위험이 될 수 있다고 보기 때문이다. 그런데 올적합이 올량합을 공격하더라도, 올량합이 내부적으로 단결하여 대항하기보다는 조선에 도움을 요청하는 형

---

38 세조실록 6년 2월 辛未條.

세였다. 따라서 올량합을 옹호하면서도 올적합과의 대립관계를 적절하게 이용하면, 낭발아한의 또 다른 아들 아비거를 잡을 수도 있고 조선에 대한 올량합의 의존을 심화시킬 수 있고 조선의 은혜와 위험을 동북면 지방에 널리 알릴 수도 있다. 뿐만 아니라 가끔 조선의 변경을 침입하는 올량합을 견제하는데도 도움이 된다. 이는 올량합을 조선의 '번리'로 세우려는 세조의 계획과 일치하는 것이고 조선의 국익에 도움이 된다고 세조는 판단하고 있다. '오랑캐로써 오랑캐를 공격'하는 것이 조선의 이익이라는 말 속에서 그의 뜻을 읽을 수 있다. 그는 "바깥으로는 올량합 등을 옹호하는 형상을 보이고, 안으로는 실제 올적합이 군사를 일으켜 와서 치는 것을 금하지 말되, 우리는 도와주지도 말고 책망하지도 않는 것이 가할 것"이라고 말한다. 신중하고 영리한 세조의 군사외교 전략을 잘 보여준다. 그는 올량합이 조선의 계책을 알지 못하게 하도록 양정에게 주의할 것을 세심하게 당부한다.

석 달 후인 세조 6년 5월에, 함길도 도체찰사 신숙주가 변방 야인의 사정을 아뢴 글에는 "요동에서 사람을 시켜서 낭발아한의 죽은 상황을 물어 왔"다고 되어 있다.[39] 그 몇 달 사이에 조선이 군사작전을 단행해서 낭발아한 등 16인의 올적합을 죽였고, 이로 인해 중국에서 요동의 사신을 통해서 그 이유를 물은 것이다. 두 달 후에 명나라 사신 마감(馬鑑)이 칙서를 가지고 왔는데, 조선과 야인(올적합) 사이를 '화해'시키기 위한 것이었다. 당시 사신을 맞이한 함길도 도절제사 양정은 조선은 낭발아한의 죽음과 관계가 없다고 답하였다.[40] 그러나 마감이 여러 야인을 모아놓고 황제의

---

39   세조실록 6년 5월 庚子條.
40   세조실록 6년 7월 己卯條.

성지(聖旨)를 설명한 내용 가운데, 조선에서 명나라에 "낭발아한 부자가 나라의 은혜를 후하게 받고도 몰래 반역을 도모하다가 일이 발각되어 복주(伏誅)되었"으며 "야인들이 변경을 도둑질하고 침해하는 일이 그치지 않"는다고 상주(上奏)했다는 내용이 나온다. 조선이 변경을 침해하여 노략질을 하고 반역을 도모하던 낭발아한 부자를 죽인 것을 인정한 것이다. 이로 인해 황제가 야인들에게 명하여 "노략질한 조선의 인물들을 돌려주게 하시고, 또 조선으로 하여금 포로를 돌려주게 하시어서 서로 화해하게" 했다.[41]

하지만 세조는 이미 낭발아한의 세력을 토벌할 뜻을 굳힌 상태였다. 그는 조선과 야인을 화해시키고자 황제가 보낸 사신이 아직 후문에 있는 상태에서, 신하들에게 밀계(密啓)를 내려서 "기회를 놓칠 수는 없는 것이다. 용병(用兵)의 폐해는 머뭇거리면서 결단하지 못하는 것이 가장 큰 것이고, 삼군(三軍)의 재앙은 여우처럼 의심하여 결단하지 못하는 데 지나지 않는 것이다"라고 말했다.[42] 그의 유시가 있은 지 얼마 후에 신숙주 등은 낭발아한의 근거지였던 두만강 밖 모련위(毛憐衛)의 여진족을 정벌했다. 세조는 자신이 추구하는 여진족 간의 화해정책에 걸림돌이 되는 세력을 제거한 것이다.

명은 처음에는 낭발아한이 명의 관직을 받았음에도 조선이 명에 주문(奏聞)하지 않고 마음대로 주살한 것을 문제 삼았지만, 사건이 발생한지 2개월 후인 8월에 명의 사신으로 온 마감은 두만강 유역에 거주하는 성저 야인은 조선의 번리라고 인정하며 이들을 잘 어루만져 다른 곳으로 도망

---

41 세조실록 6년 7월 己亥條.

42 세조실록 6년 7월 癸卯條.

하지 않도록 하면 좋겠다는 뜻을 밝혔다.[43] 조선의 모련위 정벌에 대해서 명이 별다른 대응을 하지 않았던 점을 보면, 명도 이 지역에 거주하는 여진인에 대한 조선의 영유권을 어느 정도 인정했음을 보여준다.[44]

조선의 모련위 정벌 후에, 니마차 올적합의 아인첩목(阿仁帖木)이 조선에 와서 토물(土物)을 바쳤다. 그는 니마차 올적합이 알타리와 서로 혐의를 품은 지 오래이며 보복할 마음을 가졌음을 밝히면서 "그러나 성상의 덕을 힘입어 서로 화해하여 편히 생업하기를 원합니다"라고 아뢰었다. 세조의 화해정책이 성과를 낸 것이다. 이 날에 세조는 문신들을 불러서 '호월일가(胡越一家)'라는 제목으로 시를 짓게 하였다.[45] 1등을 한 의정부 사인(舍人) 권윤의 시는 다음과 같다.

> 성주(聖主)가 나라를 무휼(撫恤)하니 덕이 흡족하고 인(仁)이 깊도다.
> 산융(山戎)은 정성을 바치고 도이(島夷)는 보배를 드리니 우리의 덕화(德化)에 감복함이다.

위 시에서 '산융'은 북방의 야인(여진족)을 말하고, '도이'는 섬나라 일본을 의미한다. '일시동인'하는 세조의 덕화에 감복하여 여진과 일본이 내조해 온 것을 칭송한 것이다. 세조는 4도 도체찰사 한명회에게 니마차 올적합과 혐의를 가지고 있는 알타리에게도 사로잡힌 자들을 쇄환하고 다시는 보복하지 말고 서로 화해하라는 뜻으로 알아듣게 타이를 것을 지

---

43 세조실록 6년 8월 丙辰條.
44 박정민, 2013a, 「조선 성종대의 여진인 내조(來朝) 연구」, 『만주연구』 제15집, 181쪽.
45 세조실록 7년 7월 己亥條.

시하였다.[46] 조선은 지속적으로 두 세력의 화해를 위해서 노력했고, 결과적으로 성공을 거두었다. 세조 12년 1월에 함길도 도절제사 허종은 알타리와 니마차 올적합이 화해를 했다는 사실을 알려왔다.[47]

V. 세조 13년의 건주위 정벌

한편 세종 대에 있었던 두 차례의 여진정벌로 기세가 약화되었던 파저야인, 즉 압록강 유역의 건주위는 세조 7년경부터 자주 조선의 변방을 노략질하기 시작하였다. 그들은 세조 6년에 조선이 낭발아한을 제거한 것을 보고 위협을 느꼈던 것으로 보인다. 자신들도 언젠가는 조선의 침입을 받을 것이라고 여기고 낭발아한의 죽음을 핑계 삼아 조선에 대한 약탈을 감행한 것이다. 조선이 건주위 추장 이만주의 아들 이두리와 보하토·조삼파·이권치 등에게 보낸 글에 의하면 "낭발아한 부자는 죄가 중하여 스스로 주이(誅夷)되기에 이른 것인데, 무엇이 너에게 관계가 있기에 네가 입

---

46 세조실록 7년 7월 癸卯條; 9년 1월 癸巳條.

47 세조실록 12년 1월 甲辰條; 1월 乙巳條; 3월 丁巳條; 12월 乙巳條. 한편, 여기서 다룬 조선 초기 여진 문제에 대해서는 다음의 연구를 참조. 박정민, 2013b, 「조선건국기의 여진인 내조(來朝)와 조선의 외교구상 - 태조~태종대를 중심으로」, 『역사학연구』 49권; 정다함, 2008, 「조선초기 야인과 대마도에 대한 번리(藩籬), 번병(藩屛) 인식의 형성과 경차관의 파견」, 『동방학지』 141권; 정다함, 2016, 「조선 태종 5년 동맹가첩목아의 명(明) '입조'를 둘러싼 조선과 명과 동맹가첩목아사이의 관계성에 대한 탈중심적/탈경계적 해석」, 『민족문화연구』 72권; 한성주, 2011, 『조선전기 수직여진인 연구』, 경인문화사; 한성주, 2014, 「조선 변경정책의 허와 실 - 두만강 유역 여진(女眞) 번호(藩胡)의 성장과 발전」, 『명청사연구』 42권.

구(入寇)하고자 하여 이것을 구실로 삼아서 말하느냐?"라고 적혀있다.[48] 이 글에서 세조는 "네가 어찌 내가 토벌하지 않는 깊고 얕은 뜻을 알 것이며, 너는 우리가 끝내 노하지 아니하리라고 생각하였느냐? 네가 능히 대병(大兵)을 막으려거든 병마(兵馬)를 잘 가다듬어서 기다리라. 며칠 안에 일이 있을 것이다. 이제 네가 속히 우리의 인마(人馬)를 되돌려 보내고, 내투(來投)하여 명(命)을 빈다면 이것이 너의 살 길이고, 그렇지 않으면 나도 알지 못하겠다"고 말한다. 이 시점에서 이미 건주위에 대한 토벌을 결심한 것이다.

두만강 지역의 올적합과 올량합(및 알타리)을 화해시켜서 조선의 번리로 세우고자 하는 노력과 달리, 세조는 압록강 지역의 건주위(이만주 등)에 대해서는 정벌을 계획하고 공개적으로 경고하고 있다. 왜일까? 건주위의 경우, 명나라의 관직을 받고 있기 때문에 그들을 조선의 번리로 만들기는 어렵다. 그들은 명나라의 관직을 받고 있지 않고 명의 세력범위에서 벗어나 있는 올적합·올량합·알타리와는 다른 세력이었다. 따라서 그들이 먼저 스스로 조선에 귀순하거나 신복(臣服)하면 받아주지만, 약탈을 자행하면 정벌하는 정책, 즉 전통적인 은위병행(恩威竝行)정책으로 대하고 있는 것이라 생각된다. 더욱이 그들이 비록 명의 관직을 받았음에도 명의 변경을 침입하여 명나라 역시 골칫거리로 여기고 있었다.

건주위에 대해서 조선은 명의 입장을 고려하여 가급적이면 평화적으로 문제를 해결하려 노력하였다. 그런데 세조 13년(1467) 4월 19일, 파저야인이 의주에 침입하여 48명을 사살하는 사건이 발생하였다. 이때 신숙주와 한명회의 정벌안이 채택되어 1만 5천 명을 동원하여 5도로 나누

---

48 세조실록 10년 1월 壬午條.

어 건주위를 공격하는 계획이 수립되었다. 그러나 정벌계획이 수립된 지 10일 후인 5월 15일에 회령절제사 이시애의 모반 사건이 일어나게 되어 4개월 만인 8월에 겨우 반란을 평정할 수 있었다.

당시 명나라 역시 수년간 여진의 침입으로 고통을 받고 있던 때라 조선과 연합하여 건주위를 협격할 것을 요구하였다. 그리하여 조선은 1만 명을 동원하여 9월 29일을 공격일로 삼아 양군이 출동하기로 결정하였다. 북정군 총대장에 강순, 좌군대장에 어유소, 우군대장에 남이가 임명되었다. 북정군은 9월 25일에 군사를 두 길로 나누어 건주위로 향하였고, 우군대장 남이장군은 9월 26일에 만포에서 도강하여 파저강을 공략하였고 이만주와 그의 아들을 포함한 175명을 사살하는 전과를 올렸다. 조선군은 270명을 사살하고 30명을 생포하였는데, 조선의 변방을 가장 소란스럽게 만들었던 이만주를 사살하였다는 점이 가장 큰 성과였다. 조선 초기 50년간의 숙원사업을 성취시킨 이 공훈으로 남이 장군은 27세의 나이로 병조판서가 되었다.

선행연구에 의하면 이때 승리할 수 있었던 주된 원인으로 첫째, 건주위 정예병이 중국 명나라의 공격에 대비하여 요동방면에 진을 구축하고 있어서 조선군은 후방군과 교전하였다는 점, 둘째는 신화적인 적장 이만주의 사살로 파저야인의 사기가 크게 꺾였고, 셋째 정벌군은 초전의 승리에 도취하지 않고 즉각 후퇴함으로써 거의 피해를 입지 아니하였다는 것을 지적한다.[49] 하지만 세조 13년의 파저강 정벌에서 이만주를 제거할 수 있었던 요인은 무엇보다 예측하지 못한 기습에 있었다. 세종 대에도 몇 차례 건주위 추장 이만주를 토벌하고자 했지만 여러 차례 실패했던 것은

---

49 강성문, 1989, 「조선시대 여진정벌에 관한 연구」, 『군사』 18권, 55-56쪽.

이만주가 조선이 정벌해 오는 상황을 대비하고 있었고 첩자를 통해 토벌 정보가 유출되어 공격에 대비할 수 있었기 때문이었다. 그런데 세조 13년의 토벌은 이시애의 난을 진압하러 가기 위한 것이었기 때문에 이만주는 조선군에 대한 방어태세가 이완되었다. 그 틈을 타서 조선군은 이시애의 난을 진압한 후 전격적으로 건주위 토벌작전을 수행하였기 때문에 잡을 수 있었던 것이다.

이시애의 난이 진행되고 있던 세조 13년 8월에 진응사 성윤문은 요동도사의 자문을 가지고 왔는데, 그 내용 가운데 명의 정벌군이 건주 삼위를 토벌하려고 하니 조선에서 그들의 퇴로를 막아서 함께 격멸하자는 요청이 있었다.[50] 세조는 아직 난의 완전히 진압된 상황이 아니었음에도 불구하고 명의 요청에 따라 출병하겠다는 의사를 밝혔다.[51] 그러나 8월에 이시애가 전사하자 난이 진압되어 갔고, 그 직후 전격적인 기습작전을 통해서 건주위 추장 이만주를 제거하는 데 성공하였다. 세조에게 있어서 이시애의 난은 '전화위복'의 사건이었다.

세조의 건주위 정벌은 명의 출병 요청에 따라 수동적으로 시행되었던 것처럼 보인다. 하지만 조선이 먼저 건주위 정벌을 준비해 시행하고자 했다는 점과 명의 출병 요청에 응하면서도 단독으로 작전을 수행해 이만주 등의 추장을 제거했다는 사실에 주목할 필요가 있다. 조선은 명의 요청에 응하는 태도를 보이면서도 독자적인 행동을 통해 큰 성과를 확보했다. 당시 조선과 명이 건주위에 대한 정벌을 준비하고 시행했다는 것은 양국이 해당 지역에 대한 영향력을 확대하기 위해 노력하고 있었다는 점

---

50 세조실록 13년 8월 庚戌條.
51 세조실록 13년 8월 乙卯條.

을 의미한다. 이러한 상황에서 조선이 명의 출병 요청을 받아들였던 사실을 단순히 사대명분에 따른 행동으로만 설명하기는 어렵다.[52] 조선은 수동적으로 명의 요구에 따르는 것은 아니었고, 북방야인의 문제나 일본과의 외교에 있어서는 자국의 이익을 위해서 독자적인 군사외교정책을 시행하고 있었다. 세조의 건주위 정벌은 명과의 사대관계를 유지하면서도 북방영토와 여진족에 대한 실질적인 지배력을 강화하려는 태종·세종 대 북방정책의 연장선에서 이루어진 것이었다.[53]

건주위의 이만주 세력을 제거한 이듬해인 세조 14년 봄에, 세조는 사정전에 나아가 일본국과 야인의 사신을 맞이하고 잔치를 베풀었다. 이 자리에서 세조는 일본국 사신 융원(融圓)과 종례(宗禮)에게 "너희 국왕이 보낸 꽃과 병풍은 매우 좋고 올린 술도 또한 아름다우니, 너희들은 그 술을 올려라" 하고 말하고, 이어서 "북방에 있는 야인이 이제 모두 와서 조회하는데 내가 더불어 한가지로 마시는 것은, 저들이 먼 곳으로부터 왔으니 감히 그렇게 하지 않을 수 없다"라고 말했다.[54]

일본국 사신이 본국에서 약사사(藥師寺)라는 큰 사찰을 지으려 함을 아뢰면서 도와줄 것을 요청하자, 세조는 흔쾌히 수락한 후에 "강북에는 탱자(枳)가 있고 강남에는 귤(橘)이 있는데, 춘풍이 화창하니, 영화를 베

---

52 이규철, 2013, 「세조대 건주위 정벌과 명의 출병 요청」, 『역사와 현실』 89권, 260쪽.
53 세조 13년의 건주위 정벌과 관련하여서는 다음의 연구를 참조할 것. 박정민, 2015, 「15세기 후반 건주여진(建州女眞)의 생존 전략 – 조·명 연합군의 정벌과 영향을 중심으로」, 『명청사연구』 44권; 채규철, 2015, 「건주여진의 발전과 동북아시아의 국제질서 – 성화(成化) 3년의 역을 중심으로」, 『인문연구』 74권; 한성주, 2008, 「조선 세조대 모련위(毛憐衛) 정벌(征伐)과 여진인의 종군(從軍)에 대하여」, 『강원사학』 23권 제23호.
54 세조실록 14년 3월 乙亥條.

풀고 특수하게 기르는 것은 한가지이다"라고 말하였다. 잔치가 끝난 후에 일본국 사신 융원이 통역관 전양민에게 "탱자나무와 귤나무의 말은 무엇을 이름인가?"라고 물었고, 이에 전양민은 "북방의 탱자나무는 야인이며, 남방의 귤나무는 너희들이다. 모두 먼 곳으로부터 와서 성상(聖上)으로 더불어 같은 날에 연락(宴樂)하니, 이는 따뜻한 봄이 화창하게 퍼지니, 만물이 모두 봄이라는 뜻이다"라고 대답하였다. 실록에서는 이를 융원 등이 듣고 눈물을 흘리지 않은 이가 없었다고 기록되어 있다.[55] 정도전이 구상한 중화공동체가 선명하게 드러난 순간이며 세조가 표방했던 일시동인, 즉 동북아지역에서 '조선에 의한 평화(Pax Koreana)'가 실현된 순간이었다.

VI. 맺음말: 중화공동체의 실재와 한계

세조는 여진족 내의 여러 종족들 간의 갈등에 적극 개입하여 올적합과 올량합·알타리 사이의 화해를 중재하고자 노력했다. 이는 조선의 여진정책이 종래에 그랬던 것처럼 '오면 어루만져 주고 가면 추격하지 않는다'는 원칙이나 '당근과 채찍'으로 표현할 수 있는 은위병행정책만으로는 이해될 수 없음을 의미한다. 세조는 단지 여진족이 변방의 환란이 되지 않도록 회유를 통해 그들의 내침을 방지하는 데에만 머물지 않았다. 그는 '일시동인'의 명분을 내세워 여진족 내부의 갈등과 반목에 깊숙이 개입하여 그들의 화해를 도모하였고, 이를 통해 여진족을 번리, 즉 조선 '변방의 울타리'로 만들고자 했다. 조선은 중국 주변의 이적들과는 다른 국가정체성

---

55 세조실록 14년 3월 乙亥條.

과 국가전략을 가지고 있었던 것이다.

　세조가 여진족들 간의 화해를 추진한 것은 일차적으로 단합된 종족의 일부가 조선의 변경을 침입하는 것을 사전에 예방한다는 목적과 함께, 세 부족을 '분리하여 지배'함으로써 그들이 하나의 나라로 통일되지 못하도록 하기 위한 것이다. 이 점에서 보면 그의 화해정책은 국가이익이라는 관점에서 설명될 수도 있을 것이다. 그러나 보다 중요한 점은 그가 적대적 관계에 놓여 있던 여진을 조선에 신복하게 함으로써 장기적인 평화를 구축해 가고자 했다는 사실이다. 그리고 이처럼 조선으로 하여금 여진족과의 화해를 추진하게 했던 보다 근본적인 요인은 명과 함께 '평천하'의 한 부분을 담당하겠다는 국가전략이 있었기 때문이었다. 변방을 침입하여 문제를 야기하는 여진에 대해서 정벌보다는 회유하고 여진족들 사이를 중재하여 복수의 악순환을 막고자 했던 것은 그 전략 하에 이루어진 것이었다. 그러한 여진에 대한 일관된 태도와 인정(仁政)이 있었기에, 여진족은 마음을 바꾸어 조선과의 화해를 수용하였다.

　펠드만은 화해를 "각국 정부와 사회를 넘어서 쌍방 간의 제도를 통하여 과거 절대적 관계에 놓여 있던 국가 간에 장기적 평화를 구축해가는 과정"으로 정의한 바 있다. 세조는 여진과의 화해를 통해서 장기적인 평화를 구축해가고자 했다. 그는 일시동인이라는 비전을 가지고 국내의 반대 여론을 극복했고, 여진족의 지도자들과 (낭발아한 부자의 경우를 제외하고) 대체적으로 우호적인 파트너십을 형성했다. 명나라와의 사대관계라는 권력의 구조적 비대칭성에도 불구하고 여진족에 대해서 명과 대등한 입장에서 정기적으로 조공을 받는 평화질서 체제를 구축했다. 그리고 조선과 명나라의 골칫거리였던 이만주를 제거함으로써 '조선에 의한 평화'를 국제적으로 실현하기도 했다.

그러나 세조 대에 이루어진 여진과의 화해는, 비록 '일시동인'을 지향하고는 있었지만, 펠드만이 언급한 "조화롭고 갈등이 없는 공존의 비전을 넘어서서 서로의 차이를 포용하는 것"까지를 의미하지는 않았다. 보리스가 화해의 개념으로 강조한 "서로 같이 다가서고 움직이는 것, 또는 서로를 향해 같이 나아가는" 단계로까지 나아가지는 못했다. 중화공동체 전략은 기본적으로 조선이 다른 이적과는 다르다는 '조선 예외주의'에 기반한 것이었기 때문에, 여진의 입장을 이해하는 것을 넘어서, 조선의 문화적 우월감을 벗어버리기는 어려웠다. '이적'의 눈을 통해 보고 '그들의 신발을 신고 걷기'는 아직 요원한 과제였다.

이러한 불완전한 형태의 화해는 시간이 지나면서 그 문제를 분명히 드러냈다. 화해의 불완전성이 점차 부각되면서 조선에게는 승자의 역사로, 그리고 여진에게는 패자의 역사와 전복(顚覆)에 대한 희망으로 나타났다. 그 결과 조선은 여진족의 후예들이 세운 청나라(후금)에 의해 정복당하는 치욕을 겪게 된다. 조선전기 여진과의 화해는, 조선 후기에 이르러 이적에게 당한 치욕의 역사를 어떻게 씻을 것인가 하는 또 다른 역사화해의 문제를 던져주었다.[56]

---

[56] 세종 15년(1433)에 올적합에 의해 살해된 알타리의 우두머리 동맹가첩목아는 청(淸) 제국의 태조 누르하치의 6대조라고 한다. 청의 등장과 병자호란의 치욕을 당한 이후 조선의 역사화해 문제는 방상근, 2020, 「호란(胡亂) 이후 조선의 역사화해」, 『역사화해의 이정표 I – 이론적 기초를 찾아서』, 동북아역사재단, 197-244쪽.

참고문헌

『조선왕조실록』,『맹자』,『맹자집주』,『논어』,『삼봉집』

계승범, 2014,『중종의 시대』, 역사비평사.
박홍규, 2016,『삼봉 정도전 생애와 사상』, 선비.
한성주, 2011,『조선전기 수직여진인 연구』, 경인문화사.

강성문, 1989,「조선시대 여진정벌에 관한 연구」,『군사』18권.
김순남, 2009,「조선 성종대 올적합(兀狄哈)에 대하여」,『조선시대사학보』49집.
릴리 가드너 펠드만, 2009,「독일의 화해 외교정책에서 역사의 역할」,『역사 대화로 열어가는 동아시아 역사 화해』, 동북아역사재단.
박정민, 2013a,「조선 성종대의 여진인 내조(來朝) 연구」,『만주연구』15권 15호.
박정민, 2013b,「조선건국기의 여진인 내조(來朝)와 조선의 외교구상 – 태조~태종대를 중심으로」,『역사학연구』49권.
박정민, 2015,「15세기 후반 건주여진(建州女眞)의 생존 전략 – 조·명 연합군의 정벌과 영향을 중심으로」,『명청사연구』44권.
방상근, 2020,「호란(胡亂) 이후 조선의 역사화해」,『역사화해의 이정표 I – 이론적 기초를 찾아서』, 동북아역사재단.
박홍규, 2019,「중화공동체 전략과 태종 전반기 국제관계」,『평화연구』제27권 제1호.
박홍규, 2019,「중화공동체 전략과 세종대 조선 문명: 예(禮) 문명과 역(曆) 문명을 중심으로」,『한국동양정치사상사연구』제18권 제1호.
보도 폰 보리스, 2009,「역사 화해를 위한 역사교육」,『역사 대화로 열어가는 동아시아 역사 화해』, 동북아역사재단.
정다함, 2008,「조선초기 야인과 대마도에 대한 번리(藩籬), 번병(藩屛) 인식의 형성과 경차관의 파견」,『동방학지』141권.
정다함, 2016,「조선 태종 5년 동맹가첩목아의 명(明) '입조'를 둘러싼 조선과 명과 동맹가첩목아사이의 관계성에 대한 탈중심적/탈경계적 해석」,『민족문화연구』72권.

이규철, 2013, 「세조대 건주위 정벌과 명의 출병 요청」, 『역사와 현실』 89권.

채규철, 2015, 「건주여진의 발전과 동북아시아의 국제질서 – 성화(成化) 3년의 역을 중심으로」, 『인문연구』 74권.

천자현, 2013, 「화해의 국제정치: 화해 이론의 발전과 중일관계에 대한 비판적 적용」, 『국제정치논총』 제53집 제2호.

한성주, 2008, 「조선 세조대 모련위(毛憐衛) 정벌과 여진인의 종군(從軍)에 대하여」, 『강원사학』 23권 제23호.

한성주, 2014, 「조선 변경정책의 허와 실 – 두만강 유역 여진(女眞) 번호(藩胡)의 성장과 발전」, 『명청사연구』 42권.

2
역사화해를 위한 조건
독일 – 폴란드 역사화해를 중심으로

이동수 경희대학교 공공대학원 교수

I. 머리말

제2차 세계대전이 끝나고 한국이 일본의 강점에서 벗어나 해방을 맞이한 지 벌써 70여 년이 지났다. 그럼에도 불구하고 한국과 일본 사이의 역사화해는 아직도 실마리를 못 찾고 있다. 여기서 역사화해란 한국과 일본 사이의 역사문제, 즉 "야스쿠니신사 참배, 역사교과서 문제, 종군'위안부' 문제, 식민지 지배에 대한 왜곡과 부인, 침략전쟁에 관한 언행 등에서 화해를 이루는 것"[1]을 가리킨다.

---

* 이 글은 2019년 12월 『서강인문논총』 제56집에 게재된 이동수, 「역사화해의 조건: 독일-폴란드 역사화해를 중심으로」를 수정하여 재수록한 것이다.
1 허춘홍·정동메이, 2017, 「동북아 역사화해에 대한 인식과 감정 그리고 책임」, 『아시아문화연구』 43, 161쪽.

사실 한국은 그동안 일본과 선린 우호를 유지하고 평화와 공영의 미래를 건설하기 위해 단순히 표면적인 친선관계뿐만 아니라 보다 근본적 차원에서의 역사화해를 추진해 왔다. 양국 간에는 이미 1965년 한일기본조약 체결을 통해 국교정상화가 이루어졌으며, 정치·경제·문화적 교류가 활발히 이루어질 정도로 법과 제도적으로는 우호와 협력의 관계에 놓여 있다. 하지만 아직도 역사문제에 대한 근본적인 화해가 결여되어 있기 때문에 종종 불필요한 긴장과 갈등을 초래하며, 이는 동아시아 지역 불안정의 한 축을 형성하고 있다.[2]

역사화해가 중요한 이유는 그것이 국가정체성 혹은 국민감정과 연관되기 때문이다. 과거 국제정치학의 주류를 이루었던 현실주의적 국가이익론에서는 국가행위가 합리적인 이익추구에 따라 이루어지기 때문에 국민감정보다 국가이익이 더 중요한 행위요인이라고 보았다. 하지만 1990년대부터 대두된 구성주의적 국제관계론에서는 합리적 이익 외에 의식과 무의식 차원에서 형성되는 국민의 감정적 태도가 국가행위 및 국가 간의 관계에 큰 영향을 미친다고 생각한다. 특히 국민감정은 도덕과 연관된 언어와 문화 속에서 표현되기 때문에 역사문제와 깊은 연관이 있다. 즉 국가 간의 갈등이 최종적으로 해소되고 평화로운 상태로 접어들기 위해서는 단순히 국교정상화나 안보, 제도, 경제관계의 개선만으로는 충분치 않고, 과거 역사의 전쟁이나 지배에서 생긴 심리적 상처, 트라우

---

2 한일 간의 역사문제가 본격적으로 대두되기 시작한 것은 1982년 일본 고등학교의 역사교과서 검정 파동부터이다. 일본 문부성의 검정 내용에 대해 일부 잘못된 사실이 보도되면서 역사인식의 차이가 드러나게 되었다. 신주백, 2009, 「동아시아 역사만들기: 역사대화를 통한 기억공유의 가능성 탐색」, 『기억의 공유와 다원적 보편성』, 동북아역사재단, 88쪽.

마, 집단적 기억과 슬픔 등을 감정적으로 해소해야 한다는 것이다.[3]

이것은 역사화해에 이르러야 감정적 갈등관계에서 벗어나 진정한 우호관계에 접어들 수 있다는 것을 의미한다. 형식적인 화해나 우호관계 수립을 넘어서 역사화해, 즉 국민감정의 화해가 이루어져야만 진정한 화해와 이를 바탕으로 한 평화를 이룰 수 있다는 것이다. 예컨대 크로커(D. Crocker)는 화해를 낮은 단계의 법 준수 수준, 중간 단계의 상호 인정 수준, 높은 단계의 비전 공유 및 용서의 수준 등 셋으로 나누고 높은 단계로 이행해야 진정한 화해가 가능하다고 믿으며, 히(Y. He) 역시 화해와 관련해 불화해, 얕은 화해, 깊은 화해 등 셋으로 나누고 깊은 화해는 역사화해를 통해 이루어진다고 주장한다.[4]

일반적으로 제2차 세계대전 후 이루어진 독일과 폴란드 사이의 화해를 이와 같은 역사화해의 좋은 예로 간주한다. 비록 처음에는 오랜 역사 속에서 형성된 감정적 갈등이 지속되고 화해에 이르기까지 오랜 시간이 소요되었지만, 독일은 폴란드에 대해 진정한 사과의 태도를 보여주었고 폴란드는 이에 화답하여 지난 과거의 만행들을 용서함으로써 두 나라 사이에는 보기 드문 역사화해가 이루어졌던 것이다.

필자가 보기에, 이것이 가능했던 이유는 크게 세 가지이다. 먼저 정신적 차원에서 독일인들이 자기성찰을 통해 먼저 사과의 손을 내밀었던 것이 주효했다. 이는 독일과 폴란드가 모두 기독교 국가로서 종교적 공통점을 갖는다는 것 외에 기독교에 내포되어 있는 용서와 화해의 정신이 작동

---

3 김학성, 2011, 「증오와 화해의 국제정치: 한·일간 화해의 이론적 탐색」, 『국제정치논총』 제51집 제1호, 14쪽.
4 천자현, 2013, 「화해의 국제정치: 화해 이론의 발전과 중일관계에 대한 비판적 적용」, 『국제정치논총』 제53집 제2호, 11-13쪽.

했기 때문이기도 하다. 둘째, 정치적 차원에서 당시 서독은 데탕트의 국제질서 변화 속에서 동독을 비롯한 동유럽과의 관계를 개선하려는 동방정책(Ostpolitik)을 적극적으로 추진했고, 폴란드는 새로이 독일과 사이에 그어진 오데르-나이세 신국경선(the new Oder-Neisse border)을 인정받을 정치적 필요가 있었기 때문이다. 뿐만 아니라 폴란드는 독일이라는 전통적인 적과는 화해하지만 또 다른 적인 소련에 대한 적개심을 강화함으로써 국민감정의 돌파구를 찾을 수 있었다. 셋째, 국제정치적 차원에서 폴란드는 소련 블록의 공산당 치하에서 낙후된 상태에서 벗어나 선진국인 독일의 힘을 빌려 경제성장을 추진하고 궁극적으로 NATO 및 EU에 가입함으로써 실제적인 도움을 얻을 수 있는 실익이 있었기 때문이다.

이런 점을 고려해 볼 때 독일과 폴란드의 역사화해를 한국과 일본의 경우에 바로 대입하는 것은 그리 간단한 일이 아니다. 두 케이스 사이에는 일반적으로 인정되는 공통점보다 숨겨진 차이점이 더 많기 때문이다. 따라서 우리는 독일과 폴란드의 역사화해 과정을 그대로 따라갈 수 없다. 다만 이 케이스로부터 역사화해를 이룰 수 있는 조건을 추출하고 교훈을 얻음으로써 한일 간 역사화해를 위한 참고로 삼아야 한다.

II. 독일과 폴란드의 갈등의 역사

1. 폴란드의 역사와 삼국분할

폴란드는 고대엔 스키타이인들과 일리리아인들이 거주하던 지역이었다. 이후에 게르만족의 대이동으로 게르만들이 들어왔다가 서쪽으로 이동하자, 동쪽에 거주하던 슬라브인들이 새로 거주하기 시작하였다. 특히 슬라브족 중 하나인 폴라니(Polani) 혹은 폴라니에(Polanie)로 불리는 부족이 이곳에 자리 잡았다. 폴란드 최초의 왕으로 인정되는 미에슈코 1세(Mieszko I, 재위 960~992)는 960년 피아스트(Piast) 왕조를 개창하며 국왕에 즉위하였고, 966년 가톨릭을 받아들여 유럽세계의 일원이 되었다.

위치상 폴란드는 서쪽으로는 프로이센, 동쪽으로는 러시아, 남쪽으로는 오스트리아와 인접해 있어 본래 독일과의 연관성이 매우 깊었으며, 양국관계도 때로는 갈등으로 또 때로는 협력으로 진행되는 이중적인 관계에 놓여 있었다. 폴란드는 왕정체제였지만 전통적으로 귀족들의 권한이 강했으며, 16세기 말부터는 귀족들이 왕을 선출하는 선거왕제(選擧王制)를 채택함으로써 왕이 존재하더라도 귀족들의 권한이 강한 일종의 '변형된 귀족정'체제였다. 그런데 귀족들 중 상당수가 독일인이었고, 이웃한 독일의 공국들도 호시탐탐 폴란드에 대한 군사적 팽창을 시도하였다. 이에 대항하기 위해 폴란드는 기독교 복음에 기반한 독일 기사단에 도움을 청하였으나, 기사단은 프로이센 지역을 공격하는데 그치지 않고 폴란드 내부의 영역도 차지하였다. 결과적으로 폴란드에 대한 독일인들의 개입이 더욱 강화되었다. 이런 상태에서 탈피하기 위해 폴란드는 카지미에시 대왕(Kazimierz III, 재위 1333~1370) 때부터 리투아니아와의 연합을 추진하였고, 마침내 리투아니아 대공 요가일라(Jogaila; 브와디스와프 2세, 재위 1385~1434)[5]가 1385년 폴란드 여왕 야드비가(Jadwiga)와 결혼하면서 새로이 폴란드-리투아니아 연합의 야기에우어 왕조(Jagiellonowie, 1385~1573)를 탄생시켰다. 그리고 이 연합왕조는 1410년 그룬발트(Grunwald)전투에

---

5 리투아니아어로는 요가일라이고, 폴란드어로는 야기에우어이다.

서 독일 기사단을 물리치고 발트해로 통하는 길을 열고 1471년 보헤미아와 1490년 헝가리를 병합함으로써 16세기엔 동유럽 최강국이 되었다.

그러나 야기에우어 왕조가 끝나자 귀족들이 국왕을 선출하는 선거왕제가 채택되었고 1596년 수도를 크라쿠프에서 바르샤바로 이전하였다. 더욱이 종교개혁이 발생했을 때 신실한 가톨릭 국가인 폴란드는 개신교를 탄압하면서 여러 대내외적 어려움을 겪었다. 특히 투르크와의 전쟁, 스웨덴과의 전쟁 등으로 국력이 쇠퇴했으며, 18세기에 접어들면서는 폴란드 왕위계승전쟁(1733~1735), 오스트리아 왕위계승전쟁(1740~1748), 7년전쟁(1756~1763)[6] 등을 겪으면서 엄청난 피해를 입게 되었다. 이후 약해진 폴란드는 1772년 프로이센, 러시아, 오스트리아에 의해 1차 삼국분할로 영토가 2/3 정도로 축소되었고, 그 후 러시아의 정치개입에 반대하는 반란을 계기로 1793년 2차 삼국분할을 통해 나머지의 반을 상실했으며, 다시 반란을 시도했으나 실패하자 1795년 3차 삼국분할로 영토를 완전히 상실하게 되었다. 나폴레옹에 의해 세워진 바르샤바공국 시대(1807~1815)를 제외하고는, 1795년부터 1918년 제1차 세계대전에서 독일이 패할 때까지 3국의 지배를 받게 되었다. 삼국분할 시기 프로이센은 폴란드의 서남부지역을 식민지로 지배했는데, 이 분할점령과 식민지배의 역사적 경험이 폴란드인의 독일인에 대한 적대감을 크게 불러일으켰다. 그리하여 19세기는 폴란드의 통일과 자주성 확보를 위한 노력들로 점철된다. 이때 주목할 만한 것은 1830~1831년 폴란드 독립운동가들이 독일

---

[6] 7년전쟁(1756~1763)은 오스트리아 왕위계승전쟁에서 프로이센에게 패해 독일 동부의 비옥한 슐레지엔을 빼앗긴 오스트리아 합스부르크가 그곳을 되찾기 위해 프로이센과 벌인 전쟁을 말한다. 이 전쟁에는 유럽의 거의 모든 열강이 참여했으며, 특히 작센과 폴란드의 피해가 컸다.

자유주의 중산층의 지원을 받기도 했다는 점이다. 이 당시 유럽엔 자유주의 열풍이 불었는데, 독일 중산층들은 독일에 민주적 체제를 수립하고 분열된 지방들을 하나의 민족국가로 통일시키기 위해 폴란드 독립운동가들과 공통의 이해관계를 가지고 있었던 것이다.[7]

그러나 1871년 보불전쟁에서 프랑스에 승리한 프로이센은 마침내 독일제국을 선포하고 독일 통일과 중앙집권화를 강화하였다. 이때 독일제국은 폴란드 식민지에 대해서 예전보다 더욱 억압적인 정책을 추진했는데, 특히 가톨릭 종교와 언어, 문화, 교육 등이 그 대상이었다. 1876년에는 독일어만 공용어로 사용하라고 강요했으며, 1885~1886년에는 폴란드왕국 출신의 유대인들과 폴란드의 이주노동자들을 강제적으로 추방하였다. 러시아도 독일을 따라서 유사한 정책들을 시도했으며, 폴란드인들의 피해의식은 신앙심과 합쳐져 '희생자의식' 혹은 '순교자의식'으로 승화되었다. 다른 한편 독일의 강압정책은 폴란드인들의 정치의식을 강화시키고 민족주의를 고양시키는 계기가 되었다. 역설적으로 폴란드인의 민족의식을 일깨웠으며, 폴란드인의 독일인에 대한 반감을 더욱 깊게 만들었던 것이다.[8] 이러한 반감은 과거 역사를 다시 기억하고 재해석하는

---

[7] 당시 독일에는 폴란드에 대한 두 가지 상반된 견해가 공존하고 있었다. 첫째, 폴란드는 사회경제적으로 후진적인 나라로서 주민들은 규율이 없고, 돌변적이며, 예측하기 어려운 집단으로 인식되었다. 폴란드인들은 정치적으로 경제적으로 효율적인 조직력을 만들어낼 수 없으며, 그로 인해 필연적으로 국가를 상실할 수밖에 없다는 것이다. 둘째, 폴란드인들은 자유에 대한 사랑, 정의를 위한 투쟁, 더 강한 자들에 대항하는 영웅적 용기, 정치 지도자들의 개혁을 향한 의지로 인해 경외의 대상이 되기도 하였다. 그러나 전자의 부정적 이미지가 더 컸다. 한운석 외, 2008,『가해와 피해의 구분을 넘어: 독일·폴란드 역사 화해의 길』, 동북아역사재단, 25쪽.
[8] 브라이언 포터-슈치, 안상준 역, 2014,『폴란드 근현대사: 순교정신을 넘어 사람의 숨결을 품은』, 오래된 생각, 42-43쪽.

방식으로 전개되었다. 특히 1410년에 있었던 '그룬발트전투'가 소환되어 민족정신을 재정립하는 계기가 되었다. 먼저 1878년 폴란드의 국민화가 얀 마테이코(Jan Matejko)가 그린 〈그룬발트전투(Battle of Grunwald)〉는 독일에 대한 저항정신과 영광의 순간을 다시 상기시켰고, 1900년 국민작가 헨리크 시엔키에비츠(Henryk Sienkiewicz)는 『십자기사단(The Knights of the Cross)』[9]이라는 작품을 통해 폴란드인의 애국심과 민족의식을 일깨웠다. 그러나 이 과정에서 역사적 사실의 왜곡이 발생하였다. 왜냐하면 그 전투는 단순히 독일과 폴란드 사이의 전쟁이 아니라 여러 민족의 군대가 뒤섞여 벌인 유럽인들의 전쟁으로서, 실제 사료에는 독일이나 폴란드라는 표현이 없으며 『십자기사단』이 출판되기 전에는 이런 생각이 일반적이지도 않았기 때문이다.[10]

하여간 삼국분할 시기 폴란드인들은 점령국, 특히 독일에 대한 반감과 저항의식이 점차 강화되었으며, 이는 단순히 독일의 강압적인 식민정책뿐만 아니라 이에 대한 반작용으로 발생한 폴란드들인의 민족의식, 특히 '희생자의식'과 '영광에 대한 기억'이 재창조되었기 때문이다. 그리고 이 때 형성된 폴란드인들의 독일에 대한 적대감은 향후 두 나라 관계 속에서 계속 강화되는 경향을 갖는다.

---

9   이 작품은 1905년 폴란드 최초로 노벨문학상을 수상하기까지 하였다.
10 차용구, 2017, 「탄넨베르크/그룬발트 전투(1410): 기억과 망각의 이중주」, 『사총』 92, 281-282쪽.

2. 폴란드의 독립과 제2차 세계대전

1918년 제1차 세계대전에서 독일이 패하자 폴란드는 독립을 되찾고 피우수트스키(Józef Piłsudski, 1867~1935)가 국가 수령이 되었다. 당시엔 국경이 미확정이었는데 1919년 파리조약 때 발트해로 나가는 해안지역(이른바 회랑지역)이 폴란드에 귀속되어 동프로이센과 프로이센을 가로지르는 지역을 얻게 되었다. 또한 1921년까지 승전국인 소련과의 전쟁을 통해 삼국분할로 러시아에게 할양되었던 우크라이나 서부와 벨라루스를 확보하였다. 이와 같은 독립과 영토획득은 폴란드인들에게는 커다란 기쁨이었다. 하지만 제1차 세계대전 기간 동안 폴란드는 인구가 370만 명(12%) 정도 줄었는데, 그 이유는 전쟁 상대국인 독일과 러시아 양쪽에 모두 징집되어 피해가 컸기 때문이다. 뿐만 아니라 전후에 영양실조로 허약해진 폴란드인들은 인플루엔자에 감염되어 1918년 수백만 명이 희생되기도 하였다. 그러나 폴란드인에게 제1차 세계대전은 제2차 세계대전보다는 좋은 추억으로 기억된다. 왜냐하면 오랜 숙원이었던 독립과 영토획득이라는 결과가 죽음보다 탄생의 의미를 내포하기 때문이다.[11]

반면 전후 독일에서는 단지 식민지 상실에 대한 아쉬움뿐만 아니라 중요한 자국 영토(회랑지역)를 빼앗은 폴란드에 대한 적대감이 더욱 고조되었다. 즉 예전에는 폴란드인을 무시하고 경멸하는 것이 주를 이루었지

---

11   브라이언 포터-슈치, 2014, 앞의 책, 92-94쪽. 한편 제2차 세계대전 기간 중 폴란드 인구는 약 16% 감소되었다. 이는 제1차 세계대전에 비해 현격한 차이가 나는 희생은 아니다. 그럼에도 불구하고 폴란드인들은 제1차 세계대전보다 제2차 세계대전을 더 큰 비극으로 간주하는데, 이는 제2차 세계대전 후 다시 소련의 점령이라는 또 다른 악재가 생겼기 때문이다.

만, 이때부터는 그들에 대한 적개심이 더해진 것이다. 비록 독일에서는 예전의 제국체제가 무너지고 바이마르공화국이 들어섰지만, 폴란드인에 대한 기존의 부정적인 이미지에 덧붙여 그들의 공격성과 호전성 같은 특징들이 새로이 강조되었다. 독일 언론에서는 폴란드인을 벌레, 야수, 폴란드이, 폴란드 늑대, 폴란드 들쥐 등으로 묘사하면서 더욱 경멸하고 경계하는 태도를 보였다.[12] 이에 대해 폴란드도 강력히 대응했다. 오랫동안 식민지시기를 경험한 폴란드인들에게는 '독일적 위험'이라는 트라우마가 형성되어 있었는데, 국경 문제에 대한 독일인들의 수정 압력이 거세지자 폴란드에서는 제1차 세계대전 이후 할당된 지역인 회랑지역은 본래 폴란드 땅이었다는 반론을 제기하였다. 또한 독일의 위험을 뒷받침하기 위한 근거로 과거 독일 기사단의 전통과 폴란드 분할 점령의 공범인 프로이센의 전통을 강조하였다. 독일 바이마르공화국은 로카르노조약(Locarno Pact, 1925)과 라팔로조약(Rapallo Treaty, 1922)을 통해 프랑스 및 소련과 화해를 구하면서도 폴란드와의 화해는 거부했는데, 이는 독일에 대한 위험과 두려움을 더욱 강화시켰다.[13]

 제2차 세계대전은 나치 독일이 폴란드를 침공하면서부터 시작되었다. 이는 당시 독일과 폴란드의 관계가 세계대전의 출발점이 될 정도로 첨예했다는 것을 보여준다. 전쟁 발발 전부터 독일은 소련과 공모하여 협정을 맺고 폴란드 재분할에 대해 논의하였다. 그 결과 1939년 9월 1일 독일이 먼저 폴란드를 침공하고 9월 17일 소련이 전쟁에 참여함으로써 부그강을 경계로 독일과 소련이 폴란드를 분할 점령하였다. 그런데 제2차

---

12 한운석 외, 2008, 앞의 책, 27쪽.
13 한운석 외, 2008, 앞의 책, 28쪽.

세계대전 중 독일인이 폴란드에서 저지른 만행은 두 나라 관계에서도 유례가 없을 정도로 참혹한 것이었다. 당시 인구 1천만 명의 서부 폴란드인들은 독일에 강제 편입되었으며, 나치 정권은 폴란드 지식인과 가톨릭교회에 대한 무차별적인 테러를 자행하였다. 나치 독일은 폴란드인들을 전제적으로 지배하고자 하였으며, 이에 방해가 되는 폴란드 지도층 전부를 제거 대상으로 삼았다.

실제로 제2차 세계대전 당시 폴란드 전체 인구의 20%가 넘는 500만~600만 명 이상이 죽었는데, 나치의 의도적인 엘리트 말살정책에 따라 법률가의 50%, 의사의 40%, 대학교수와 가톨릭 사제의 1/3 이상이 희생당했다. 이 희생자 통계는 유대계 폴란드 시민 300만 명을 포함한 것이지만, 전후 공산 폴란드의 공식적인 역사서술에서는 이들이 유대계라는 사실은 감추고 단지 폴란드인 희생자로만 간주하였다. 그 결과 제2차 세계대전은 폴란드인과 독일인의 투쟁으로만 환원되었고, 나치 독일의 가혹한 점령정책은 전후 폴란드인들에게 독일에 대한 부정적 인식을 극도로 강화시켜 두 나라 사이의 갈등은 최고조에 이르게 되었다.[14]

물론 폴란드에는 소련에 대한 부정적인 인식도 많았다. 소련은 폴란드를 침공한 또 하나의 적이며, 소련점령지에서 폴란드인들이 심한 고초를 겪었기 때문이다. 나중에서야 그 진상이 드러나긴 했지만, 카틴(Katyn)

---

14 임지현, 2011, 「역사의 금기와 기억의 진정성: 21세기 폴란드 역사학과 '희생자의식'」, 『서양사론』 111, 155-156쪽. 또한 제2차 세계대전 후 소련의 비호하에 정권을 장악한 폴란드 공산주의자들은 결여된 정당성을 보완하고 권력 기반을 다지기 위해 국민들의 요구에 부응하여 전범과 나치협력자들을 처벌하기 위한 적극적인 조치들을 취했다. 이로 인해 1944년부터 1949년까지 1만~2만 명이 처벌되었는데, 이 중 독일인이 약 5,500명이고 나머지는 폴란드인이었다(한운석 외, 2008, 앞의 책, 41쪽).

에서 발생한 장교를 비롯해 수만 명을 대상으로 자행된 대학살은 폴란드인들에게 크나큰 충격을 안겨 주었다.[15] 하지만 제2차 세계대전 후 폴란드가 소련 블록의 일원이 되고 공산당 정권의 지배하에 놓임으로써, 이런 소련의 만행은 철저히 은폐되었다.[16] 오히려 소련과 폴란드 공산정권은 폴란드인들의 반소련 감정을 누그러뜨리기 위해 전략적으로 반독일 감정을 더욱 부각시켰던 것이다.

하여튼 1945년 8월 2일 포츠담협정(Potsdam Agreement)으로 폴란드는 다시 독립을 쟁취하게 되었는데, 이때 전승국인 소련이 폴란드 동부지역을 일부 흡수하고 폴란드는 그 대신 동쪽의 독일 국토였던 오데르-나

---

15 '카틴학살(Katyn Massacre)'은 소련 경찰기관이었던 내무인민위원회가 1940년 4월부터 5월까지 수행한 폴란드인 대량학살을 일컫는다. 이러한 학살은 몇몇 장소에서 발생했지만, 공동묘지가 처음으로 발견된 카틴숲의 이름을 따서 사건을 명명하였다. 학살은 내무인민위원회 위원장이었던 베리야가 1940년 3월 5일 억류된 폴란드 장교들을 처형할 것을 제안하였고, 스탈린을 비롯한 소련 공산당 정치국이 이를 승인하면서 발생했다. 희생자 수는 2만 2천 명 정도로 추산되고 있다. 희생자들은 러시아의 카틴숲과 트베리 및 하르키우 감옥을 비롯한 곳곳에서 처형되었다. 먼저 1939년 소련의 폴란드 침공 기간 동안 8천 명의 장교와 6천 명의 경찰관이 수감되었다가 처형되었다. 나머지 사망자들은 소련이 간첩행위, 국가헌병대, 지주, 공장주, 파괴 공작원, 법조인, 공직자, 성직자로 여기는 폴란드 인텔리겐차들이다. 나치가 1943년 카틴숲에서 공동묘지를 발견했는데, 소련은 희생자들이 1941년 나치에 의해 살해되었다고 주장했으며, 1990년까지 학살에 대한 책임을 부인하고 지속적으로 이를 은폐하였다.

16 그런 점에서 폴란드와 같은 동유럽인들에게 제2차 세계대전은 '장기 제2차 세계대전'이라는 의미로 이해된다. 서유럽에서는 4년 6개월 만에 전쟁이 끝난 반면, 동유럽에서는 44년이 더 흐른 1989년에야 비로소 종결되었기 때문이다. 1945년은 '나치 침략의 공포'를 '소련 통치의 공포'로 대체한 전환점일 뿐이며, 반쪽짜리 혹은 미완의 해방이었던 것이다. 폴란드에서는 현실사회주의가 붕괴된 지 한참 후인 2005부터 소련에 대한 과거청산 요구가 본격적으로 제기되었다. 오승은, 2015, 「포스트 냉전, 포스트식민 동유럽 집단기억 귀환: 폴란드와 러시아의 제2차 세계대전 논쟁을 중심으로」, 『서양사론』 127, 55-60쪽.

이세 동부지역을 얻게 되었다. 이로 인해 폴란드 국경에 편입된 지역에서 독일인들이 강제로 이주하게 되었다. 1950년까지 계속된 강제 이주로 인해 수백만 명의 독일인이 이 지역을 떠났으며, 그 과정에서 40만 명 정도의 폴란드 출신 독일인들이 죽었다.[17] 전체적으로 폴란드는 전쟁 전과 비교해 조금 줄어든 영토를 유지하게 되었는데, 다만 동쪽지역을 소련에 양보하고 그 대신 서쪽에서 동프로이센과 독일 동부지역을 얻으면서 국경선 전체가 이동하게 되었다.

III. 독일과 폴란드의 화해의 과정

1. 국경 문제와 서독의 동방정책

제2차 세계대전 후 소련의 지원을 받은 폴란드 공산정권은 소련의 동부 폴란드 점령에 대해서는 함구하면서, 새로이 획득한 동부 독일지역을 계속 유지하는 데에만 집중했다. 그런데 같은 소련 블록에 속하는 동독과는 우호적인 관계 속에서 별다른 충돌이 없었으나, 자유진영에 속하면서 직

---

[17] 당시 폴란드로부터 추방된 독일인은 300만~800만 명 정도로 추산된다. 이 시점에 폴란드에 남아 있던 독일인 수는 30만~40만 명 정도로, 이들은 대개 전문기술자들로서 폴란드 경제에 필요한 사람들이었다. 또한 추방과정에서는 40만 명 정도의 폴란드 출신 독일인들이 죽었으며, 독일에서는 폴란드에서 추방된 독일인들이 환영받지 못하고 이방인 취급을 받았다. 한편 강제이주 및 고향상실과 관련해 가해자였던 폴란드인들 역시 피해자였다. 그들은 동부 영토를 소련에 할양하는 조건으로 서부 영토를 얻은 것이었고, 동부 폴란드에서 140만 명 정도의 폴란드인들이 고향을 떠나 새로운 땅으로 이주해야 했다. 이용일, 2015, 「독일-폴란드 관계정상화를 위한 '감정의 정치': 바르샤바 조약과 브란트의 크니팔」, 『역사비평』 05, 17-18쪽.

접 국경을 접하지 않은 서독과는 여전히 갈등관계에 놓여 있었다. 서독으로서는 비록 동서독이 일시적으로 분리되었다손 치더라도, 예전 독일 국경선을 계속 유지하고 싶어 했기 때문이다.

따라서 전후 서독과 폴란드의 관계는 국경선 문제를 둘러싸고 다시 갈등상태에 놓이게 되었다. 폴란드로서는 소련에 빼앗긴 동부지역 대신 동독이 인정해준 동부 독일지역을 보상받고 싶었던 것이다. 당시 동독도 자신의 관할 영토를 폴란드에 양도한다는 것은 사실상 원치 않는 일이었다. 다만 소련의 영향력하에 있었기 때문에 소련의 결정에 어쩔 수 없이 따랐을 뿐이다. 최종적인 타협책으로 1950년 동독은 폴란드와의 신국경선인 오데르-나이세 국경을 인준하였고, 1953년 폴란드는 동독에게 더 이상 전쟁보상금을 요구하지 않는다고 선언했으며, 1955년 동독과 폴란드는 정전협정에 함께 조인하였다.

그러나 서독과의 경우는 사뭇 달랐다. 서독의 아데나워 총리는 1949년 9월 20일 오데르-나이세 국경을 인정할 수 없다고 공포하였다. 서독인들은 나치의 반인륜적 범죄행위에 대해서는 전혀 몰랐으며, 전쟁이 끝난 뒤에야 알게 되었다는 점을 강조했다. 서독은 나치의 범죄를 소수 주요 책임자들에게 전가하면서 독일인의 집단적 범죄라는 점에 대해서는 강력히 부인했다. 오히려 서독은 전쟁 중 그들이 저지른 범죄행위보다 전쟁 후 동부 독일지역에서 추방당한 독일인들이 겪은 고통을 강조함으로써 자신을 소련군, 폴란드와 체코의 추방자 국가들, 그리고 포츠담 결정에 책임이 있는 연합군들의 희생자로 부각시켰다.[18] 따라서 전후 서독인들은 전쟁 중 폴란드에서 독일인의 이름으로 자행된 범죄에 대한 반성보다, 오데

---

18 한운석 외, 2008, 앞의 책, 45쪽.

르-나이세 국경의 할양과 수백만 독일인의 고향상실 및 추방의 부당함이 더 크게 느껴졌던 것이다.

하지만 1960년대 초 서독의 기류가 달라지기 시작했고, 1960년대 후반엔 서독 총리 브란트(Willy Brandt)가 국제적으로 긴장을 완화하고 동유럽과 화해하기 위한 동방정책(Ostpolitik)[19]을 추진하였다. 시작은 먼저 종교계에서 비롯되었다. 1961년 11월 독일 개신교 평신도 8명의 명의로 '튀빙겐각서(Tübinger Memorandum)'를 발표했는데, 이는 폴란드와의 화해를 요구하는 담론 형성에 큰 영향을 미쳤다. 동년 8월에 베를린 장벽이 설치된 후 동·서독 관계가 급속도로 경직되자, 독일 개신교는 독일민족의 통일을 예비하면서 동서 진영 간의 평화정책, 전쟁으로 인해 피해를 입은 동유럽 인접국과의 화해를 촉진하는 내용을 건의한 것이다. 그리고 이 각서는 전후 상실한 영토를 영구히 포기하고 신국경선인 오데르-나이세 국경을 인정하자고 주장하였다.[20]

또한 1965년 10월에는 같은 취지의 각서가 독일 개신교 평의회에서 공포되었으며, 이에 대한 화답으로 폴란드에서는 한 달 뒤 '폴란드 주교들이 독일 기독교 형제들에게 보내는 서한'이 발표되었다. 이 서한에서는 1천 년간의 독일-폴란드 관계사에서 긍정적인 면을 부각시키고, 나치시대의 독일인 희생자들과 전후 독일 난민들, 그리고 폴란드로부터 고향을

---

19 동방정책은 1969년 브란트가 서독 총리로 취임한 후에 추진한 과거 중동부 유럽 공산주의 국가들과의 화해정책을 말한다. 이를 통해 폴란드에 대한 사죄, 동독과의 교류 등 진보적인 정책들이 추진되었으며, 서독만을 유일한 합법정부로 인정했던 할슈타인 독트린은 사실상 폐기되었다.

20 이 선언문이 발표된 직후 서독 사회 내부에서는 이 선언문에 대한 극렬한 반대여론과 심지어 이념논쟁까지 팽배하였다. 그러나 정부에 제출된 이 문서는 다년간 연구·검토된 후 1969년 이후 브란트 총리의 동방정책의 기초를 이루었다.

잃고 추방된 독일인들의 고통에 대해서도 언급되었다. 이런 상황 속에서 1969년 서독 총리 브란트는 동방정책을 추진했으며, 1970년 상공부장관 쉴러가 정부인사로는 처음 폴란드를 공식 방문해 관계 개선이 급물살을 타게 되었다. 동년 8월 12일 서독과 소련 사이의 모스크바협정에서 서독은 오데르-나이세 국경을 인정하였다. 또한 동년 12월 7일 서독과 폴란드는 바르샤바조약을 맺어 오데르-나이세 국경의 불가침성을 확고히 하였다. 이때 폴란드를 방문한 브란트 서독 총리는 바르샤바 게토의 희생자들을 위한 기념비 앞에서 예정에 없던 무릎을 꿇는 장면을 연출해 화해의 무드를 감동적으로 조성하였다.

이런 분위기에서 바르샤바조약이 승인되자, 강제수용소의 폴란드인 포로들과 강제노동자들에 대한 보상 문제가 중요한 현안으로 떠올랐다. 서독은 폴란드가 1953년 동독과의 조약에서 전쟁보상금을 포기했기 때문에 더 이상 보상금을 요구할 권리가 없다고 주장한 반면, 폴란드는 강제노동자들에 대한 개인적 보상은 국가적 배상과는 분리되어야 한다고 주장하였다. 그러나 보상 문제가 해결되지 않았음에도 불구하고, 1972년 공식적인 외교관계가 맺어지고 난 후 1980년까지 두 나라 사이에는 수많은 협정들이 체결되었다. 특히 1975년 헬싱키안보협력회의(KSZE)에서 유럽 국가들 간 국경 문제의 존엄성이 인정되었고 폴란드에 대한 배상 문제의 실마리가 풀리기 시작하였다. 독일은 배상이라는 단어를 공식적으로 사용하지 않을 것과 12만 명 정도의 폴란드 거주 독일인의 독일 이주를 허가받는 조건으로 폴란드에 대한 배상에 합의했다. 전쟁피해와 나치 범죄에 대한 배상으로 10억 마르크의 차관과 총액 13억 마르크에 이르는 연금보상이 이루어졌다. 다만 이때 개인에 대한 배상은 이루어지지 않았는데, 2000년 '기억, 책임, 미래 재단'이 출범하면서 강제동원 피해에 대

한 개인적 배상이 가능해졌다.[21]

1990년 공산 블럭이 무너지고 민주화가 된 후에는, 양국 사이의 국경을 인정하는 협정이 체결되고 광범위한 분야에서 교류와 협력이 활발히 이루어졌다. 또한 독일의 도움으로 폴란드는 1998년 EU 가입에 대한 노력이 시작되어 2004년 최종적으로 가입 완료하였으며, 1999년에는 NATO에도 가입하게 되었다.

2. 폴란드 역사의식의 변화: 희생자 혹은 가해자

독일과의 관계 개선이 이루어진 후 1980년대에 접어들어서부터는 폴란드인들이 가진 독일에 대한 적대감이 점차 완화되기 시작하였다. 예컨대 나치 독일에 항거했던 전후 반체제인사 얀 유제프 립스키(Jan Józef Lipski)는 1981년, 그동안 폴란드인들이 독일로부터 문명적, 문화적으로 혜택받은 것을 침묵해 온 것에 대해 비판하였다. 그는 독일인들을 추방하는 과정에서 자행된 잘못을 인정하고 독일인이 남겨놓은 문화유산을 지켜야 한다고 주장하였다. 이는 독일-폴란드 관계에 대한 반성을 촉구한 것으로서 1980년대 폴란드 민주적 반체제인사들의 전범으로 기능하였다.[22] 또한 공산정권의 붕괴와 냉전체제 해체는 독일-폴란드 관계에 있어서도 근본적인 변화를 가져왔다. 1989년 민주화된 폴란드의 총리 마조비에츠키(Tadeusz Mazowiecki)는 이미 독일과 프랑스 사이에 도달한 수준에 상응

---

21 이용일, 2015, 앞의 글, 27쪽.
22 한운석 외, 2008, 앞의 책, 50-51쪽. 이러한 반체제 세력의 서독과의 유화는 한편으로는 소련의 지원을 받는 공산주의에 대한 투쟁의 표현이기도 했다. 특히 공산정권이 독일에 대한 적대감을 정치적 수단으로 이용한 것에 대한 반응이었다.

하는 독일과의 진정한 화해를 추구한다고 선언하였다. 그는 서독 총리 헬무트 콜과 동독 장벽 붕괴 직후인 11월 14일 78개 조항의 공동선언을 선포함으로써, 중유럽의 새로운 협력관계의 출발을 알렸다. 1991년 6월 17일에는 '좋은 근린관계와 우호적 협력에 대한 조약'이 체결됨으로써, 독일-폴란드의 동반자관계와 정치적 이익공동체의 출범이 선포되었다.[23]

한편 2000년부터 제기된 폴란드인들의 자기정체성 변화는 두 나라 사이의 관계를 근본적으로 변화시키는데 큰 계기가 되었다. 주지하다시피, 폴란드인들은 자신을 죄가 없음에도 불구하고 비극적인 역사를 겪은 유례없는 민족으로 표현한다. 또한 가톨릭 신앙이 돈독한 민족으로서 역사적 비극 속에서 자신을 일종의 순교자나 희생자로 묘사한다. 특히 폴란드 낭만주의에서는 폴란드인을 '민족들의 예수'라고 표현하기도 한다. 요컨대 폴란드인의 집단정체성은 기독교적 틀 속에 자리 잡은 '순교자의식' 혹은 '희생자의식'에 뿌리박고 있으며, 민족을 구한 사람들은 일종의 영웅으로 묘사되는 것이다.[24]

이는 18세기 말 삼국분할 때부터 이어져 온 민족의식이며, 결국 폴란드가 독립을 쟁취할 수 있었던 정서적 원동력이기도 하다. 따라서 폴란드인들이 제2차 세계대전을 어떻게 해석하느냐 또한 이것의 연장선상에서 이루어진다. 즉 그들은 스스로를 제2차 세계대전의 가장 큰 희생자

---

23 한운석 외, 2008, 앞의 책, 52쪽.
24 브라이언 포터-슈치, 2014, 앞의 책, 9쪽. 특히 이 책에서 포터-슈치는 기존 폴란드 역사가들과 달리 폴란드의 역사를 순교자나 영웅들의 이야기가 아닌 실제 삶을 살아낸 사람들의 이야기를 다루고 있다. 그는 폴란드의 역사를 그 자체로서 집단적 민족순교자도 아니고 집단적 민족배신자도 아니라, 변하는 세상을 이해하고 대응하고자 했던 사람들의 역사로 서술한다.

이면서 동시에 나치에 맞서 싸운 첫 번째 민족이라고 생각했다. 사실 이런 생각이 틀린 것은 아니다. 폴란드에는 전쟁 기간 동안 부역자나 매국노가 드물었으며, 독립운동과 반체제 세력이 강하여 지하국가를 만들 정도였다. 그리고 실제로도 폴란드는 제2차 세계대전에서 비율적으로 가장 큰 인명피해를 입은 국가이다.

하지만 2000년 폴란드 출신 유대계 역사가 얀 그로스(Jan Gross, 1947~)가 『이웃들(Neighbors)』이라는 책을 폴란드어로 발간하면서, 그동안 형성된 '순교자의식' 혹은 '희생자의식'이 점차 해체되기 시작하였다. 이 책은 1941년 7월 10일 폴란드 동부 변경지역에 위치한 예드바브네(Jedwabne)라는 인구 3천 명의 작은 마을에서 1,600여 명의 유대인이 무참하게 학살된 사건을 다루고 있다. 홀로코스트에 비하면 희생의 규모는 작았지만, 문제는 학살의 규모보다도 학살자들의 정체였다. 예드바브네 학살의 주역이 흔히 알려진 대로 나치가 아니라 오랜 기간 유대인들과 이웃으로 살던 평범한 폴란드인들이었다는 사실이 밝혀지면서, 예드바브네의 비극은 뜨거운 쟁점이 되었다.[25]

『이웃들』이 출간되자 모든 폴란드인들은 큰 충격에 휩싸였는데, 이에 대한 반응은 크게 두 가지 방식으로 나타났다. 먼저 '자기비판론자'들은 폴란드인들이 과거에 대한 책임을 인정하고 반성하는 데에 '희생자의식'이라는 신화가 장애물이었음을 인정하고, 예드바브네에서 벌어진 유대인 학살에 대한 비판적 성찰과 책임을 강조한다. 이들은 대부분 자유주의적 반체제운동 참여자 혹은 동조자로서 공산당의 반유대주의 캠페인

---

25 임지현, 2011, 앞의 글, 161-162쪽. 당시 나치 헌병대 마을 분소에서 부역을 하고 있던 몇몇 유대인들만이 살아남을 수 있었다.

의 직간접적 희생자인 경우가 많다. 한편 '변호론자'들은 자기비판적 접근 방식이 반폴란드 입장에서 폴란드인에 대한 편견을 강화시킬 뿐이라고 주장한다. 이들은 자유주의적 반체제운동과 달리 강력한 민족주의적 입장에서 반공운동을 해온 사람들로서, 폴란드인들이 여전히 희생자였음을 강조한다. 예드바브네의 유대인 학살은 폴란드인 이웃이 아니라 독일 게슈타포의 짓이며, 독·소 불가침 조약에 따라 소련이 이 지역을 지배한 1939~1941년까지는 오히려 폴란드인들이 유대인들로부터 고통을 받았다는 것이다. 유대인들은 이 시기 소련과 협력해 애국적이거나 반공적인 폴란드인을 추방하는 것을 도왔는데, 이 역사에서 희생자는 폴란드인이며 유대인은 배반자일 뿐이라는 것이다.[26]

이러한 논란에도 불구하고 분명한 것은 이 책을 계기로 그 동안 역사적 이미지인 '십자가에 못 박힌 민족', 즉 '세습적 희생자의식(hereditary victimhood)'이라는 폴란드의 역사코드가 심하게 흔들렸다는 점이다. 그리고 이 사건으로 인해 폴란드인들도 유대인과 마찬가지로 나치즘과 제2차 세계대전의 희생자였을 뿐만 아니라 다른 한편 가해자일수도 있다는 것을 자각하게 되었다. 따라서 단순히 가해자와 희생자의 이분법으로는 역사현실의 복합성을 설명할 수 없음을 알게 되었고, 민족 전체가 집단적 희생자라는 자기정당성이 자신의 과거에 대한 비판적 성찰을 가로막고 있다는 점도 새로이 인식하게 되었다.[27]

---

26   임지현, 2011, 앞의 글, 165쪽.
27   임지현, 2011, 앞의 글, 163쪽.

Ⅳ. 화해의 조건과 교훈

1. 화해의 조건

이러한 독일-폴란드 역사화해 과정은 보기 드문 성공적인 사례로 보인다. 비록 초기엔 감정적 갈등이 계속되고 오랜 시간이 소요되었지만, 독일은 폴란드에게 진정한 사과를 보여주었고 폴란드는 이에 화답해 지난 과거의 만행을 용서함으로써 역사화해에 도달할 수 있었던 것이다.

필자가 보기에, 그 이유는 크게 정신적, 정치적, 국제관계적 이유 세 가지로 나누어 볼 수 있다. 먼저 정신적 차원에서 독일인들은 기독교의 영향으로 자기성찰이 가능했으며, 이를 통해 먼저 진정한 사과의 모습을 보일 수 있었다. 보통 화해가 이루어지는 과정을 ①사과-②용서-③화해의 순서라고 말한다. 그러나 ②용서 후 ①사과의 경우도 있어서, ①과 ②의 순서를 굳이 따질 필요는 없다. 다만 상대방의 사과가 없는데 용서하기란 쉽지 않아 보인다. 여하튼 중요한 것은 ③화해가 가능하려면, 그 전에 반드시 ①사과와 ②용서가 모두 선행해야 한다는 것이다.

독일-폴란드의 경우엔 독일의 ①사과와 폴란드의 ②용서가 모두 충족되었기에 ③화해가 가능했다. 독일과 폴란드 사이에는 수많은 애증의 역사가 있었으며, 특히 폴란드인들의 증오의 감정은 제2차 세계대전 후 기억에서 지울 수 없을 정도였다. 그러나 양국은 모두 기독교라는 정신적 공통분모 아래 종교계가 ③화해의 과정에 깊이 개입하였다. 특히 독일의 가톨릭과 개신교는 자국이 먼저 과거에 대해 사과하고 신국경선을 인정해야 한다고 주장함으로써, 독일 정부에 방향을 제시하였다. 또한 1970년 바르샤바에 간 서독의 브란트 총리는 의도치 않게 현장에서 폴란드 게토 희생자들의 추모비 앞에 무릎을 꿇고 진심어린 사과를 함으로써, 증오심에 가득 찬 폴란드인들의 감정을 크게 요동치게 만들었다. 한편 폴란드 가톨릭계에서도 이전부터 폴란드인들의 ②용서를 주장해 왔는데, 브란트 총리의 바르샤바 크니팔(Kniefall von Warschau)은 폴란드 가톨릭계의 주장이 힘을 얻는데 큰 도움을 주었다.

이러한 정신적 화해의 과정은 양국의 역사에서 기독교가 공통분모 역할을 했음과 연관된다. 앞서 살펴본 바와 같이, 폴란드는 건국기부터 기독교를 받아들여 신실한 가톨릭 국가로 자리잡았고, 그들의 피해의 역사를 '순교자의식'으로 승화시킬 정도의 종교적 태도를 견지하고 있었다. 또한 독일 역시 가톨릭과 개신교 모두 기독교 정신에 입각하여 가해국인 독일이 사과를 해야 한다는 자기성찰적 태도를 갖고 있었다. 이러한 정신적 풍토하에서 사과와 용서는 양국에게 가능한 선택지였던 것이다.

또한 2000년 발간된『이웃들』을 통해 제2차 세계대전 당시 폴란드인들이 단순히 피해자일 뿐만 아니라 유대인에 대한 가해자이기도 하다는 사실이 밝혀지면서, 폴란드인들은 자기정체성의 혼란을 느끼게 되었다. 이것은 비록 화해과정 후기의 일이지만, 이러한 사실은 그동안 팽배했던 폴란드인들의 '순교자의식'과 '피해자의식'을 누그러뜨리고, 피해자 겸 가해자라는 새로운 상황 속에서 독일인들에 대한 ②용서를 더욱 가능하게 만드는 계기가 되었다. 이러한 점들을 보았을 때, 전체적인 관점에서 ①사과와 ②용서가 서로 호응했다고 볼 수 있다.

둘째, 정치적 차원에서 당시 서독은 데탕트의 국제질서 변화 속에서 동독을 비롯한 동유럽과의 관계 개선을 시도하는 동방정책을 적극적으로 추진했는데, 폴란드와의 화해가 이것의 주요 내용 중 하나였다. 전후복구에 여념이 없던 서독은 '라인강의 기적'을 이룬 다음 독일 통일을 새로운 목표로 삼았으며, 이를 위해 동독 및 동유럽 국가들과의 관계 개선을 선행할 필요가 있었다. 즉 독일 통일이라는 원대한 계획 아래 주변의 적대국들과 적극적인 관계 개선을 도모하였고, 그 첫걸음은 가장 어렵게 보이지만 결자해지로만 가능한 폴란드와의 화해 추구였다.

폴란드 입장에서도 서독이 오데르-나이세 신국경선을 인정해준 이상 더 이상 쓸데없이 적대감을 유지할 필요가 없었다. 폴란드는 오히려 현재 강제로 정치에 개입하고 있는 소련이 더 미움의 대상이었다. 비록 폴란드 공산정권은 소련의 지침에 따라야만 권력을 유지할 수 있기 때문에 소련에 대한 반감이 적었으나, 일반 국민들의 정서 속에는 민주적 국가를 건설하려는 마음이 컸으며 이에 대한 장애물인 소련에 대한 원망이 깊었던 것이다. 소련도 예전의 삼국분할 점령의 당사자이며, 그 후에도 계속 폴란드를 괴롭혀 온 적대국가였다. 특히 소련 몰락 이후 1940년 발생한 '카틴학살'의 주인공이 그동안 소련이 선전해 왔던 대로 독일이 아니라 소련임이 밝혀짐에 따라, 소련에 대한 증오심은 더욱 강화되었다. 소련은 독일과 달리 과거의 지배와 만행에 대해 일말의 사과도 없었는데, 이는 소련에 비해 독일에 대한 적개심을 누그러뜨리는 결과를 빚었다.

셋째, 국제관계적 차원에서 폴란드는 소련 블록 치하에서 낙후된 상태에 머물러 있는 데 대해 불만이 있었으며,[28] 새로이 선진국에 진입한 독일의 힘을 빌려 NATO 및 EU에 가입함으로써 경제발전과 실제적인 도움을 얻고자 하였다. 물론 이것은 화해과정 초기의 고려사항은 아니며

---

28 폴란드를 비롯한 동유럽의 학자들은 중세까지 전진하던 동유럽 발전의 동력이 오랜 외세의 지배로 인해 중단되어 서유럽에 비해 100년 이상 뒤처지게 되었다고 진단한다. 따라서 제2차 세계대전 후 소련의 간섭으로부터 독립하고 서유럽의 발전을 쫓아가기 위해서는 독일의 도움이 절실히 필요했다고 볼 수 있다.

그 진전과정에서 나중에 대두된 문제이긴 하다. 앞서 지적한 것처럼 구성주의자들은 역사화해 문제가 주로 국민감정과 연관된다고 말하지만, 그렇다고 해서 국가가 전적으로 국민감정에 따라서만 행위하는 것은 아니다. 국가이익론자들이 주장해 온 바처럼 국가행위엔 항시 국가이익에 대한 고려가 내포되어 있다. 다만 국민감정이 지나치게 흘러 넘쳐 설혹 국가이익을 놓치는 경우는 있어도, 대부분의 경우 국가이익은 국민감정과 더불어 국가행위의 중요한 요인인 것이다.

폴란드에게 있어 국가이익상 그리고 국민감정상, 국제관계의 일차적인 대상은 바로 독일이었다. 폴란드는 독일과 역사적으로 수많은 관계를 맺으며 애증의 감정을 중첩해 왔다. 그러나 폴란드로서는 발전을 상징하는 '서쪽'에 인접에 인접한 국가인 독일과의 관계 개선이 반드시 필요했다. 그리고 예전에 폴란드에 거주했던 수많은 독일인과 폴란드인이 현재 독일에 거주하고 있으며 또한 많은 독일인들이 폴란드에 여전히 남아 있었기 때문에, 독일과는 매우 깊은 밀접함을 유지할 수밖에 없었다. 또한 독일에 대한 감정에는 적대감뿐만 아니라 부러움이 공존했다. 즉 독일은 분노, 질시, 동경의 복합적인 감정의 대상이었던 것이다. 그런 점에서 국제관계에서 폴란드를 도와줄 수 있는 최적의 우방은 바로 독일이며, 따라서 독일과의 화해는 언젠가는 이루어져야 할 필연성을 내포하고 있는 것이다.

2. 화해의 교훈

이러한 독일-폴란드 사례로부터 우리는 어떤 교훈을 얻을 수 있을까? 독일과 폴란드의 역사화해 과정이 한국과 일본의 역사화해[29]에도 하나의 규범이 될 수 있을까? 먼저 결론적으로 말하자면, 독일-폴란드 역사화해의 조건은 한국-일본 역사화해 가능성을 오히려 부정적으로 바라보게 만든다. 왜냐하면 독일-폴란드 역사화해에서 이니셔티브 문제 및 화해과정, 정치적 상황 및 국제관계의 조건이 한국-일본 역사화해 문제와 사뭇 다르기 때문이다. 여기서는 이 차이점을 차례로 살펴보기로 한다.

먼저 독일-폴란드 역사화해는 피해자인 폴란드보다 가해자인 독일이 먼저 이니셔티브를 행사한 경우로서 한국-일본 역사화해 문제와 다르다. 독일-폴란드 역사화해에서 그 과정의 일차적인 주도자는 가해자인 독일로서, 이 과정을 추진하기 위해 진정한 사과를 먼저 행하였다. 하지만 한국-일본 역사화해 문제는 가해자인 일본보다 피해자인 한국이 주도 혹은 요구하고 있으며, 가해자인 일본은 한일병합이 침략이나 불법적인 행위가 아니라고 주장하면서 사과에 대해 소극적으로 임하고 있다. 설사 일본이 사과를 하더라도 그것은 인도적 차원에서 한국인들이 겪은 고통에 대해서만 유감을 표시할 뿐이다. 이러한 일본의 태도는 '형식적 사과'일지는 몰라도 독일이 보여준 것과 같은 '진정한 사과'는 아니며, 따라서 높은 수준의 화해를 추진하는 조건이 되지 못한다.

일본의 역사관은 1910년 한일병합과 1937년 중일전쟁을 동아시아에 대한 침략행위로 보지 않고 일본이 주도하는 대동아공영권을 수립하

---

29 한일 간 역사화해 문제는 1990년대부터 역사교과서, 종군 '위안부', 강제노동 등 구체적 현안을 통해 간헐적으로 분출되어 왔다. 이에 따라 일본에서도 완만하긴 하나 식민지 지배 책임에 관한 인식이 전환되어 왔다. 새로운 인식은 호소카와 총리 담화(1993), 무라야마 총리 담화(1995), 한일공동선언(1999), 북일평양선언(2002) 등에서 표명되었다. 특히 무라야마 담화는 식민지 지배를 처음으로 공식 사죄하였다. 다만 사죄에 따라야 할 역사 극복과 화해의 행동은 이루어지지 않았다. 김봉진, 2011, 「반일과 역사화해」, 『일본비평』 4, 250-251쪽.

기 위한 분투적인 역사로 기록하고 있으며, 오히려 자신을 동아시아의 해방자라고 강조한다. 또한 일본은 자신을 19세기 말 서세동점 시기부터 이어져 온 서구 제국주의의 희생자 혹은 피해자라고 규정한다. 특히 제2차 세계대전 당시 미국으로부터 받은 무차별 공격, 즉 원자폭탄 투하를 통한 대량 민간인 살상과 여기서 비롯된 피해와 고통을 강조함으로써, 자신이 피해자임을 부각시킨다.[30] 또한 일본은 전후 소위 '평화헌법'을 제정하고 평화론을 제창하면서 피해자 코스프레를 더욱 강화시켜 왔다.

피해자 일본은 그나마 과거 한일병합 시기 한국인들이 겪은 고통에 대해서는 인도적으로 사과의 마음을 갖고 있다고 설명한다. 따라서 국교가 정상화된 이후에도 여러 차례 사과의 마음을 표명한 바 있다. 하지만 대다수 한국인들은 일본에 반성의 태도와 사과에 있어서 진정성이 없다고 비판한다. 그러나 일본 입장에서는 오히려 사과의 '피로현상'을 느낀다고 주장한다. 일본인들은 마음 깊은 곳에 사과의 마음이 있고 이를 수차례에 걸쳐 표명했음에도 불구하고 여전히 오해를 받고 있기 때문에 사과에 대한 피로감을 느끼고 있다는 것이다.[31] 사정이 이러하다면 일본으로부터 우리가 원하는 수준의 사과는 더 이상 기대하기 어렵다. 단순히 가해자가 아니라 피해자이기도 한 일본은 이미 한국에 충분히 사과를 표시했으며, 이제 공은 한국으로 넘어와서 한국이 일본을 용서할 수 있느냐가 관건이 되는 것이다.

그렇다면 우리가 먼저 일본을 용서할 수 있을까? 폴란드의 경우엔 가톨릭교회의 영향으로 독일의 사과에 상응하는 용서가 있었다. 물론 독일

---

30 허춘홍·정둥메이, 2017, 앞의 글, 164-165쪽.
31 허춘홍·정둥메이, 2017, 앞의 글, 166쪽.

의 사과는 1970년 '바르샤바 크니팔'을 통해 그 진정성이 입증되었고, 따라서 사과가 전제된 후 용서가 이루어진 것처럼 보이기도 한다. 하지만 일본은 이 정도는 아니라도 내부적으로 '피로현상'을 일으킬 정도로 사과를 했다고 생각한다. 그렇다면 우리는 그에 상응하는 만큼, 아니 폴란드처럼 선제적으로 용서할 수 있는 태도를 갖고 있을까? 필자가 보기엔, 이에 대해서는 의문이 있는 것이 사실이다.

일반적으로 동양의 유교사상에서는 용서보다 응보적 정의로서의 복수가 더 강조된다. 예컨대 공자의 『논어(論語)』 「헌문(憲問)」에 "혹자가 묻기를 '덕(德)으로써 원한을 갚는 것이 어떠하냐'고 묻자, 공자는 '어찌 덕으로서 갚는다고 하는가, 직(直)으로 원한을 갚고 덕으로는 덕을 갚는다'라고 대답했다"라는 구절이 있다. 주자는 『논어집주(論語集註)』에서 이를 "만약 원한이 맺힌 자에게 덕으로 보답한다면, 나에게 덕을 베푼 사람에게는 보답할 방법이 없다"고 주석하였다.[32] 따라서 공자와 주자의 논리를 쫓으면, 일본이 자신의 잘못을 인정하고 사과하지 않는 한 우리가 일본에 덕으로 대하지 않는 것은 정당하다고 볼 수 있다. 즉 일본의 사과가 없으면 한국의 용서가 없는 것은 탓할 일은 아니라는 것이다. 하지만 이런 풍토 속에서 화해는 요원해 보인다.[33]

---

32 이원택은 유교의 복수 개념을 응보적 정의로 해석한다. 이 글에서 『논어』와 『논어집주』에 대한 구절 해설은, 이원택, 2019, 「유교에서의 복수와 정의: 주자의 복수론을 중심으로」, 〈2019 역사화해 사례연구 학술회의〉(10.25), 87쪽.

33 동양정치의 정의관은 일종의 '철학적 정의' 즉 도덕적 정의 혹은 응보적 정의의 성격이 강해서, 시시비비를 가리고 선을 확립하는 것에 주목한다. 반면 서양정치의 정의관은 일종의 '정치적 정의'로서 사회통합을 위해 서로 화해하는 것을 강조한다. 예컨대 16세기 프랑스 위그노전쟁 당시 위그노 세력의 수장이었던 앙리 4세는 파리 함락을 목전에 두고 전쟁 상대인 가톨릭과의 화해를 통해 전후 정치적 평화를 이룩하였고

둘째, 정치적 차원에서 두 국가는 각자의 이해관계에 따른 화해가 요구되었다. 독일은 동·서 통일이라는 정치적 목표가 확고했다. 한편 폴란드에게는 오데르-나이세 신국경선의 확정이라는 중요한 정치적 목표가 존재했다. 따라서 두 나라는 이러한 정치적 목표 달성을 위해 서로 간에 역사화해가 필요하다는 인식을 가지고 있었다. 즉 국민감정 차원뿐만 아니라 국가이익 차원에서도 역사화해가 필요하다고 생각했던 것이다. 뿐만 아니라, 폴란드는 국민통합과 정체성 수립을 가능케 하는 국민감정에 있어서 독일에 대한 적대감을 소련에 대한 적대감으로 대체할 수 있었다는 점도 또 다른 이유로 작용했다.

반면 한국과 일본 양국 사이엔 그렇게 첨예한 정치적인 국가이익 문제가 걸려 있지 않다. 물론 상당한 기간 동안 한국과 일본은 경제적 이해관계를 공유하는 부분이 있었지만, 영토문제는 한일병합 이전 수준으로 쉽게 되돌려졌으며(물론 일본이 지금도 독도영유권 문제를 계속 제기하고 있지만), 한반도 통일을 위해 일본에게 기대할 만한 역할도 그렇게 크지 않다. 또한 역사적으로 볼 때 한국은 일본과의 교류 협력을 그다지 중시한 적이 없으며(언제나 일차 교류 대상은 중국이었다), 따라서 일본이 바다를 건너 대륙으로 진출하기 위해서는 한반도에 강제적으로 상륙하는 수밖에 없었던 것이다.[34] 그리고 한국인들의 국민통합을 위한 정체성 형성에 있어서

1598년 낭트칙령을 발표해 종교적 관용의 출발을 알렸다. 이동수, 2018, 「16세기 위그노전쟁과 정치적 정의로서의 화해」, 『정치와 평론』 23, 1-22쪽.

34 일본에서는 고대 이래로 '한(韓) 지우기' 전통이 있어서, 한반도 정벌을 계속 시도하였다. 특히 한국에서는 인정되지 않지만 일본에서는 인정되는 『일본서기(日本書紀)』에 기록된 '진구(神功)황후의 삼한정벌'이 일본인에게는 하나의 전설로 여겨진다. 1910년 한일병합 당시에도 일본에서는 '진구황후나 도요토미 히데요시의 위업의 계승'이라고 선전하며 정당화하였다. 김봉진, 2011, 앞의 글, 261-262쪽.

일본에 대한 적대감은 오히려 도움을 주는 측면이 있기도 하다. 폴란드가 독일에 대한 적대감을 소련에 대한 적대감으로 대체 가능했던 것처럼, 우리에게 일본에 대한 적대감을 대체할 만한 것은 한국전쟁 상대국이었던 북한밖에 없는데, '햇빛정책'의 기조 속에서 북한에 대한 적대감은 점차 수그러지고 있다.

셋째, 국제관계 측면에 있어서 이웃인 독일, 오스트리아, 러시아 중 폴란드가 가장 우호를 증진하고 이를 통해 국제관계에 도움을 줄 만한 나라는 바로 독일이다. 역사가 보여주듯이, 폴란드인들 중에는 독일계가 상당수 존재하며(그 반대도 마찬가지), 제2차 세계대전 이후 원래 독일령이었던 서부 폴란드에서 추방된 독일인들은 폴란드에 마음의 고향을 갖고 있기도 하다. 또한 중세시대 위기의 상황에서 폴란드는 독일 기사단의 도움을 받기도 하였다. 그런 점에서 폴란드의 국제관계에 있어서 최우선 대상 국가는 독일이다. 독일과는 애증이 공존하지만 현재 EU의 중심국가이자 최선진국 중 하나인 독일을 우방으로 삼는 것은 폴란드 국가이익에 절대적으로 필요한 것이다.

이에 비해 한국은 과거만큼 국제관계에서 일본에 대한 의존도가 높지 않다. 정치적으로 한일병합 이전까지는 중국에의 의존이 절대적이었으며, 오늘날엔 혈맹관계에 있는 한미동맹이라는 표현과 같이 미국과의 관계가 가장 중요하다. 경제적인 측면에 있어서도, 일본에 대한 의존도보다 미국과 중국에 대한 의존도가 높기 때문에 한국으로서는 일본과의 국제관계가 폴란드의 경우처럼 그렇게 절실하지 않다. 그런 점에서 한국인들은 일본의 '진정한 사과'가 없는 한 적대감을 누그러뜨리기가 쉽지 않은 것이다.

V. 맺음말

 역사적으로 볼 때, 중세시대 폴란드는 독일과 이웃하면서 밀접한 관계를 맺었다. 폴란드 귀족의 일부는 독일계이며, 외부 위험이 증가할 때 독일 기사단의 도움을 받았다. 그러나 독일 공국들의 계속된 영토확장정책은 폴란드를 괴롭히는 요인이었고, 1410년 그룬발트전투에서 폴란드가 승리함으로써 폴란드인의 자긍심이 높아지고 16세기엔 강대국의 반열에 올랐다. 하지만 프로이센이 득세하면서 18세기 말에 이르러 프로이센, 러시아, 오스트리아의 세 차례에 걸친 삼국분할을 통해 폴란드는 식민지로 전락했으며, 폴란드는 무장투쟁을 통한 독립운동을 지속했다.

 1918년 제1차 세계대전에서 독일이 패하자 폴란드는 독립했지만, 1937년 독일과 소련이 침공해 다시 분할 점령되었는데 이때 가장 심한 피해를 입었다. 그러나 제2차 세계대전 후 소련의 위성국이 된 폴란드는 적대감을 독일에 집중시켰고, 역사문제보다 오데르-나이세 신국경선을 인정받는 데 주력했다. 그런데 이때 옛 독일령 폴란드 지역에서 수백만 명의 독일인들이 추방되었고 또 그 추방과정에서 수십만 명의 독일인이 사망했기 때문에, 양국관계는 더욱 악화되었다.

 그러나 1960년대 기독교계의 노력과 국제적 환경의 변화, 그리고 서독 정부의 동방정책에 힘입어 서독이 먼저 폴란드에 손을 내밀며 진정한 사과를 하였다. 이에 폴란드도 화답해 폴란드 종교계는 용서를 주도하였고 양국 간에 국교가 정상화되었다. 이후 폴란드는 탈공산화로 민주적 정부가 수립되자 독일과 더욱 우호적인 관계를 맺었다. 특히 2000년 폴란드인들이 제2차 세계대전 때 이웃의 유대인을 대량 학살한 사실이 드러난 후, 폴란드인들은 피해자일 뿐만 아니라 동시에 가해자임이 드러났고 이를 통해 전통적인 역사의식 즉 '순교자의식' 혹은 '희생자의식'에서 벗어나 역사화해에 깊이를 더했다.

이런 역사화해 과정을 분석해 보면, 몇 가지 역사화해의 조건을 찾을 수 있다. 먼저, 정신적 차원에서 독일인들은 기독교의 영향으로 자기성찰이 가능했으며, 이를 통해 먼저 진정한 사과의 모습을 보일 수 있었다. 둘째, 정치적 차원에서 당시 서독은 데탕트 분위기 속에서 동독을 비롯한 동유럽과의 관계개선을 시도하는 동방정책을 적극적으로 추진했는데, 폴란드와의 화해가 이것의 주요 내용 중 하나였다. 반면 폴란드 입장에서도 오데르-나이세 신국경선을 서독으로부터 인정받을 필요가 있었기 때문에 역사화해 과정이 가능했다. 셋째, 국제관계적 차원에서 폴란드는 소련블록 치하에서 낙후된 상태에 머물러 있는 것에 대해 불만이 있었으며, 선진국인 독일의 힘을 빌려 경제발전과 NATO 및 EU에 가입함으로써 실제적인 도움을 얻고자 하였다. 따라서 국가이익을 위해 국민감정의 화해를 모색하였다.

하지만 독일-폴란드의 역사화해가 한국-일본의 역사화해 과정에 그대로 적용될 수는 없다. 왜냐하면 먼저 독일-폴란드 역사화해는 피해자인 폴란드보다 가해자인 독일이 먼저 이니셔티브를 행사한 경우로서 한국-일본 역사화해 문제와 다르다. 또한 일본은 자신을 가해자라기보다 피해자라고 생각함으로써 피해당사국인 한국에 대해 진정한 사과를 하지 않는다. 둘째, 독일-폴란드 역사화해처럼 한국과 일본 양국 사이엔 그렇게 첨예한 정치적인 국가이익 문제가 걸려 있지 않다. 즉, 국가이익 추구보다는 자국의 국민감정 유지가 더 중요한 문제일 수 있다는 것이다. 더욱이 폴란드는 독일에 대한 적대감을 소련에 대한 적대감으로 대체가능했는데, 한국은 북한에 대한 적대감이 유지되지 않는 한 일본에 대한 적대감이 이를 대체하기 어렵다. 셋째, 국제관계적 측면에서 폴란드는 독일을 최우선적인 우방으로 삼을 필요가 있었지만, 한국은 미국과 중국이라는 존재 때문에 일본을 최우선적인 우방으로 삼을 필요가 없다.

그러나 한국으로서는 일본과의 역사화해는 꼭 필요하다. 이는 단순히 양국 간의 문제해결을 위해서가 아니라 동아시아라는 지역공동체의 긴장완화와 평화공영을 위해서이다. 동아시아는 한국, 일본, 중국, 북한, 러시아, 대만, 몽골 등이 그 구성원을 이루고 있다. 그런데 이 지역은 항상 각축전이 전개되었으며, 근현대사에서 보더라도 청일 및 중일 전쟁, 러일전쟁, 한일병합, 대만점령, 제2차 세계대전, 한국전쟁 등 끊임없는 갈등이 빚어졌다. 아직도 국가들 사이에는 전쟁과 침략에 대한 앙금이 남아 있으며, 동아시아 국제관계에는 항상 긴장감이 존재한다.

따라서 동아시아가 긴장을 완화하고 평화공영의 지역이 되기 위해서는 과거 문제에 대한 결자해지, 즉 역사화해가 꼭 필요하다. 다행스럽게도 21세기에 접어들면서 동아시아 전체에 얽힌 매듭을 풀어보려는 노력들이 민간영역에서 활발하게 이루어지고 있다. 또한 역사화해 문제가 다자간 틀 안에서 새롭게 논의되기도 한다.[35] 물론 동아시아에서 역사화해는 요원할지도 모른다. 하지만 역사화해를 위한 과정 그 자체가 긴장을 완화시키는 역할을 하는 것은 분명해 보인다.

---

35 신주백, 2009, 앞의 글, 89쪽.

참고문헌

브라이언 포터-슈치, 안상준 역, 2014, 『폴란드 근현대사: 순교정신을 넘어 사람의 숨결을 품은』, 오래된 생각.

한운석 외, 2008, 『가해와 피해의 구분을 넘어: 독일·폴란드 역사 화해의 길』, 동북아역사재단.

Gross, Jan Tomasz, 2001, *Neighbors: The Destruction of the Jewish Community in Jedwabne, Poland*, Princeton, Princeton University Press.

Sienkiewicz, Henryk, 2016, *The Knights of the Cross*, CreateSpace Independent Publishing Platform.

김봉진, 2011, 「반일과 역사화해」, 『일본비평』 4.

김학성, 2011, 「증오와 화해의 국제정치: 한·일간 화해의 이론적 탐색」, 『국제정치논총』 제51집 제1호.

신주백, 2009, 「동아시아 역사만들기: 역사대화를 통한 기억공유의 가능성 탐색」, 『기억의 공유와 다원적 보편성』, 동북아역사재단.

오승은, 2015, 「포스트 냉전, 포스트 식민 동유럽 집단기억 귀환: 폴란드와 러시아의 제2차 세계대전 논쟁을 중심으로」, 『서양사론』 127.

이동수, 2018, 「16세기 위그노전쟁과 정치적 정의로서의 화해」, 『정치와 평론』 23.

이용일, 2015, 「독일-폴란드 관계정상화를 위한 '감정의 정치': 바르샤바 조약과 브란트의 크니팔」, 『역사비평』 05.

이원택, 2019, 「유교에서의 복수와 정의: 주자의 복수론을 중심으로」, 〈2019 역사화해 사례연구 학술회의〉(10.25).

임지현, 2011, 「역사의 금기와 기억의 진정성: 21세기 폴란드 역사학과 '희생자의식'」, 『서양사론』 111.

차용구, 2017, 「탄넨베르크/그룬발트 전투(1410): 기억과 망각의 이중주」, 『사총』 92.

천자현, 2013, 「화해의 국제정치: 화해 이론의 발전과 중일관계에 대한 비판적 적용」, 『국제정치논총』 제53집 제2호.

허춘훙·정둥메이, 2017, 「동북아 역사화해에 대한 인식과 감정 그리고 책임」, 『아시아문화연구』 43.

Crocker, David, 1999, "Reckoning with Past Wrongs: A Narrative Framework", *Ethics and International Affairs* 13.

He, Yinan, 2011, "Comparing Post-War German-Polish and Sino-Japanese Reconciliation: A Bridge too Far", *Euro-Asia Studies* 64:7.

3

중화질서와
근대 국제질서의 만남
화해적 수용의 한계

김현주 원광대학교 동북아시아인문사회연구소 HK+교수

I. 머리말

이 글은 휘튼(Henry Wheaton, 1785~1848)의 『만국공법(萬國公法)』(1864)을 중심으로 근대 세계질서가 중화질서에 준 충격, 중화질서가 세계질서에 편입되는 과정, 그에 대한 역사적·인식론적 한계 등을 논하기 위한 것이다. 『만국공법』은 미국 외교관이었던 휘튼이 쓴 『국제법원리(Elements of International law)』를 중국에 선교사로 와 있던 윌리엄 마틴(William Alexander Parsons Martin, 丁韙良, 1827~1926)이 1864년 중국어로 번역하여

---

* 이 글은 2019년 『아세아연구』 제62권 제1호에 게재된 김현주, 「중화질서의 해체와 그에 대한 청 정부의 대응: 『만국공법』을 중심으로」와 2020년 『정치사상연구』 제26권 제1호에 게재된 김현주, 「만국공법에 대한 청말 지식인의 인식과 현실과의 괴리」를 재구성하여 수록한 것이다.

출간한 국제법 저서이다. 『만국공법』은 근대 동아시아의 지식인들이 서구의 국제법을 이해할 수 있도록 한 입문서의 역할을 한 중요한 번역서이다. 그와 동시에 이 책은 전통적 중화 질서와 근대 세계질서의 조우와 갈등을 보여준 상징적 번역서이기도 하다.

휘튼이 썼던 『국제법원리』는 비교적 두꺼운 전공 서적이었지만, 그 안에 여러 가지 외교적 사례들을 많이 다루었기 때문에, 그중에서 중국의 외교에 실질적인 도움이 될 것 같은 내용만을 추려 『만국공법』을 엮었다. 그래서 원저인 『국제법원리』에 비해 『만국공법』은 비교적 얇은 책이 되었다. 미국인 선교사인 마틴이 『국제법원리』를 『만국공법』으로 번역할 때 중국인들의 도움을 전혀 받지 않은 것은 아니었다. 동문관의 교사로 있었던 마틴은 동문관 학생들의 도움을 받았을 뿐만 아니라, 『만국공법』의 서문을 남겼던 중국 관리들의 도움을 받기도 했다. 그런 만큼 『만국공법』이라는 얇은 책에는 동양과 서양의 사상과 제도가 함께 녹아들었다고 볼 수 있다. 그리고 그 둘의 만남은 중화질서와 서구질서의 만남이라고 표현할 수 있으며, 그렇게 유쾌하고 달가운 만남은 아니었다.

청나라 정부와 지식인들은 오랜 동안 주변의 여러 나라들 속에서 한자 및 유교 문화권의 종주국이라는 자부심을 갖고 있었다. 그들은 중화질서를 완전히 포기하지 못한 상태에서 근대 세계질서를 받아들일 수밖에 없었다. 이러한 상황에서 그들이 보여준 마지막 저항의식이 번역어와 번역 내용에 고스란히 드러나 있다. 따라서 『만국공법』이란 번역서를 통해서 우리는 중화질서와 서구질서의 갈등을 읽을 수 있다. 그뿐만 아니라 번역을 통해서 서구의 질서를 이해하고 조우해야만 했기 때문에 번역의 과정에는 나름의 인식 변화를 겪을 수밖에 없었을 것이다. 말하자면 낯선 사물과의 화해의 과정을 엿볼 수 있다.

중국이 서양의 국제법과 국제질서를 『만국공법』을 통해서 비로소 처음 인식하게 된 것은 아니었다. 중국이 국제법을 처음으로 접하게 된 것은 200년 전, 1662년부터 1690년에 걸쳐 있었던 네덜란드와의 교섭과정에서였다. 중국과 네덜란드의 첫 만남은 네덜란드인들이 청나라 정부로 하여금 무역을 개방하도록 할 목적으로 이루어졌다. 그것을 위해 네덜란드는 1655년 북경에 사절단을 파견하여 순치제(順治帝, 1638~1661)를 만나고자 했다. 그런데 당시 순치제는 네덜란드를 조공국(朝貢國) 중 하나 정도로밖에 여기지 않았다. 그렇기 때문에 8년에 한 번씩 조공 무역을 하는 것만을 허락해 주었다.

그러한 관계가 더 발전하게 된 계기는 정성공(鄭成功, 1624~1662)의 대만 수복 사건이었다. 1661년 정성공은 대만을 공격했다. 이에 대해 청나라 정부는 정성공이 주둔하고 있던 금문(金門)과 하문(廈門)을 공격하기 위해 네덜란드와 협력하고자 했다. 그러나 그 당시 네덜란드가 멋대로 돌아가 버리는 바람에 공동작전이 실패하였다. 정성공이 대만을 점령한 이후, 1662년 8월 네덜란드 사령관 발타자르 보트(Balthasar Bort)는 군대를 이끌고 복주(福州)에 와 다시 한 번 청나라와 연합하고자 했다. 하지만 그때에는 정성공이 죽고 후계자인 정경(鄭經)이 청나라 정부와 화해를 원했기 때문에 연합은 무산되었다. 그 이후 보트는 10월 21일 천주(泉州)에 와서 함께 금문과 하문을 공격하고, 바로 대만을 공격하자고 제의했다. 대만공격에는 청나라 정부가 동의하지는 않았지만, 연합군 결성을 위한 협의서에는 조인하였다. 같은 해 11월 18일 네덜란드가 단독으로 정군(鄭軍)을 공격했으나 실패했다. 11월 19일 청나라와 네덜란드의 연합군이 다시 정군을 공격하여 격퇴했다. 이때 네덜란드와 협력을 위해 협의서를 작성하는 과정에서 청나라 정부는 서구의 국제법을 접하게 되었다. 그러나 청나라 정부는 이것을 단순히 일회적인 사건으로만 여겼을 뿐, 네덜란드를 비롯한 서구 국가들의 국제법을 수용할 필요성을 인식하지는 못했다.

그 이후 순치제의 뒤를 이은 강희(康熙, 1662~1722) 28년(1689)에는 러시아와 네르친스크(Nerchinsk)조약을 맺기도 했다. 당시 청은 예수회 선교사인 토마스 페레이라(Thomas Pereira)와 프랑수아 제르비용(Francois Gerbillon)에게서 국제법 지식의 도움을 받았다. 제르비용의 일기에 의하면, 당시 조약 체결의 책임을 맡았던 흠차(欽差) 대신은 다른 국가와 조약을 맺어본 경험이 전혀 없었고, 국제법에 대한 이해도 전무했다.[1] 페레이라는 흠차 대신에게 국제법의 요소인 국가 간 평등과 호혜의 정신은 물론, 조약을 체결할 때 상호 간의 신뢰가 반드시 필요하다는 사실도 알려주었지만,[2] 서구 국제법에 대한 피상적인 이해에 그쳤을 뿐이었다.

그러므로 중국 최초의 조약이라고 불리는 네르친스크조약으로 당시의 중국이 국제법과 국제질서를 받아들이게 된 것이라고 말할 수는 없다. 그것은 영국의 전권대사인 매카트니(George Macartney)가 건륭(乾隆, 1736~1795) 58년(1793) 중국을 방문하였을 때, 중국이 매카트니에게 무릎을 꿇고 머리를 아홉 번이나 조아려야 하는 삼궤구고두례(三軌九叩頭禮)를 요구한 것을 보면 알 수 있다. 중국은 영국에 대해서도 조공의 예를 요구한 것이었다. 그것을 거부하는 매카트니에 대해 건륭제가 약식 인사를 허락하기는 했지만, 양국의 외교관계는 성립하지 않았다. 당시 매카트니는 원명원에 묵는 동안 대학사, 호부상서 등 중국 관원들에게 국제법과

---

1 張誠, 1973, 『張誠日記』, 北京: 商務印書館, 45-46쪽.
2 約瑟夫·塞比斯, 1973, 『耶穌會士徐日升關於中俄年布楚談判的日記』, 北京: 商務印書館, 114쪽.

국제관례의 주요 내용들에 대해 알려주었다.³

그 후 외국과의 교류가 늘어나고, 외국과 충돌하는 사건이 빈번해지면서 서구 국제법에 대한 관심도 점차 늘었다. 따라서 『만국공법』이 번역되기 이전에도 관련 내용을 소개하는 내용의 책들이 많이 쓰였다. 대표적인 것으로는 사청고(謝淸高)가 자신의 경험과 들은 바를 황병남(黃炳南)에게 받아쓰게 한 지리서인 『해록(海錄)』(1820), "서양의 기술을 배워 서양을 이기자(師夷長技以制夷)"라고 주장한 위원(魏源)의 『해국도지(海國圖志)』(1843), 중국 이외의 인도문화, 아랍문화, 유럽문화 등의 존재를 알리고자 했던 서계사(徐繼畬)의 『영환지략(瀛環志略)』(1849), 북경조약 체결 이후 불평등한 조약 내용에 대한 불만을 표시하기 위한 풍계분(馮桂芬)의 『교분려항의(校分廬抗議)』(1861) 등등이 있다. 그러한 책들을 보면, 19세기 초 중국에서 서방의 국제법에 대한 이해가 전무했던 것은 아니었다는 점을 알 수 있다. 그러나 "중국의 윤리와 도덕을 근본으로 삼고, 다른 나라의 부강의 술로 보충하자(以中國之倫常名教爲原本, 輔以諸國富強之術)"라는 주장을 한 풍계분이나 위원의 주장은 중체서용(中體西用)이라는 비판을 받는다는 점에서 아직은 중국적인 것을 포기하지 못하였다는 점을 알 수 있다.

더구나 그 당시 중국 내에 소개되었던 국제법적 지식들도 여전히 파편적인 것에 불과했다. 국제법적 지식의 부족은 청나라와 교류하는 국가와 그 상인들뿐만 아니라, 청나라 정부 자신에게도 참으로 불편한 일이

---

3   매카트니가 알려준 국제법의 내용은 수교, 사신 교환, 영사의 주재, 등에 관한 것으로, 청과 수교하여 영국 대사를 북경에 주재할 수 있도록 하기 위한 내용들이었다. 청은 그러나 천조(天朝)와 체제가 다르다는 이유로 거절하였다(http://jds.cass.cn/xrfc/xrsb/201605/t20160506_3327807.shtml, 검색일: 2020. 04. 24).

었다. 주일본 부대사였던 장사계(張斯桂)가 쓴 『만국공법』 서문을 보면 『만국공법』을 번역한 목적을 짐작할 수 있다.

> 일찍이 천하의 형세를 살펴보면, 중화(中華)는 최혜의 지역으로, 사해(四海)가 모두 있어, 만국이 내왕한지 말할 수 없을 정도로 오래되었다. 그 밖의 다른 나라들은 춘추시절의 대국들과 같다. 잉글랜드, 프랑스, 러시아, 아메리카 네 나라는 강하기는 강하지만, 처음부터 강했던 것은 아니었다. …… 지구상의 판도를 전체적으로 살펴보면, 크고 작은 나라가 수십여 개국 안팎인데, 그들이 존속하려면, 그 선왕의 명을 소중히 여기고, 그것을 관청에 보관하고, 대대로 지켜나가며, 오래도록 바꾸지 않아야한다. 그 약속을 바꾸려면, 천지신령만이 없앨 수 있는데, 『만국율례』 이 책이 바로 그것이다. 그러므로 서양 각국의 공사(公使), 대신, 육해군의 장성, 영사(領事), 통역, 교사, 상인, 그리고 세무사 등 모두 중요하게 여기지 않는 이가 없는 것이다. 지금 아메리카 교사 마틴(丁韙良)이 이 책을 번역하였는데, 우리 중화가 그 정(情)을 세심하게 살피고 그 주장에 따르기를 바란다. 우리 중화는 누구나 차별 없이 대하고(一視同仁), 하찮은 말도 반드시 살펴왔으므로 …… 그리고 이 책은 또한 크게 중화에 도움이 되니, 구비하여 변경의 일을 기획하는데 하나의 도움이 되도록 해야 할 것이다.

세상 모든 나라들이 따른다는 국제법을 중국만 모르고 있는 상황이었다. 그리고 『만국공법』 출간 이전에 아주 중요한 사건이 벌어졌는데, 이 사건은 중국인의 자존심뿐만 아니라 전세를 완전히 다르게 만들어버렸다. 바로 아편전쟁이 일어난 것이다. 두 차례에 걸쳐 일어난 아편전쟁에서 청나라는 철저하게 패배하였다. 그 결과 중국으로서는 굴욕적인 조약을 연달아 맺게 되었다. 양무운동의 기수인 이홍장(李鴻章)은 이를 "수천 년간 처음 있는 비상사태"[4]로 표현했고, 당시의 외교관이었던 증기택(曾紀澤)은 "오천 년 이래 가장 큰 변화"[5]라고 말했다. 장지동(張之洞)은 "과거에도 있어 본 적이 없었던 기변"[6]이라고 표현하기도 했다. 이들의 표현을 보면 당시 중국의 지식인들과 관리들에게 아편전쟁의 패배가 얼마나 큰 충격이었는지를 가늠할 수 있다.

아편전쟁이 일어나기 전, 청나라는 거드름을 피울 수 있었다. 그들이 천하라고 부르는 세계질서의 중심은 '중화질서'라는 이름으로 부를 수 있을 정도였다. 그 이름의 의미 그대로, 모든 것의 중심은 중국이었기 때문이다. 중국과 무역을 하기 위해 온 서양 상인들은 본토에 맘대로 들어올 수도 없었다. 청 정부가 허용한 지역에서만 짐을 부릴 수 있었고, 청나라 관리를 거쳐야지만 상품을 판매할 수 있었다. 그런데 모든 것이 바뀌었다. 세상의 중심은 더 이상 중국이 아니었다. 이제 세상의 중심은 어느 나라라도 될 수 있다는 것을 알게 된 것이다. 그것을 상징적으로 보여준 것이 바로 『만국공법』이다.

1862년 외국과의 사무를 담당하던 총리각국사무아문(약칭 총리아문)의 대신이었던 문상(文祥, 1818~1876)이 북경 주재 미국 공사였던 벌링게임(Anson Burlingame, 1820~1870)에게 서양에서 권위 있는 국제법 저서를 추천해 달라고 부탁했다. 그 후, 마틴이 『만국공법』을 번역한다는 사

---

[4] 李鴻章, 1997, 『李鴻章全集』卷二十四, 海口: 海南出版社, 825쪽.
[5] 鍾叔河, 2000, 『從東方到西方』, 湖南: 嶽麓書社, 278쪽.
[6] 費正淸, 1985, 『劍橋中國晚淸史』卷下, 北京: 中國社會科學出版社, 186쪽.

실을 안 벌링게임은 마틴의 『만국공법』의 번역 초고를 총리각국사무아문에 소개하였다. 청 정부와 관리들이 국제법에 무지하였기 때문에 일 처리가 힘들었던 당시 상해(上海) 세관의 총세무사였던 로버트 하트(Robert Hart, 1835~1911) 또한 마틴의 번역을 지지하였으며, 『만국공법』이 청 정부의 자금 지원을 통해 출판될 수 있도록 한 일등공신이 되었다. 사실 당시에 문상은 휘튼의 저서에 별다른 관심을 보이지 않았으나, 과거 하트가 일부를 번역해 주었던 휘튼의 『국제법원리』의 '24조'가 내용에 포함되어 있다는 얘기를 듣고 흥미를 보였기 때문이다.

그리하여, 『만국공법』이 경사동문관(약칭 동문관)의 명의로 출판되게 되었다. 동문관은 아편전쟁 이후 청과 영국이 천진조약(天津條約, 1858)을 맺고 난 다음 세워진 기관이었다. 동문관은 외국으로부터의 공문서 등을 번역할 인재가 부족한 현실을 타파하기 위해 청 정부가 설립한 것이었다. 그것은 서양 국가들의 법을 번역하는 번역기관이면서 동시에 그것을 수행할 수 있는 인재를 양성하는 교육기관이었다. 동문관의 학생들은 산수, 천문, 의학, 화학, 물리학 등 자연과학뿐만 아니라, 법학, 경제학 등 사회과학도 두루 배워 번역을 위한 기초 지식을 다졌다. 마틴은 동문관에서 교사로서 근무하는 동시에, 동문관 학생들의 도움을 받아 『만국공법』을 번역했다. 마틴의 『만국공법』은 이렇게 중국적 입장에서 재탄생하였다. 『만국공법』이 번역되자, 그 시대적 필요성과 물적·인적 도움으로 인해 적극적으로 보급되었고, 특히 외국과 접촉할 수 있는 부문에서 일하는 관원들에게 우선적으로 제공되었다. 그것은 곧 중국이 세계질서로 편입될 수밖에 없다는 점을 보여준 것이다.

II. 『만국공법』을 통한 근대 세계질서의 수용

앞서 얘기했듯이, 『만국공법』이 번역되기 이전에도 중국의 지식인 사회에 서양의 국제법에 대한 파편적 지식들은 어느 정도 전파되어 있었다. 그러나 비교적 체계적이면서도 자세하게 서양의 국제법에 대한 지식을 중국인에게 알려준 것은 『만국공법』이 처음이다. 『만국공법』은 모두 4권, 12장, 231절로 구성되어 있다. 제1권에서는 공법의 의미, 기원, 취지 등을 다루었고, 제2권에서는 자주권, 법 제정권 등의 국가의 자연권에 대해 썼다. 제3권은 국가들이 평상시 교류할 때의 권리를 내용으로 하고, 제4권은 전시의 국제법에 대해 다루었다. 즉 국제법의 핵심적 내용들만 쏙쏙 뽑아 엮은 것이었다. 말하자면 오늘날 수능시험을 위한 족집게 과외 같은 셈이다.

휘튼의 원저에는 국제법 사례가 상당히 많은 반면, 『만국공법』은 그중에서 중국에게 꼭 필요한 내용만을 발췌하여 최대한 원문에 충실하게 번역한 것이어서 원저에 비해 내용이 훨씬 적다. 정확하게는 아니지만, 원저의 3분의 1에도 미치지 않는 양이다. 그 짧은 내용으로 서구의 국제법을 100퍼센트 이해한다는 것은 사실상 힘들 수 있지만, 중국인들에게 국제법 입문서로서는 충분한 정도였다. 문제는 양이 아니라, 내용이었다. 서양의 국제법이 중국적인 개념으로 번역되었지만, 여전히 중국인들에게 생소한 개념과 용어가 많이 등장하였기 때문이다. 국제질서 유지에 있어서 필수적인 주권, 조약, 국가 간의 평등, 중립 등이 그것이다. 그밖에 마틴은 권리, 책임, 법원, 국체, 자치, 선거, 영사 등과 같은 생소한 법률 개념들도 소개했다. 새로운 개념이므로, 그것을 번역하는 과정에서 중국 고전의 개념과 단어들을 차용할 수밖에 없었다. 그 과정에서 '중국적' 해석이 가

미되었다고 할 수 있다.

많은 개념들이 모두 새롭고 낯선 것들이었지만, 그중에서도 가장 생소한 것은 '주권'이었다. 『만국공법』(제1권 2장 5절)에서는 '주권'을 다음과 같이 정의했다.

> 나라를 다스리는 최고의 권리(上權)를 주권이라 한다. 이 최고의 권리는 안으로 행해지기도 하고, 밖으로 행해지기도 한다. 안으로 행해지면, 각국의 법도에 따라, 국민에게 맡겨지기도 하고, 군주에게 귀속되기도 한다. 이것을 논하는 것을 보통 '내공법(內公法, internal sovereignty)'이라 하지만, '국법'이라 하는 편이 낫다. 주권이 밖으로 행해지면, 본국이 자주적으로 하고, 타국의 명령을 듣지 않는다. 각국의 전쟁, 교제가 모두 이 권리에 의한다. 이것을 논하는 것을 보통 '외공법(外公法, external sovereignty)'이라 하는데, 보통 말하는 '공법'이 이것이다.

주권은 "내공법"과 "외공법" 모두를 의미하지만, 후자는 전자와 달리 타국의 승인을 받아야 비로소 성립한다는 차이점이 있다. 그것은 천하의 중심으로 군림하면서 위계적 세계질서의 정점에 위치하던 중국으로서는 전혀 새로운 질서를 의미했다. 서로 평등한 국가들 간의 상호 인정으로 이루어지는 국제 사회는 권리와 의무를 행사함에 있어서도 평등하다. 주권의 가장 중요한 특징은 다른 나라의 간섭을 받지 않는 "자주권"으로, 『만국공법』은 휘튼의 원저에서 "Nations and Sovereign States"라는 제목의 장을 특별히 "자호(自護), 자주(自主)의 권리"로 번역하여 강조하였다. 열강의 침략으로 주권이 침해받고 있는 중국이 자주국으로서 보장받아야 하는 권리와 그 내용에 대한 관심이 많았다는 점을 보여준다. 그것은 『만국공법』이 번역되기 이전에 임칙서(林則徐, 1785~1850)가 바텔(E. Vattel, 1714~1767)의 『국제법(The Law of Nations)』 중 전쟁과 국가주권과 관련된 부분을 미국 전도사 피터 파커(Peter Parker)로 하여금 번역하도록 한 사실에서도 짐작할 수 있다. 그것은 『각국율례(各國律例)』라고 이름 붙여졌으며, 후에 『해국도지』 83장에도 실렸다.[7]

『만국공법』이 특히 '주권' 개념에 관심을 많이 가졌던 이유는 생소하다는 것뿐만 아니라, 주권에 대한 이해가 부족한 탓에 중국이 부당한 경험을 했기 때문이기도 했다. 주권을 갖는 자주국으로서 마땅히 누리는 권리 중 하나가 조약을 맺는 권리이다. 그러나 조약을 통해 오히려 자주권을 침해당할 수도 있다. 그렇게 '반(半)자주국'이 되거나 '속국'으로 전락하기도 한다. 중국이 바로 그 경우에 해당되었다.

1843년 7월 공표된 중국과 영국이 맺은 '오구통상장정(五口通商章程)'에는 "영국인의 범죄를 어떻게 따질 것인가는 영국이 정한 장정과 법률에 따라 영사관에서 처리한다. 중국인의 범죄를 어떻게 따질 것인가는 마땅히 중국의 법에 따라 다스려야 한다"는 조항이 있었다.[8] 당시에는 그에 대해 "액외권리(額外權利)"라는 용어를 사용하였지만, 황준헌(黃遵憲, 1848~1905) 이후 치외법권(治外法權)이라고 표현하게 되었다.[9] 나중에 1877년 곽숭도(郭嵩燾, 1818~1891)는 황제에게 외국의 치외법권을 폐지해야 한다고 건의했다.

---

7 王維儉, 1985a, 「林則徐翻譯西方國際法著作考略」, 『中山大學學報(社會科學版)』.
8 王鐵崖, 1957, 『中外舊約章彙編』 第一冊, 北京: 三聯書店, 42쪽.
9 費正淸, 1985, 앞의 책, 223쪽.

오직 확연히 공평무사해야 하므로, 무릇 조계에서 분규가 생기면, 서양의 법에 따라 처리해야 합니다. 그러나 주와 현의 지방에서 분규가 발생하면, 중국의 법에 따라 처리하고, 서양인을 중국의 백성처럼 생각하고, 서양인의 사건도 중국의 사건처럼 생각하고 처리해야 합니다.[10]

그가 보기에 그런 문제들은 국제공법에 따라 양국 모두에게 평등하게 해결되어야 했다. 그러나 오구통상장정은 중국에게 불리하게 체결되었다. 이에 대해 청 정부의 외교관인 증기택 또한 불공평하다고 생각했다. 그는 서양 열강의 중국 내에서의 영사재판권을 폐지할 것을 주장했다.

서양인이 법을 어기면 반드시 영사관이 서양법에 따라 처벌해야 하고, 지방관의 관할이 아닙니다. …… 서양인이 중국에서 저지른 범죄는 영사관이 처리하고, 중국인이 서양의 속지에서 저지른 범죄는 중국 관리의 관할이 아닙니다.[11]

이미 체결된 조약에 대해서는 어쩔 수 없었지만, 『만국공법』을 이해하고 있다는 사실은 실제 상황에서 큰 도움이 되었다. 1864년 프러시아와

---

10 郭嵩燾, 1983a, 『倫敦和巴黎日記』, 湖南: 人民出版社, 689쪽: "惟當廓然以示大公, 凡租界滋事, 依洋法辦理"; "州縣地方滋事, 依中法辦理, 其視洋民猶中國之民, 視辦理洋案亦猶辦理中國之案."

11 曾紀澤, 2002, 『出使英法俄國日記』, 湖南: 嶽麓書社, 225쪽. "西人犯法必歸領事館按西法振懲辦, 不歸地方官管轄 … 西人在華犯事歸領事館懲辦, 而華民在西國屬地犯事者不能歸華官懲辦."

덴마크 전쟁이 일어나고, 중국 발해만에서 양국이 충돌하였을 때, 혁흔(奕訢, 1833~1898)은 『만국공법』의 내용을 운용하였다.[12] 이 사건으로 청 정부는 국제법의 중요성을 다시금 인식하게 되었다. 그러나 적극적으로 『만국공법』의 내용들을 적용시키고 실현시키려고 하지는 않았다.

그때까지도 『만국공법』에서 분명하게 다루고 있는 해외 주재 대사 또한 파견하지 않았다. 1865년 로버트 하트는 총리아문에 자신이 쓴 『국외방관론(居外旁觀論)』을 건넸고, 1866년 토머스 웨이드(Thomas Francis Wade)는 자신이 쓴 『신의약론(新議略論)』을 제출하여 해외 주재 사절을 파견할 것을 제의한 적이 있었다. 그러나 해외 주재 대사는 결국 나중에 어떠한 사건이 발생하고 난 뒤에야 겨우 파견하게 되었다. 그 사건이 1875년 영국의 탐사대로 파견되었던 영사관 서기 마거리가 중국인에게 살해된 마거리 사건(Incident of A. R. Margary)이었다. 그때 파견되었던 사절단이 영국에 남게 되어 중국 최초의 대사관이 수립되었다. 그때 청 정부가 임명한 최초의 영국 대사가 바로 곽숭도이다.

『만국공법』이 번역되고 초판 300권이 각 성에 보급되었다. 당시 『만국공법』에 대한 반발이 그다지 심하지 않았던 것은 그 내용이 중국적으로 번역되었기 때문이었다. 그 번역에 있어서 가장 주의 깊게 다뤄진 개념을 세 가지로 정리해 볼 수 있다.

첫째, 자연이다. 『만국공법』은 국제법을 "천연(天然)의 의로운 법(義法)", "천명(天命)의 이치(理)", 또는 "하늘의 법(天法)"으로 표현하였는데, 사실 그것은 서양의 자연법을 의미하기 위한 표현이었다. 『만국공법』을 번역한 마틴은 선교사였으므로 국제법의 출발인 자연법을 하나님의 법으

12　王維儉, 1985b, 「普丹大沽口船舶事件和西方國際法傳入中國」, 『學術研究』.

로 설명하고자 했으나, 기독교의 하나님 보다는 하늘(天)이 더욱 친근하였다. 이렇게 자연법은 "하늘의 도(天道)", "하늘의 이치(天理)", "하늘의 명(天命)", "하늘의 법"으로 표현되었다.

둘째, 조화이다. 『만국공법』은 국제질서를 조화로운 사회라고 이해했다. 그것은 『상서』에 나오는 "모든 나라가 화합한다(協和萬邦)"는 얘기나, "먼 나라 사람이 오면 품고 어루만진다(懷柔遠人)"는 내용이나, "누구나 어진 마음으로 대한다(一視同仁)"는 점과 일맥상통하기 때문이다. 그것은 유교사상에도 부합할 뿐만 아니라, 불가나 묵가의 사상과도 잘 맞아떨어진다는 점에서 중국인들이 쉽게 받아들일 수 있는 내용이었다. 그래서 조약을 "화약(和約)"이라고 번역하였다. 다시 말하면, 사이좋게 잘 지내자는 약속이 바로 조약인 것이다.

셋째는 공리(公理)이다. 『만국공법』 1권 1장 1절에는 여러 나라들에게 '공법'이란 것이 있어서 그에 따라 일을 처리하고 소송을 했다는 내용이 나온다. 공법이란 누구에게나 적용되는 보편적 원리와 보편적 가치를 가진다는 의미로 이해된 것이다.[13] 무술년(1898)에 유신변법운동을 했던 담사동(譚嗣同)은 그것을 재미있게 표현했다. 그는 공리를 동해, 서해, 남해, 북해 어느 바다에 풀어놓아도 맞는 것이라고 얘기했다. 누가 만들었는지는 모르지만 만국공법은 어느 나라에도 맞는 것이라는 의미이다.[14]

모두에게 맞는 것, 그것은 다른 말로 '보편성'이라고 말한다. 중국인들에게 보편성을 갖는 것은, 정(情), 의(義), 예(禮) 등을 바탕으로 한 도덕

---

13 王中江, 2014, 「世界秩序中國際法的道德性與權力身影 - "萬國公法"在晚清中國的正當化及其依據」, 『天津社會科學』.
14 譚嗣同, 1981, 『譚嗣同全集』, 北京: 中華書局, 264쪽.

적 질서라고 할 수 있다. 춘추전국시대에도 국가 간의 교류에서 정과 예를 다했다고 생각하는 중국인들로서는 너무나 당연한 논리적 귀결일 것이다. 그런데 근대 중국인들이 살고 있던 당시의 국제사회는 그렇게 도덕적으로 운행되지 않았다는 것은 그들에게 어떻게 이해될 수 있을까?

그들은 예악이 붕괴된 춘추전국시대의 모습을 오버랩하였다. 춘추시대에 예악의 중심으로서 주나라가 있었듯이 세계의 중심이 중국이라는 생각이 여전히 작용한 것이다. 현실적인 힘, 군사력, 경제력 등의 하드파워는 어쩔 수 없지만, 도덕, 문화, 사상 등 소프트파워는 아직도 중국이 우세하다는 생각인 것이다. 아편전쟁 이후, 치욕스러운 불평등조약이라고 알려진 남경조약(1842)을 맺었을 때만해도 중국은 서양의 국제법에 대해 무지했다고 할 수 있다. 그러나 그 후『만국공법』을 비롯한 다양한 국제법 서적이 번역되었음에도 불구하고, 평등한 국제질서를 적극적으로 수용하기 어려웠던 것은 중국이 천조상국으로 중심에 위치하는 중화질서관을 여전히 극복하지 못했기 때문이다.

III. 천조상국의 화이지변

1. 천조상국과 조공

근대 서구의 국제법질서와 대조적으로 중국은 중화세계질서의 원리에 의해 주변 국가와 관계를 맺고 있었다. 그것은 위계적 성격을 띠었으며, 상국(上國)과 속번(屬蕃) 국가들 간 종번(宗藩)관계의 형태로 이루어져 있었다. 천하는 중심과 주변으로 나뉘었고, 양자는 대등한 관계가 아니라 화

(華)와 이(夷)로 구분된 위계적 관계였다. 중국은 지리적 중심일 뿐만 아니라, 근대에 이르기까지 문명 자체를 대표하는 문화적 중심이기도 했다. 그리고 중심과 주변은 '조공'이라는 형식을 매개로 정치적 관계를 형성했다. 그렇듯 중국이 정치, 경제, 문화 등 모든 방면에서 중심의 위치를 차지한 질서가 바로 천조상국의 세계질서관[15]이다.

그러한 세계관은 "천하 = 중심 + 주변 = 화(華) + 이(夷) = 왕기(王畿) + 속번(屬藩) = 중국 + 왕국들 = 황제 + 국왕 = 중화세계제국 ≒ 중앙정부 + 지방정부"[16]의 구도를 띠고 있었다. 사실 세계(天下)는 하나의 국가의 연장인 셈이었다. 중국은 중국이, 주변은 주변이 다스린다는 화이분치(華夷分治) 이념에 기초하여 황제의 직접 통치 영역인 중국에는 군현을 설치하여 통치하고, 그 나머지는 번국으로 봉하여 "다스리지 않으면서 다스리는(以不治治之論)" 간접 통치를 실시하였다.[17]

속번의 통치를 담당하던 기관은 예부(禮部) 또는 이번원(理藩院)이 맡아하였는데, 황제는 이들 기관을 통해 책봉(冊封)과 조공체제를 실시하였으며,[18] 사대교린(事大交隣)의 외교관계를 맺었다. 예부가 외교 업무를 담

---

15 戴逸, 1999, 『18世紀的中國與世界 · 導言卷』, 遼寧: 遼海出版社, 53쪽.
16 張啟雄, 2007, 「東西國際秩序原理的沖突」, 『曆史研究』, 北京: 中國社會科學院.
17 張啟雄, 2002, 「東方型國際秩序原理之型模建構與分析」, 『戰後東北亞國際關系』, 台北: 中央研究院亞太研究計畫, 114쪽.
18 『청회전사례(清會典事例) · 예부 · 조공』에 의하면, 예부가 담당하는 업무에는 책봉, 조공 시기, 조공의 방법, 조공 물품, 조공의 규모, 조견의 법도(朝儀), 하사(賜予), 사신의 송영(迎送), 금지사항(禁令), 구휼(周恤), 구제(拯救), 수행원, 숙소, 수행 상인들의 권리와 무역의 규모 등등 조공과 관련된 구체적 업무가 모두 포함되었다. 조공은 적게 받고 많이 주는 원칙에 따랐기 때문에, 조공의 의무에 상응하는 경제적 이익이 조공국에게 주어졌다. 그러므로 청이 조공국에게 인정한 조공 횟수가 곧 친밀도를 말해주는 것이었다. 미얀마가 10년에 한 번 조공을 하던 것과 달리, 조선이 1년에 한 번 조공을 한

당했던 것을 보면 알 수 있듯이, 주변국과의 관계에서 '문화적', '윤리적' 성격이 강조되었다. '중국(華)'과 '주변(夷)'은 문화적이며 윤리적인 우열로 구분되었고, 그것이 지배가 정당화되는 근거가 되었다. 그것은 영미 기독교 문명을 중심으로 하는 국제질서와 구별되는, 중화 유가 문명을 중심으로 하는 동방국제질서[19]라고 할 수 있다.

속번 국가들은 상국인 중국에 정기적으로 조공을 바쳤다. 그것은 불평등하며 위계적인 중국 내 정치질서와 판박이처럼 닮아 있었다. 세계가 천하라는 하나의 범주에 속하고, 그 중심에 중국이 위치하는 것이 당연했던 당시의 그 관계에서 중요한 것은 중국적 질서, 즉 '예'라는 문화적 보편 원칙을 받아들이는 것이었다. 지배의 형식과 내용 모두에 있어서 중심을 닮은 주변은 중국과 하나의 정체성을 형성하게 되었다.

현대에 들어와서 조공관계에서 이루어졌던 평화와 협력의 관계가 관심을 받기도 하지만, 그러한 관계는 현대 국제질서에서 의미하는 평등한 국제관계와는 확연히 다르다. 당시에 나와 구별되는 '타자'의 존재는 문화적으로 하위에 위치한 것으로 인식되었으며 나아가 저급하여 동일한 인간 부류로 볼 수 없는 야만인으로 분류되었다. 중국 내에서 수많은 왕조가 교체되었지만, 근대에 들어서기 전까지 오랜 시간동안 중국은 주변국에 대해 중심의 자리를 차지할 수 있었다. 중심으로서의 위치가 공고해지면서 스스로를 당연히 우월하다고 여기는 '화하(華夏)중심주의'를 초래했다.

것은 조선에 대한 대우가 더 높았음을 의미한다(http://jds.cass.cn/xrfc/xrsb/201605/t20160506_3327807.shtml, 검색일: 2020. 4. 22).
19 張啓雄, 2007, 앞의 글.

2. 화이지변

"중국이 서울이고, 사방은 제하(諸夏)"[20]라는 말에서 알 수 있듯이, 중국은 그 주변의 제후국들로 둘러싸여 있었으며, 그 중심에 있었다. 그때의 '중국'은 주(周) 왕조의 수도를 의미했다. 제후국들은 분봉(分封)제도에 의해 수립되었으며, 주 왕실은 그들의 공동의 통치자(共主)였다. 제후국들은 주 왕실에 대해 조공을 바칠 의무가 있었다. 그러나 춘추전국시대를 거치며 '중국'은 제후국을 모두 포괄하는 개념으로 확대되었다. 그와 함께 천자와 제후 사이에 이루어지던 책봉과 조공 제도는 중국과 주변국으로 확대되었다. 청나라의 외교관이었던 곽숭도의 다음과 같은 말에서 중국이 그 범위를 점차 제후국을 넘어서까지 확대했다는 사실을 알 수 있다.

> 삼대(三代)가 성하였을 때, 성인의 정치와 교육이 중국의 한 구석에만 미쳤을 뿐이어서, 호남, 강소, 절강 일대가 모두 남쪽 오랑캐(蠻)와 동쪽 오랑캐(夷)였다. 한나라 때에야 남으로는 교지(交趾, 지금의 베트남 북부)까지, 동으로는 낙랑(樂浪)까지 이르렀는데, 모두 군현으로 삼았으나, 흉노(匈奴), 오환(烏桓), 서강(西羌)이 서쪽 오랑캐(戎)와 북쪽 오랑캐(狄)였다. 원나라 때부터 지금의 왕조에 이르러, 흉노, 서강의 땅이 모두 나라에 종속되었고, 조선과 안남 또한 속국이 되었다.[21]

20　『毛傳』: "中國, 京師也, 四方, 諸夏也."
21　"三代盛時, 聖人政教所及中土一隅而已, 湖南, 江浙皆蠻夷也. 至漢而南達交趾, 東徑樂浪, 皆爲郡縣, 而匈奴, 烏桓, 西羌爲戎狄. 曆元至本朝, 匈奴, 西羌故地盡隸版圖, 而朝鮮, 安南又爲荒屬國."

이렇게 중국의 범위가 확대되는 과정은 곧 중국 내의 민족을 의미하는 화(華)의 확대를 의미했다. 그러나 그것은 단순한 영토의 확대만을 의미하지는 않았다. 그것을 중국적 정치와 문화를 수용한 질서 내로의 포섭을 의미하였다. 그렇지 못한 영역은 모두 이(夷)에 해당했다. "중국이 있으면 반드시 이적이 있다"[22]는 남송(南宋)의 사상가 진량(陳亮, 1143~1194)의 말처럼, 구체적인 내용은 다르지만, 언제나 화이의 구별은 존재했다. 그리고 중국 이외의 국가들을 공식적으로도 '夷'라고 표현하였으며, 그것은 아편전쟁에 이르기까지 계속되었다. 청 정부는 영국의 항의에도 불구하고 영국인에 대해서도 계속해서 '夷'자를 고집했지만, 결국 아편전쟁에서 승리한 영국은 각종 공문에서 영국인을 언급할 때 '夷'를 사용할 수 없다는 내용을 텐진조약(天津條約, 1858) 51조에 넣었다.[23]

아편전쟁 이후 '양무(洋務)'라는 이름으로 바뀔 때까지 외국과의 사무 또한 '이무(夷務)'라고 불렀다. '이무'라는 개념 자체는 중성적인 의미로 쓰인 것이 아니라, 아직 자국의 제도적·문화적 틀 속에 들어오지 못한 민족과 국가에 대한 멸시를 내포하고 있었다. 그런 감정은 춘추전국시대 이후 주변 국가와의 잦은 전쟁으로 더욱 강화되었고, 진한(秦漢) 이후 통일 국가를 완성하고 점차 영토를 확장함에 따라 자민족에 대한 자신감과 우월감으로 나타났다.

사실상 중국 역사를 통틀어 보았을 때 중화민족의 뿌리라고 여겨지는 화하족이 중국을 다스리던 기간보다 이민족에 의해 침략을 받아 통치되

---

22 陳亮, 1974, 「問答下」, 『陳亮集』 卷四, 北京 : 中華書局, 47-48쪽: "有中國必有夷狄."
23 郭嵩燾, 1892, 「複姚彥嘉」, 『養知書屋遺集(光緒壬辰刊本)』 卷一一: "嗣後各式公文, 無論京外, 內敘大英國官民, 自不得提書'夷'字."

었던 기간이 더 길었던 것을 감안하면, 그것은 일종의 자기위로이며 자기최면일 수도 있다. 그 과정에서 이민족에 대해 포용적 태도를 보였던 고대보다 근대에 가까워 올수록 점차 배타적 태도가 강화되었다. 그 배타성은 아편전쟁으로 인해 더욱 심해졌다. 그런 상황에서 『만국공법』에 의해 소개된 세계질서는 힘의 열세에 의해 어쩔 수 없이 받아들여야 하는 일종의 강제로 여겨질 수밖에 없었다. 그러나 오랜 역사 동안 이민족과의 갈등을 통해 형성되었던 화이지변의 문화에 대한 우월감과 타민족에 대한 배타성, 그리고 그에서 비롯된 정체성은 쉽게 포기되지 않았다.

그리고 그러한 이중적 감정과 정서는 『만국공법』의 번역 개념에서 의식적이든 무의식적이든 반영될 수밖에 없었다. 『만국공법』에서 사용하고 있는 개념들 중 "반주(半主, semi-sovereign)", "성부(省部)", "속부(屬部)" 등은 중국의 "속방(屬邦)", "번속(藩屬)" 등의 개념을 이용하여 표현하였는데, 영어의 식민지(colony)를 많은 곳에서 "속방", "번속"의 개념으로 번역하였다.[24] 이렇듯 『만국공법』의 번역어에서 엿볼 수 있는 것은, 아직도 세계를 중국을 중심으로 하는 '천하'질서 속에서 이해하였다는 점이다. 물론 적당한 번역어를 찾는 과정에서 자신들에게 익숙한 개념을 자연스럽게 사용한 것으로 볼 수도 있다. 그러나 분명 자신들이 사용해 오던 개념들과는 다른 의미라는 것을 알면서도 그것을 고집했다는 것을 보면, 서구의 국제법과 국제질서를 받아들일 수밖에 없는 당시 중국의 상황적 필요성과 강제성과 더불어, 중화질서와 근대 세계질서의 화해가 결코 쉬울 수 없다는 것을 반증하는 것이다.

---

24 李動旭, 2018,「泰西藩屬的誕生 – 國際法翻譯中的"藩屬"觀念與晚淸藩屬觀念的衍化」, 『近代史學刊』, 168-192쪽.

3. 춘추질서와 근대 국제질서의 결합

『만국공법』은 중국이 이제 세계 속의 여러 나라 중의 한 나라라는 것을 인정하고, 근대 세계의 주역인 서양 국가들의 국제법과 그것을 통해 만들어진 국제질서를 받아들여야 한다는 당위성을 보여주는 것이다. 그러나 그것은 그렇게 쉽게 이루어질 리가 없었다. 그렇다면 어떻게 중국인들이, 특히 기존의 질서로부터 혜택을 받고 있고, 그래서 더욱 더 기존의 질서를 바꾸고 싶어 하지 않는 관료 계층을 설득할 수 있을까?

현대와 서양으로 상징되는 근대 국제사회로 가야한다는 것은 알았지만, 그렇다고 곧장 투항할 수는 없는 노릇이었다. 그래서 그것은 중국적 사고의 원형을 제공한 '춘추'질서로 포장되었다. 그렇다고 그것이 전적으로 의도적으로 그렇게 되었다는 것은 아니다. 그러나 『만국공법』의 번역이나, 그리고 그것을 본 관리들의 인식이 그렇게 정당화되었다는 것을 의미한다. 그것이 곧 '춘추'시대로 돌아가자는 것은 당연히 아니었지만, 춘추시대와 유사한 그 어떤 질서로 나아가는 것을 의미하는 셈이었다.

그 옛날 중화문명을 탄생시켰던 춘추시대에도 주 왕조를 중심으로 여러 제후국들이 서로 갈등하고 협력하는 관계를 가졌다. 그때에는 주나라라는 구심이 있었고, 주의 천자가 권력의 중심이었으며, 그가 만든 예법에 따라 모든 나라가 다스려졌다. 주나라의 권위가 쇠약해지면서, 그만그만한 제후국들끼리 패권을 차지하기 위해 다투던 시대가 바로 전국시대이다. 청의 지식인들에게 『만국공법』은 전국시대의 혼란이 오기 전에 춘추시대를 지탱했던 '예악'질서, 그것으로 비쳐진 것이다. 즉, 새로운 춘추시대에는 예법 대신 국제법, 중국어로는 만국공법이라는 것이 세계질서를 지탱하는 것으로 말이다.

그것은 국제법을 만국공법이라는 이름으로 명명함으로써 더욱 분명해진다. 중국에게 국제법은 하나의 천리(天理)로서, 인간사회에서 반드시 필요한 준칙으로 여겨지게 된다. 그리고 그것은 '공(公)'이라는 단어를 차용함으로써 더욱 강조된다. 중국의 전통사회에서 '공'은 '사(私)'와 대비되는 개념으로 사용되고, '사'는 긍정적이기보다는 부정적인 성격이 더 강하다. '사'를 지향한다는 것은 서양의 '개인'이라는 개념으로 이해되지 않았고, 사적 이익만을 추구하여 결국은 공적 이익에 해가 된다는 부정적인 의미로 사용되었다. 그런 만큼 국가들의 사회인 국제사회에 적용되는 법과 질서에 전통적 개념인 '공'을 사용하였다는 것은 중국적 도덕 관념이 『만국공법』 해석에 반영되었다는 것을 극단적으로 보여준 것이다. 또한 그것은 중국의 바람을 보여준 것이기도 했다. 중국은 자신들이 받아들여야 할 국제질서가 어느 한 나라만을 위한 것이 아니라, 특히 중국을 침략한 열강 중 어느 한 나라의 것이 아니라, 『만국공법』의 내용처럼 공적 원칙에 의해 규율되기를 바란 것이다. 이제 몸집은 크지만 약소국으로 전락한 중국이 몸집은 작지만 강대국인 서양의 국가들에게 '공평무사'한 대우를 받고 싶었던 것이다.

'공'이 중국인들에게 주는 이미지는 어떤 것일까? 그것은 오늘날 우리에게도 잘 알려져 있는 정관응(鄭觀應)과 증기택의 표현을 보면 짐작할 수 있다. 『성세위언(盛世危言)』이라는 책으로도 유명하고, 2002년 탄생 160주년을 맞아 마카오에서 우표가 만들어지기도 한 정관응은 「논공법(論公法)」이라는 글에서 『만국공법』에서 '공'을 쓴 이유를 만국공법이 한 나라의 '사'를 위한 것이 아니기 때문이라고 밝혔다. 즉 그는 이의(理義)를 기준으로 삼고, "하늘의 정과 인간의 도리를 벗어나지 않는 것"이기 때문이라는 것이다. 청 말의 저명한 외교관이었던 증기택은 어땠을까? 그는 국제법 즉, 공법을 "정리(情理)"라는 두 글자로 표현하였다. 공법에 따라 행하면 '공평한 마음'을 가지고 판단하면 이치에 어긋나지 않기 때문이라고 생각했기 때문이다.

국제법을 '만국공법'이라고 받아들였지만, 그것은 이상에 불과했다. 정관응은 세계 곳곳에서 패권을 다투기 위해 전쟁을 벌이고 있는 상황을 "지구 둘레 9만 리 중에서, 그 수레와 말이 밟고 지나가지 않은 곳이 없다!"[25]라고 표현하였다. 그런데 그런 현실은 더욱 더 춘추전국시대를 떠올리도록 했다. 춘추전국시대에도 제후국들끼리의 전쟁이 있었기 때문이다. 맹자가 당시 상황에 대해 들판에 즐비한 시체가 있다고 표현한 것에서 잘 알 수 있다. 그럼에도 불구하고, 춘추오패가 각축을 벌이던 시대에도 공법은 존재했으며, 그것이 전해진 것이 당시 국제사회에서 통용되던 국제법과 일맥상통한다고 이해하였다. 청 말의 학자 진치(陳熾, ?~1900)가 중국 역사를 보면 천하 모든 나라들이 여럿이 소수를 괴롭히고, 큰 나라가 작은 나라를, 강한 나라가 약한 나라를 괴롭혀 왔으나, 그래도 아직까지 그리 심해지지 않은 이유가 바로 공법 때문이라고 본 것은 바로 그런 생각을 대표하는 것이다.

중국인들의 과거에 대한 미련은 오랫동안 계속되던 중화질서 때문이라고 볼 수 있다. 그런데 국제법을 공법으로 이해하고, 국제질서를 춘추질서로 이해하면서 서양의 국제법과 국제질서를 받아들인 것은 어마어마한 변화이다. 중화질서로부터 근대의 국제질서로의 전환이 얼마나 큰 변화였는지, 그리고 왜 중국인들이 국제법을 도덕적으로 이해했는지는, 중국의 전통적 외교정책을 보면 확실히 알 수 있다. 중국의 전통문화는 '예

---

25 鄭觀應, 1982, 『鄭觀應集』 上冊, 上海: 人民出版社, 176쪽.

(禮)'를 중심으로 발달했고, 그것은 대외관계에까지 적용되었다.

전통적 중화질서는 '천하'를 범위로 하지만, 그 중심은 언제나 중국이 차지했다. 그리고 중국과 그 주변국은 예를 바탕으로 위계적인 관계를 맺어왔다. 중국 전문가 페어뱅크는 그런 이유를 들어 중화질서가 국제질서는 아니라고 생각하였다. 근대 이후의 국제질서는 실질은 어떠하든, 명목으로는 국가 간의 평등을 전제로 하기 때문이다. 그러나 중화질서는 다르다. 현대적 개념으로 얘기하면, 중심에 위치한 중국은 하드파워 면에서는 아닐지 모르지만, 소프트파워 면에서는 우위에 있다고 자부했다. 중국은 문화적 자부심을 토대로 자신들이 우월한 문화를 주변국들에게 전수한다고 여겼다. 동양사회에서는 글이나 사상을 가르쳐 주는 스승을 부모처럼 우대하는 문화가 있다. 그런 점에서 중국은 주변국의 스승이나 부모 같은 대접을 받아야 하는 것이라고 생각했다.

그러나 이제 중국인들은 외교를 잘 해야 국가를 지킬 수 있다는 인식을 갖게 되었다. 프랑스에서 정치학을 공부하고, 이홍장 휘하에서 일했던 마건충(馬建忠, 1845~1900)은 국가 간의 교류만큼 중요한 것은 없다는 점을 느꼈다.[26] 정관응은 한 발 더 나아간 주장을 했다. 그는 이제 중국이 천조국이 아니라는 것을 알았다. 그러므로 "스스로를 만국의 하나로 여겨야"[27] 한다고 얘기했다.

---

26 馬建忠, 1959, 『適可齋紀言記行』 卷三, 北京: 中華書局, 13-14쪽: "蓋天下事眾擎則易擧, 孤掌則難鳴, 理之常也. 夫同宅寰中, 此疆彼界, 而建爲國, 則必小事大, 大字小, 憂危與共, 戰守相援, 而勢乃不孤. 故英得法助, 奏績於黑海之濱.… 自均勢之局定, 而列國安危所系, 莫大於邦交."

27 鄭觀應, 1982, 「易言·公法」, 앞의 책, 66-67쪽: "夫地球圓體, 既無東西, 何有中邊.… 公法者, 彼此自視其國爲萬國之一, 可相維持."

IV. 중화질서에서 벗어난 국제법의 적용과 실천

『만국공법』에는 근대 국제법의 창시자 그로티우스(Hugo Grotius, 1583~1645)가 자주 언급되었다. 특히 그로티우스와 그 문하에 의해 국제법이 크게 두 갈래로 나뉘었다는 내용은 주목할 만하다. 첫 번째 갈래는 『만국공법』에서 "성법(性法)"으로 표현한 자연법이다. 두 번째 갈래는 그 자연법에 근거한 각국의 교제를 바탕으로 만들어진 국제법이다. 그것은 근대 국제법이 '성(性)'에 토대를 두었다는 점을 강조한 것이다. 중국의 주류 사상인 유가의 입장에서 인간은 누구나 '성'을 가지고 있고, 그것은 선한 마음을 바탕으로 하고 있다. 그것은 기본적으로 서양 국제법의 기원에 대한 긍정을 의미한다. 그러나 현실은 이상과 거리가 있는 법이다.

유가적 성선설을 반영하여 맺은 영국과의 조약으로 중국은 그런 현실을 깨닫게 되었다. 오구통상장정에서 중국은 다음과 같이 영국에게 최혜국 대우를 인정하였다. "장차 황제가 각국에 새롭게 은혜를 베풀고자 하였으며, 또한 영국인 모두 고루 혜택을 받도록 하여, 공평타당함을 보이고자 한다."[28] 그러나 서양 각국이 모두 너나 할 것 없이 영국과 같은 최혜국 특권을 요구하고 보장받음에 따라 중국은 큰 손해를 보게 되었다. 이에 증기택은 국가의 이익에 있어서 모든 나라가 혜택을 본다는 것은 서양의 공법에 어긋나므로, 최혜국 대우 조항을 삭제하는 것이 옳다고 생각했다.[29] 설복성(薛福成) 또한 그와 마찬가지로 중국만이 공법의 적용을 받

---

28 http://www.qulishi.com/huati/humentiaoyue/ (검색일: 2020. 03. 13). "將來大皇帝有新恩施及各國, 亦應准英人一體均沾, 用示平允."

29 曾紀澤, 1981, 『使西日記』, 湖南: 人民出版社, 77쪽.

지 못한다는 것에 분개했다.

서양인들은 언제나 중국이 공법 이외의 국가라고 말하며, 공법 안에서 마땅히 누려야 하는 권리를 제대로 인정해 주지 않는다. 각국의 통상 항구에 중국만 영사관을 세우지 못하도록 한다. 중국에 와 있는 그들의 영사는 상인들을 관리하고, 그들의 권리는 지방관과 동일하다. 서양인이 중국인을 죽이면, 한 명도 법률에 따라 죄를 다스리지 않는다. 그런데도 최근 미국은 중국인을 쫓아내고 금지하였으며, 중국을 우방국으로 거의 여기지 않는다. 대개 서양인은 우리가 공법을 가지고 그들과 다툴 수 없다는 것을 잘 알고 있으며, 다투고 싶어도, 모든 나라가 무시하고, 공론으로 삼지 않는다. 거리낌 없이 악행을 저질러 우리를 능욕하는 경우, 비록 그것이 도리에 어긋났다 하더라도 돌봐주지 않는다.[30]

과거 매카트니가 건륭제에게 요구했던 사항과 마찬가지로, 영국은 중국이 국제법을 잘 모르고 있다는 사실을 이용하여 불공평한 조건을 받아들이도록 했다. 그것은 비엔나체제 이후 성립된 유럽의 국제법과 국제질서와는 배치되는 것이었다. 그리하여 "불공평한 조약체제(the unequal treaty

---

30 薛福成·丁鳳麟 主編, 1987, 『薛福成選集』, 上海: 人民出版社, 414쪽: "西人輒謂中國爲公法外之國, 公法內應享之權利, 闕然無與. 如各國商埠, 獨不許中國設領事官"; "而彼之領事在中國者, 統轄商民, 權與守土官相埒"; "洋人殺害華民, 無一按律治罪者, 近者美國驅禁華民, 幾不齒中國於友邦. 此皆與公法大相刺謬者也公法外所受之害, 中國無不受之. 蓋西人明知我不能舉公法以與之爭, 即欲與爭, 諸國皆漠視之, 不肯發一公論也"; "則其悍然冒不韙以陵我者, 雖違理傷誼, 有所不恤矣."

system)"가 성립되었다.³¹ 중국이 국제법의 보호를 제대로 받지 못한 것은 중국의 국력이 유럽 국가들보다 약한 것이 가장 주요한 이유라고 할 수 있겠지만, 그때까지 근대 국제법을 제대로 이해하고 있지 못했다는 점도 한몫을 했다고 할 수 있다.

큰 교훈을 얻은 이후에는 중국이 적극적으로 국제법을 적용하여 성과를 얻기도 했다. 곽숭도는 1877년, 영국 외교부에 영국이 신장 카슈가르(Kashgar)에 외교 사절을 파견하여 주재하게 한 일에 대해 항의하였다. 그는 그 사건을 영국이 중국의 주권을 침해한 행위라고 보았다. 수개월 후에 청 정부는 카슈가르를 수복하였다.³² 그것은 곽숭도가 특히 『만국공법』에 관심을 가지고 마틴과 교류하고, 직접 유럽의 국제법 회의에 참석하는 등³³ 적극적으로 국제법을 배우고자 했기 때문에 가능한 일이었다.

하지만 그 후 혁광(奕劻)과 이홍장이 청 정부를 대표하여 1901년 9월 7일 미국, 러시아, 프랑스, 독일, 이탈리아, 일본, 오스트리아, 네덜란드 등 11개국 대표들과 맺은 신축조약(辛醜條約, 1901; 신축각국화약 또는 북경의정서)이라는 불평등조약을 맺을 때까지도 중국은 줄곧 서양 국가들과의 주권의 평등을 제대로 향유하지 못했다. 신축조약을 계기로 중국의 국제적 지위가 하락하였다. 그러한 곤경에서 벗어나기 위해 청 정부가 안으로는 유럽화 개혁을 추진하고, 밖으로는 국제화에 순응하면서 국제공약(國際公約, International Convention)에 참여하게 되었을 때에야 비로소 상대적으로

---

31 John K. Fairbank, 1957, "The creation of the treaty system", *Chinese Thought and Institutions*, Chicago: Chicago University Press, pp. 163-213.
32 汪榮根, 2000, 『走向世界的挫折』, 湖南: 嶽麓書社, 97쪽.
33 張建華, 2003, 「郭嵩燾與萬國公法會」, 『近代史研究』, 280-295쪽.

평등한 조약을 맺을 수 있었다. 그런데 그것은 국제 공약이 다자간 조약이었기 때문에 중국에만 불리하게 적용되지 못했기 때문이었다. 상황이 그런 만큼, 공법이란 힘이 대등한 국가들 사이에서나 기능할 뿐, 힘이 약한 나라에게는 믿을만한 것이 되지 못한다고 생각되었다.[34]

사실 "국제법이 중국에서 처음 응용된 목적은 임칙서를 도와 영국인과의 교류에서 강경한 태도를 표현하기 위한 것"[35]이었다. 중국을 천조(天朝)라고 칭하고, 외국 상인을 "오랑캐 상인(夷商)"이라고 부르는 등[36] 임칙서의 위계적인 태도는 중국이 여전히 중국 중심적 사고와 천조상국의 화이지변에서 벗어나지 못했다는 것을 말해준다. 그런데 상황이 바뀌었다. "지금 중국 외에도 나라가 즐비하다. 법으로 묶지 않는다면, 그것이 어찌 나라이겠는가?"[37]라는 장사계의 말처럼 국제법은 이제 거역할 수 없는 시대적 선택이 되었다. 국제법을 수용하면서 중국의 지식인들에게 익숙한 도덕적 개념을 통해 번역하여 정의와 공리를 반영하는 것처럼 표현할 수밖에 없었다.[38] 하지만 실상은 달랐다. 청 정부의 관리들이 순진하게 서양

---

[34] 『外交報』第1期, 1902; 周子亚, 1981, 『国外法学知识译丛:国际公法』, 北京: 知识出版社, 56-57쪽: "則強權對等之契約而已", "爲弱國者誠怵然於徒法之不可恃, 而奮改急進, 以爭席於強權契約之間. 則所謂公法無效者, 固促進文明之進步以馴致其效者也. 又何責焉"; "論公法與強權之關係."

[35] Immanuel C. Y. Hsu, 1960, *China's Entrance into the Family of Nations: The Diplomatic Phase 1858-1880*, Cambridge, Mass.: Harvard University Press, p. 125.

[36] 林則徐, 1991, 『林文忠工政書』, 北京: 中國書店, 136쪽: "我天朝君臨萬國, 盡有不測神威, 然不忍不教而誅, 故特明宣定例. 該國夷商欲圖長久貿易, 必當懍遵憲典, 將永斷來源, 切勿以身試法. 王其詰奸除慝, 以保爾爾有邦, 益昭恭順之忱, 共享太平之福, 幸甚, 幸甚!"

[37] 丁韙良(W. A. D. Martin), 2003, 『萬國公法』, 北京: 中國政法大學出版社, 9쪽: "今九州外之國林立矣. 不有法以維之, 其何以國?"

[38] 김현주, 2019, 「중화질서의 해체와 그에 대한 청 정부의 대응: 만국공법을 중심으로」,

의 속임수에 놀아난 것도 아니었다. 중화질서와 서구의 세계 질서는 전통과 현대의 충돌, 동양과 서양의 충돌, 도덕과 힘의 충돌에서 전자가 패배한 결과였다.

서구사회에서 근대 민족국가가 탄생하였고, 국가의 주권과 영토가 확정되어 가는 과정에서 빈번한 갈등과 충돌이 전쟁의 형식으로 나타났고, 그것의 종결이 조약의 형식으로 이루어졌다. 제국의 탄생을 막기 위해, 유럽에서는 세력균형을 위한 평등한 국가주권 개념이 확립되었다. 그것은 자유주의가 국제적으로 적용된 것이었지만, 국제사회는 아직은 하나의 국가로 통합되기 이전의 사회의 형태에 머물러 있었다. 공통된 규범이 적용되는 범위의 확장은 서구사회에서 동양사회로까지 이루어졌고, 그에 따라 중국이 향유하던 중심의 지위는 주변으로 전락하게 되었다. 중국이 야만과 문명을 가르던 기준이었던 '예'는 이제 국제법(만국공법)으로 대체되었다. 그러나 그런 전환이 순조롭게 이루어지지는 않았다. 중국은 여전히 과거의 꿈에서 깨어나지 못했기 때문이다. 그리고 깨어나기 위해 그만큼 많은 고통을 겪어야 했다.

V. 중화질서와 근대 세계질서의 충돌

청 정부가 근대적 국제법 관념을 수용하지 않았을 때에는 다른 나라의 사절에 대해 '조공을 바치러 오는 것(入貢之擧)'으로 이해했다. 그러므로 외국 사절을 '공사(貢使)'로, 그들이 가지고 온 국서를 (공물의) '목록(表)'이

『아세아연구』 vol. 62 no. 1, 121-146쪽.

라고 표현했다. 그런 이유로 처음에는 중국과 서양의 국가 사절 사이에 '접견의 예(覲見之禮)'를 가지고 논쟁이 계속되었던 것이다.[39]

그러나 일부 인사들은 현실이 바뀌었다는 것을 인식하고 있었다. 곽숭도는 중국만이 유일한 문명국가가 아니라, 유태인, 바빌로니아, 아시리아, 이집트, 그리스, 로마, 인도 등도 모두 수천 년 또는 수만 년의 역사를 가진 국가라는 것을 깨닫고 있었다.[40]

서양에서 정치와 종교가 공명정대한 나라를 시빌라이즈드(civilized, 문명적)라고 말하고, 유럽의 모든 나라들이 모두 그렇다. 그 나머지 중국, 터키, 페르시아를 하프 시빌라이즈드(half-civilized, 반개화적)라고 한다. 아프리카의 이슬람국가들은 바바리안(야만적)이라고 하는데, 중국의 '이적'에 해당하는 것으로, 서양은 그들을 교화되지 않았다고 한다. 삼대 이전, 중국만이 교화되었고, 그러므로 '요복(要服)', '황복(荒服)'의 이름이 있었고, 중국에서 멀리 있는 나라는 모두 '이적'이었다. 한나라 이래, 중국의 교화가 나날이 쇠약해졌다. 정교와 풍속은 유럽 각국에서만이 홀로 성했다. 그들이 보기에 중국은 삼대의 이적과 같다. 중국 사대부 중에 이런 것을 아는 자가 아직 없으니, 슬프다![41]

---

39 費正淸, 1985, 앞의 책, 98-99쪽.
40 鍾叔河, 2000, 앞의 책, 265쪽.
41 郭嵩燾, 1983b,『郭嵩燾日記』第三卷, 湖南: 人民出版社, 426쪽: "西洋言政教修明之國曰色維來意斯得(civilized, 文明的), 歐洲諸國皆是之. 其餘中國及土耳其及波斯, 曰哈普色維來意斯得(half-civilized, 半開化的). 其名啊非利加諸回國曰巴伯比裏安(野蠻的), 猶中國"夷狄"之稱也, 西洋謂之無教化. 三代以前, 獨中國有教化耳, 故有"要服", "荒服"之名, 一皆遠之中國而名曰"夷狄". 自漢以來, 中國教化日益微滅."; "而政教風俗, 歐洲各國

그러나 곽숭도와 같은 이는 소수에 불과했다. 곽숭도가 슬퍼한 것도 무리는 아니었다. 그러므로 『만국공법』은 세계에 중국만이 있는 것이 아니라는 것을 알려주는 지구 전체의 모습을 동반구와 서반구로 나누어 실었다. 세계는 둥글고, 그중에는 많은 국가들이 있으며, 중국은 그중 하나에 불과하다는 것을 보여주었다. 중국에 세계전도가 들어온 것은 『만국공법』이 번역되기 200년도 전인 명나라 만력(萬曆) 12년인 1584년이라는 것을 감안하면,[42] 세계에 여러 나라가 있다는 것은 그리 놀랄 일은 아니었다. 그러므로 그에 더하여 서양국가들이 리(理), 의(義) 등 중국인들이 보편원칙으로 여기는 개념들에 입각하여 만든 국제 규범들을 열거하였다. 그것은 세계가 둥글다는 사실보다 더 놀라운 것이었다.

그것은 서양이 야만이었던 시절에서 벗어나 개화되고 계몽되었다는 것을 암시하는 것이었다. 리나 의라고 말할 수 있는 도덕적 원칙은 장소, 시간, 대상을 막론하고 통용되는 법이므로, 중국과 문화는 다르지만, 서양 또한 중국이 예라고 불러왔던 규범에 상응하는 유사한 제도와 질서를 갖추고 있다는 것을 분명히 한 셈이었다. 그들은 그러한 예에 따라 사절을 주고받고, 전쟁과 화해를 하고, 대내외적 사무를 수행하였다. 그렇게 시대는 달라졌고, 과거의 오랑캐는 더 이상 낙후되어 있지 않았다. 무엇보다도 그들은 강력한 대포와 군함을 가지고 있었다. 그들이 만든 세계질서와 규

乃獨擅其勝. 其視中國, 亦猶三代之夷狄也. 中國士大夫知此者尚無其人, 傷哉!"

[42] 명나라 만력 12년 이탈리아 선교사 마테오 리치(1552~1610)가 제작한 〈곤여만국전도(坤輿萬國全圖)〉가 중국에서 현존하는 가장 오래된 서양식 세계지도이다. 지금은 남경박물관에 보관되어 있다. 마테오 리치는 〈곤여만국전도〉 이전에 〈여지산해전도〉라는 세계지도를 만들었다고 하지만(김혜경, 2017, 「마테오 리치의 세계지도에 대한 선교 신학적 고찰」, 『신학전망』 198), 지금은 남아 있지 않다.

칙에, 중국 또한 따라야 하는 때가 온 것이다.

그러나 청일전쟁(1894)에서 일본에게 패배하고 굴욕적인 시모노세키 조약(馬關條約, 1895)을 체결하면서 중국인들이 느꼈던 치욕감을 보면, 당시까지도 중국인들은 근대적 국제질서를 제대로 수용하고 있지 않았다는 것을 알 수 있다. 서구 국제법의 보편적 원칙에 의하면, 일본이 아무리 작은 나라라고 해도 국제사회의 평등한 일원이고, 근대 국제질서에 의하면 영토나 인구의 규모는 중요하지 않기 때문이다. 중국인들이 일본에게 느낀 수치심은 정말 단순히 영토나 인구가 작은 나라에게 졌다는 굴욕감의 정도가 아니라는 것을 알 수 있다. 중국을 침략했던 다른 유럽 국가들 또한 일본과 비슷하게 영토나 인구가 크지 않다는 점을 보아도 그러하다. 그것은 강유위(康有爲, 1858~1927)나 청 말 지식인들이 유럽 국가들에 대해 아는 바가 없었기 때문이 아니라, 자국의 속방이라고 여겼던 일본에 대해 느꼈던 정신적 우월감에서 비롯된 것이었다. 즉, 일통(一統)적 천하에서 하나의 몸체로 여겼던 속방에 대한 상실감 때문이었다. 강유위의 말에는 그러한 생각이 잘 나타나 있다.

> 무릇 중국은 2만 리의 땅과, 4억의 인민을 가진 나라로, 일본에 비하면 10배를 넘는데, 작은 오랑캐에게 모욕을 당하고 침략당한 것은 양이 돼지를 묶은 것과 같으며, 앉아서 당한 것이니, 치욕도 심하고, 이해하기도 힘들다.[43]

---

43 康有爲, 1981, 「上淸帝第三書」, 『康有爲政論集』 上冊, 上海: 中華書局, 140쪽: "夫以中國二萬裏之地, 四萬萬之民, 比於日本, 過之十倍, 而爲小夷嫚侮, 侵削若羊縛豚, 坐受剝削, 恥辱甚矣, 理亦難解."

중국은 고대부터 줄곧 일직선의 대내적 통치 구조를 형성해 왔고, 대외적으로 일직선적 사고를 통해 세계를 인식해 왔다.[44] 하늘, 천자, 중국, 번국, 속국의 순으로 위로부터 아래로의 질서를 형성해 온 세월이 수천 년이었다. 이성적으로는 상황을 정확하게 인식하고 있었으면서도, 감성적으로는 받아들이기 힘들었던 것도 어쩌면 당연하다. 『만국공법』을 번역하고 외국과의 교류를 담당하고 있는 부서의 관리들에게 그것을 배포하면서 적극적으로 근대 국제 질서와 규범을 배우도록 했지만, 그것은 서양 문화와 사상에 대한 자발적 굴복 내지 수용에서 비롯된 것이 아니었다. 현실적 힘의 논리에서 패배를 당한 어쩔 수 없는 선택이었던 만큼 (심리적) 저항은 그만큼 강렬할 수밖에 없었다. 그리고 그것은 오랫동안 중국 중심의 사고에서 벗어나 생각해 본 적이 없었기 때문에 더욱 그러했다. 일통의 천하관에서 모두가 평등한 국가로 이루어진 분산된 근대 세계관으로의 전환은, 세계관의 전환인 만큼 모든 것이 낯설고, 거부감을 동반할 수밖에 없었다.

서로 다른 질서 또는 문명의 충돌은 결국은 강요된 화해를 동반하지만, 수용해야만 하는 쪽에서의 강한 저항이 초래될 수밖에 없다. 그러나 자국이 처한 상황과 시대적 조류를 객관적으로 인지하고 있으면서도 변화의 필요성을 직감했던 청 말의 일부 지식인들과 정부 관료들은 새로운 질서에 대해 적극적 자세를 취하였다. 그것은 한편으로는 불가능한 것

---

44 柳嶽武, 2009, 『傳統與變遷: 康雍乾之淸廷與藩部屬國關係硏究』, 四川: 巴蜀書社, 10쪽: "中國古代社會裏, 不僅統治政權是單級的, 整個統治結構也是單級的. 而且在單級的思想體系的引導下, 中國人對世界的認識也是單級的, 就古代中國的世界秩序而言, 它就是單級的, 最頂層是天, 天下爲天子, 天子之下是中國, 中國周圍是屬國. 所以整個東亞古代的秩序是一個强調'一'的秩序, 其中'一統天下'就是這種秩序的終極目標."

처럼 보이는 질서 간의 화해의 가능성을 보여주는 동시에, 그러한 일부의 선진적 자각만으로는 부족하다는 현실적 한계를 보여주는 것이기도 하다. 그것은 역사문제, '위안부' 문제, 이데올로기 문제, 종교 문제 등 통약 불가능한 주제들을 중심으로 지역 또는 세계 협력을 저해하는 마찰과 갈등의 문제에 대해 시사점을 던져준다. 여러 가지 이슈들을 중심으로 지역적 차원 및 세계적 차원에서의 갈등이 불거지고 있는 오늘날, 특히 이데올로기 및 문명 충돌의 가능성이 거론되고 있는 상황에서, 근대의『만국공법』의 번역에서 나타난 화해의 시도는 만약 화해의 필요성이 인정된다면 화해의 가능성 또한 높아질 것이라는 점을 보여준다는 점에서 긍정적이다.

그러나 그것은『만국공법』이라고 이름 부를 수 있는 동서양을 아우르는 보편적 국제원칙이 어느 정도 정당성과 합리성을 갖고 있다는 점을 바탕으로 한 것이다. 중화질서를 고수하고 싶었던 중국인들도『만국공법』에서의 국제법에 대해서는 자신들이 사상적 향수를 느끼는 춘추질서와 유사하다고 느낄 만큼 공적 질서를 제시해 주는 것으로 납득할 정도였다는 점에서 그것을 알 수 있다.

지금 세계는 갈등과 모순 속에서 화해의 접점을 찾기 위해 노력 중이다. 기독교 문명과 이슬람 문명, 베이징 컨센서스와 워싱턴 컨센서스과 같은 세계적 차원의 갈등은 물론이고, 국내에서의 여성과 남성, 노인과 청년, 고용주와 피고용주, 등등 다양한 국가적 차원의 갈등까지, 모든 갈등의 해결을 위한 출발은 그 대안의 공공성에 있다. 소수 사람들에게만, 일부 지역에게만, 어느 나라에게만 혜택이 가는 정책 및 대안은 저항을 불러 올 수밖에 없다. 최소한 그 대안으로 제시된 용어나 개념은 누구나 받아들일 수 있는 공공성을 담보해야 한다. 그것이 바로『만국공법』이 '공법'으로 번역되어 중국인들에게 받아들여질 수 있었던 가장 큰 이유라고 할 수 있다.

특히 아시아와 같이 정치에서마저 도덕성을 요구하는 경향이 강한 지역에서는 특히 그렇다. 한국, 중국, 일본, 베트남, 필리핀 등등 아시아에서는 정치가들의 정치적 업적과 업무 수행 능력보다 대체로 그들의 도덕성을 더욱 중시한다. 그런 성향은 국제관계나 외교에도 반영된다. 타 국가에 대한 민족적 정서가 과도하게 분출되는 경우에는 언제나 그런 도덕성이 관련되어 있는 경우가 많다. 그리하여 공공성과 도덕성을 담보로 하지 못한 어떠한 조약과 협정도 실패하기 마련이고, 그것은 종종 민족적 갈등을 유발한다. 그러므로 장차 아시아, 나아가 세계의 화해를 위해서는 그 점을 주의해야 한다. 그것이 『만국공법』의 번역과 수용이 우리에게 보여준 교훈이다.

참고문헌

康有爲, 1981, 「上淸帝第三書」, 『康有爲政論集』上冊, 上海: 中華書局.

郭嵩燾, 1892, 「複姚彦嘉」, 『養知書屋遺集(光緖壬辰刊本)』卷一一.

郭嵩燾, 1983a, 『倫敦和巴黎日記』, 湖南: 人民出版社.

郭嵩燾, 1983b, 『郭嵩燾日記』第三卷, 湖南: 人民出版社.

譚嗣同, 1981, 『譚嗣同全集』, 北京: 中華書局.

戴逸, 1999, 『18世紀的中國與世界·導言卷』, 遼寧: 遼海出版社.

馬建忠, 1959, 『適可齋紀言記行』卷三, 北京: 中華書局.

費正淸, 1985, 『劍橋中國晩淸史』卷下, 北京: 中國社會科學出版社.

薛福成·丁鳳麟 主編, 1987, 『薛福成選集』, 上海: 人民出版社.

約瑟夫·塞比斯, 1973, 『耶穌會士徐日升關於中俄年布楚談判的日記』, 北京: 商務印書館.

汪榮根, 2000, 『走向世界的挫折』, 湖南: 嶽麓書社.

王鐵崖, 1957, 『中外舊約章彙編』第一冊, 北京: 三聯書店.

柳嶽武, 2009, 『傳統與變遷: 康雍乾之淸廷與藩部屬國關系硏究』, 四川: 巴蜀書社.

林則徐, 1991, 『林文忠公政書』, 北京: 中國書店.

李鴻章, 1997, 『李鴻章全集』卷二十四, 海口: 海南出版社.

張誠, 1973, 『張誠日記』, 北京: 商務印書館.

鄭觀應, 1982, 『鄭觀應集』上冊, 上海: 人民出版社.

丁韙良(W. A. D. Martin), 2003, 『萬國公法』, 北京: 中國政法大學出版社.

鍾叔河, 2000, 『從東方到西方』, 湖南: 嶽麓書社.

周子亚, 1981, 『国外法学知识译丛: 国际公法』, 北京: 知識出版社.

曾紀澤, 1981, 『使西日記』, 湖南: 人民出版社.

曾紀澤, 2002, 『出使英法俄國日記』, 湖南: 嶽麓書社.

Immanuel C. Y. Hsu, 1960, *China's Entrance into the Family of Nations: The Diplomatic Phase 1858-1880*, Cambridge, Mass.: Harvard University Press, p. 125.

김현주, 2019, 「중화질서의 해체와 그에 대한 청 정부의 대응: 만국공법을 중심으로」, 『아세아연구』 vol. 62 no. 1.

김혜경, 2017,「마테오 리치의 세계지도에 대한 선교신학적 고찰」,『신학전망』198.

王維儉, 1985a,「林則徐翻譯西方國際法著作考略」,『中山大學學報』, 社會科學版.

王維儉, 1985b,「普丹大沽口船舶事件和西方國際法傳入中國」,『學術研究』.

王中江, 2014,「世界秩序中國際法的道德性與權力身影 - "萬國公法"在晚淸中國的正當化 및 其依據」,『天津社會科學』.

尹新華, 2011,「國際公約與淸末新政時期的中外關系」,『求索』, 湖南省社會科學院.

李動旭, 2018a,「國際法翻譯中的"藩屬"觀念與晚淸藩屬觀念的衍化」,『近代史學刊』.

李動旭, 2018b,「泰西藩屬的誕生 - 國際法翻譯中的"藩屬"觀念與晚淸藩屬觀念的衍化」,『近代史學刊』.

張建華, 2003,「郭嵩燾與萬國公法會」,『近代史研究』.

張啟雄, 2002,「東方型國際秩序原理之型模建構與分析」,『戰後東北亞國際關系』, 台北: 中央研究院亞太研究計畫.

張啟雄, 2007,「東西國際秩序原理的沖突」,『曆史研究』, 北京: 中國社會科學院.

陳亮, 1974,「問答下」,『陳亮集』卷四, 北京: 中華書局.

John K. Fairbank, 1957, "The creation of the treaty system", *Chinese Thought and Institutions*, Chicago: Chicago University Press.

"为什么要签订虎门条约? 虎门条约的签订经过", 越历史, 2020년 3월 13일 접속, http://www.qulishi.com/huati/humentiaoyue/.

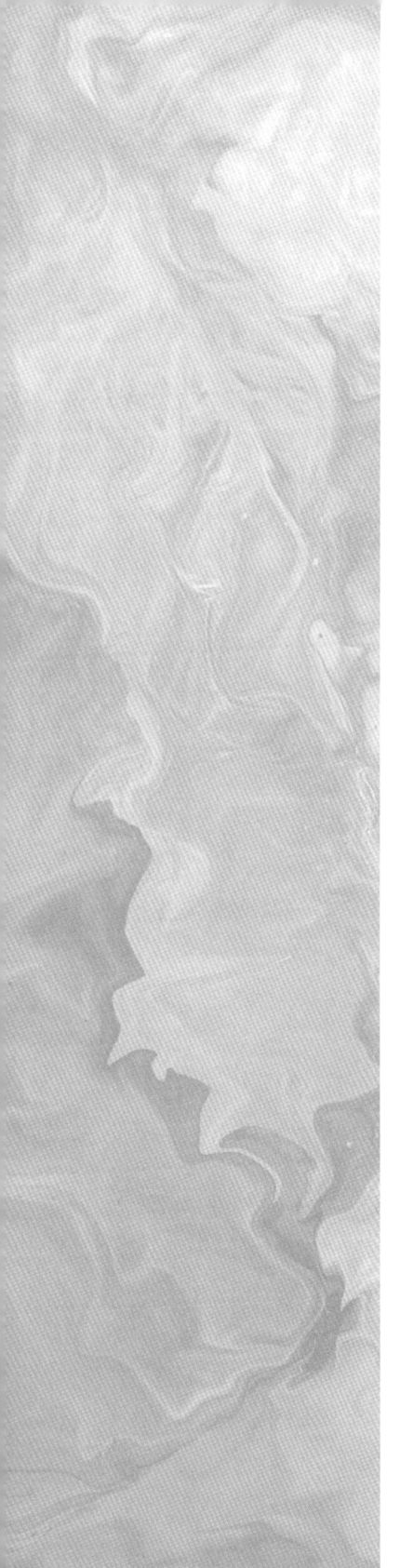

제3부

한국과 일본, 선린과 적대 사이에서

1
도의적 책임론의 등장과 의미
사할린 한인 문제를 중심으로

최희식 국민대학교 일본학과 부교수

I. 사할린 한인 문제와 도의적 책임론

이 연구는 사할린 한인 문제를 통해 한일 역사화해를 위해 어떠한 정치사회적 조건이 필요한지를 살펴보고자 한다. 사할린 한인 문제는 1980년대부터 상당한 진전이 이루어져왔다. 1988년에는 사할린 한인에 대한 일본 정부 예산이 편성되어, 이후 사할린 한인 일시귀국과 영주귀국을 지원했다. 동시에 1993년 8월 25일, 호소카와 수상은 "전쟁책임과 전쟁보상을 분리해서 생각할 방침"이라고 말하며 식민지 관련 보상 문제는 해결이 끝났다는 입장을 고수하면서도, 인도적 차원에서 사할린 잔류 한국인의

---

* 이 글은 2021년 2월 『한국정치연구』 30권 1호에 게재된 최희식, 「도의적 책임론의 등장과 의미: 사할린 한인문제를 중심으로」를 수정하여 재수록한 것이다.

영주귀국 문제에 대해 적극적으로 대처하여 이후 일시귀국과 영구귀국을 지원하는 사업이 구체화되었다.

2000년대까지 일본 정부는 일본군'위안부' 문제, 강제동원 등의 모든 식민지 관련 법적 문제가 한일청구권협정으로 해결되었다며, 정부 예산을 사용해 피해자를 구제하는 데에 소극적이었다. 1995년 시행되었던 아시아여성기금은 어디까지나 국민 모금에 바탕을 둔 민간 기금이었다. 일본 정부는 식민지 관련 문제에 정부 예산을 사용하는 것은 식민지 지배에 대한 법적 책임을 인정하는 것으로 인식했기 때문이다.

사할린 한인 문제는 이와 달리 일찍부터 한일청구권협정과 무관하게 그 해결을 위해 일본 정부의 예산이 사용되었다. 90년대에는 사할린 잔류 한국인의 영주귀국 문제가 사실상 완료되었다. 일본 정부 예산이 사용되었다는 것은 일본 정부가 그 문제에 책임이 있다는 것을 스스로 인정한 것이다. 시기적으로 보나, 일본 정부의 태도의 측면에서 보나, 사할린 한인 문제는 한일 역사화해에 있어 가장 진보적인 사례로 볼 수 있다. 그 이유는 무엇이었을까? 이 글의 문제의식은 여기에 있다.

이러한 문제의식하에 이 글은 일본 정부가 사할린 한인 문제 해결에 적극적 자세로 나올 수 있도록 논리적 토대를 제공했던 '도의적 책임', '인도적 견지'에 주목하고자 한다. 청구권협정으로 모든 식민지 관련 문제가 해결되었다는 논리와 그럼에도 불구하고 정치적으로 문제가 되는 이슈에 있어 피해자 구제를 위해 일본 정부가 노력을 해야 한다는 논리의 접합점이 도의적 책임론이었기 때문이다. 즉 도의적 책임론은 식민지 관련 모든 문제가 해결되었다며 법적 책임이 완료되었다는 주장에도, 문제가 되는 이슈에 대해 일본 정부의 도의적 책임이 남아 있음을 지적하며 그 피해자 구제에 일본 정부가 나설 수 있는 논리적 근거를 마련해주었다. 사할린 한인 문제는 1990년대 본격화되는 이러한 도의적 책임이라는 개념이 등장하는 중요한 계기가 되었다.

1950~1960년대 일본 정부는 사할린에 거주하던 일본인의 귀국 문제에만 집중한 나머지, 한반도 출신의 귀국에 대해서는 외면했다. 이러한 일본 정부의 '비도덕성'이 사할린 한인 귀국문제에 대한 일본 정부의 도의적 책임을 지적하는 배경이 되었다. 이로써 도의적 책임론은 사할린 한인 문제와 함께 공식화되었고, 이후 일본군'위안부' 문제 해결과정에 재등장하며 한일 역사문제와 관련된 일본 정부의 공식 견해가 되어갔다.

이 글에서는 사할린 한인 문제가 다른 역사문제와 달리 이른 시기에 나름대로의 결과를 가져올 수 있었던 원인을 살펴봄과 동시에, 이와 연관되어 도의적 책임론이 어떻게 등장했는지, 이 개념이 사할린 한인 문제 해결에 어떠한 영향을 미쳤는지를 살펴보고자 한다. 동시에 이러한 도의적 책임론이 역사문제에 있어 어떠한 의미를 지니는지 분석하고자 한다.

II. '65년 체제'의 역사문제 구조[1]

1. 65년 체제하 역사문제

한국과 일본은 1965년 한일기본조약 제2조 "1910년 8월 22일 및 그 이전에 대한제국과 대일본제국 간에 체결된 모든 조약 및 협정이 이미 무효

1　이 부분은 최희식, 2016, 『전후 한일관계 70년: 우리는 어떻게 갈등을 극복해왔나?』, 선인, 91-93쪽의 부분을 가필한 것이다.

(already null and void)임을 확인한다"는 조항, 청구권협정 제2조 1항 "양 체약국은 양 체약국 및 그 국민(법인을 포함함)의 재산, 권리 및 이익과 양 체약국 및 그 국민 간의 청구권에 관한 문제가 1951년 9월 8일에 샌프란시스코 시에서 서명된 일본국과의 평화조약 제4조(a)에 규정된 것을 포함하여, 완전히 그리고 최종적으로 해결된 것이 된다는 것을 확인한다"는 조항에 대해서 다른 해석을 하고 있었다. 한일기본조약 제2조는 식민지배의 법적 성격 문제, 청구권협정 제2조는 식민지배의 법적 청산 문제에 직결되는 것으로써, 이를 둘러싼 양국의 다른 해석은 식민지배에 대한 근본적 인식 차이를 드러내는 것이었다.

먼저, '이미 무효(already null and void)'의 구체적 시점과 이에 따른 식민지배의 법적 성격에 대해 한국과 일본은 상이한 해석을 하면서, 불행한 과거의 완전한 청산은 불가능하게 되었다. 후지사키 마사토(藤崎萬里) 외무성 조약국장은 1965년 11월 25일 참의원 일한조약 특별위원회에서 다음과 같이 언급하며, 한일합방조약이 유효했음을 주장했다.

> 영어의 null and void는 당연히 당초부터 무효였다는 생각도 있는 것 같지만, 전혀 그렇지 않다고 생각합니다. 특히 이미라는 글자가 삽입된 것은 예전에는 유효였다는 것을 확실히 말해주는 것으로, 처음부터 무효였다면 이미 무효라는 것은 성립하지 않습니다. 그리고 무효인 시점의 문제이지만, 일한 병합조약은 대한민국 독립일인 1948년 8월 15일에 실효하여, 병합 이전의 모든 조약과 협정은 각각 유효기간의 만료시에, 혹은 병합까지 존속했던 것은 병합 시에 실효하였다고 생각합니다.

이러한 인식은 1965년 11월 5일 중의원 일한조약 특별위원회에서 사토 에이사쿠(佐藤榮作) 수상이 "(1910년에 체결된 병합조약은) 대응한 입장에서 또 자유의사로 체결됐다고 생각하고 있다"라고 발언한 것과 연장선상에 있었다. 일본은 한일합방조약의 합법성을 넘어 비강제성(자율성)까지 주장하는 것이었다. 샌프란시스코강화조약에서 일본의 한국 독립승인 규정이 채용됨에 따라 병합조약의 합법성이 간접적으로 인정된 상황은 이러한 일본 입장을 더욱 견고하게 하였다.[2]

반면 한국은 한일합방조약의 체결 자체가 불법이어서 애초부터 이미 무효였다는 입장을 취하고 있다. 한국 정부는 1965년의 『한일회담백서』에서 "1910년의 한일병합조약과 그 이전의 대한제국과 일본 제국 간에 체결된 모든 조약, 협정, 의정서 등의 명칭 여하를 불문하고 국가 간의 합의문서는 전부 무효이다. 무효의 시기에 관해서는 무효라는 용어 자체가 별단의 표현이 부대되지 않는 한, 원칙적으로 당초부터 효력이 발생하지 않으며 '이미'라고 강조되어 있는 이상, 소급하여 무효(null and void)이다"고 기술하며, 원천 무효론을 주장했다.[3]

청구권협정에 대해서도 한국 정부는 1965년의 『한일회담백서』에서 "영토의 분리 분할에서 오는 재정상 및 민사상의 청구권"이 해결되었을 뿐 "일제의 36년간 식민지적 통치의 대가"는 대상이 아니었다고 해석했던 반면, 일본 정부는 식민지배의 합법성에 근거해서 조선의 분리 독립에 따른 양국 및 양국민의 재산, 권리 및 이익과 청구권 등 모든 법적 청산이

---

2   장박진, 2009, 『식민지관계 청산은 왜 이루어질 수 없었는가: 한일회담이라는 역설』 논형, 236~239쪽.
3   이원덕, 2000, 「한일관계 '65년체제'의 기본성격 및 문제점: 북·일 수교에의 함의」, 『국제지역연구』 9-4호, 47-48쪽에서 재인용.

이루어진 것으로 해석했다.[4]

이렇듯 식민지배의 법적 성격을 둘러싼 한일 양국의 인식 차이는 "이미 무효(already null and void)"라는 양면 해석이 가능한 문구로 양립할 수 있었다. 전략적 모호성, 혹은 비합의의 합의(agree to disagree)를 통해 양자의 갈등을 봉합했다고 볼 수 있다. 식민지배의 청산 문제 또한 청구권협정에 대한 해석을 달리하지만 이를 문제 삼지 않고 외교 문제화하지 않는다는 양국의 암묵적 합의에 의해 그 갈등이 봉합되었다.

이러한 '봉합된 역사문제'는 1965년 2월 시나 에쓰사부로(椎名悅三郎) 외상의 성명에서도 극렬하게 나타났다. 처음 시나 외상이 준비했던 도착성명 원안에는 36년간의 식민통치에 대한 반성의 표현이 조금도 들어 있지 않았다. 이동원 외무장관이 한국 국민 감정에 맞는 역사에 대한 언급이 필요하다며 강력히 요구했고, 한국에 파견되었던 마에다 도시카즈(前田利一) 조사관의 진언에 따라 "양국의 오랜 역사 가운데 불행한 기간이 있었던 것은 매우 유감으로 깊이 반성한다"라는 구절이 들어가게 되었다고 한다. 그러나 위 성명에는 불행한 기간이 무엇을 의미하는지 불명확하고, 반성하는 주체도 구체적으로 언급되어 있지 않는 등 사죄 발언으로 보기에는 무리가 있었다. 실제 1966년 시나 외상은 이때를 회상하며 "큰 마음 먹고 잘못했다고 사과했으면 좋지 않았을까 하는 자도 있다. 이 또한 경솔하고 비굴하게 들린다. 어떻게 하면 좋을 것인가 여러 가지로 궁리해 봤다"라고 회상했다.[5]

이렇듯, 시나 성명은 식민통치에 대한 언급 없이는 한국 국민 감정을

---

4 김창록, 2013, 「한일 과거청산의 법적구조」, 『법사학연구』 47호.
5 다카사키 소지, 2010, 『일본 망언의 계보(妄言の原形)』, 한울출판사, 238-241쪽.

완화시킬 수 없다는 정치적 고려에 의해 급조된 발언에 불과했다. 오히려 1953년의 구보타(久保田貫一郎) 망언에서처럼, 국내적으로는 식민통치가 한국에도 좋은 일이었다는 인식이 강하게 자리잡고 있었다. 실제, 다나카 가쿠에이(田中角榮) 수상은 1974년 1월 24일의 중의원 본회의 답변에서 "긴 합방의 세월 동안 지금도 그 민족의 마음에 남아 있는 것은 일본이 김 양식법을 가르쳐줬고, 나아가 일본의 교육제도, 특히 의무교육제도는 지금까지도 이어지고 있는 훌륭한 것이라고 했다"라고 언급하는 등 시나 외상 성명을 무색케하는 발언이 별다른 문제 없이 이루어졌다.

이렇듯 일본 정부는 한일합방조약의 합법성에 기초하여 교섭을 진행했으며, 최소한도의 사죄만 표명했을 뿐 식민통치에 대한 반성과 거기에 기반한 미래지향적 한일관계를 구축하기 위한 의지를 보여주지 않았다.

물론 한국 정부 또한 과거사 청산에 적극적이었다고 말하기 힘들었다. 이승만 시기 이래 한일회담의 목적은 북한과의 체제경쟁에서 승리하기 위한 청구권 문제의 해결이었으며, 이를 위해 '식민지 지배 자체에 대한 청산'이 아니라 '식민지 시대에 일어난 문제들의 처리'를 추구했다. 예를 들어, 1949년 이승만 정권이 작성한 『대일배상요구서』는 식민지 지배 자체의 불법성에 기반한 책임 추궁이 아니라, '중일전쟁 이후의 인적 물적 피해', '영토 분리분할에서 오는 재정상 및 민사상의 청구권 해결 문제'에 불과했다. 그나마 배상이라는 단어를 사용하였으나, 이마저도 청구권 문제로 그 이후에는 경제협력 문제로 전환되어 갔다. 한일합방조약의 합법성을 전제로 교섭에 임하는 일본 정부의 협상 자세는 전쟁의 폐허에서 다시 시작해야 하는 한국에게는 어찌 보면 넘기 힘든 벽이었는지도 모른다. 무엇보다 냉전의 구조적 산물로서 샌프란시스코강화조약은 과거청산을 강제할 규정을 공백으로 남겨둠으로써 한일회담에서의 과거청산 기회를 낮추었다. 애초 샌프란시스코강화조약에서 일본의 한국 독립승인 규정이 채용됨에 따라 병합조약의 합법성이 간접적으로 인정된 상황에서 한국 정부가 병합조약의 무효에 입각한 교섭을 할 수도 없었다. 한국이 샌프란시스코강화조약에 참여할 수 없었다는 것, 즉 전승국 위치를 획득하지 못한 것 또한 배상에 입각한 교섭을 하기 힘든 조건이었다.[6]

이러한 구조적 제약 속에서 박정희 정권이 '반공'과 '경제건설'을 위한 일본의 경제지원을 얻고자 한일회담에 더욱 현실적인 입장을 취하게 되면서 과거사 청산 문제는 더욱 주변화되어 갔다. 이에 따라 '과거사의 완전 청산'을 요구하는 목소리는 한일협상 반대데모의 형태로 나타났고, 박정희 정부는 '6·3 항쟁'과 같이 반정부 투쟁으로 확산되어가고 있던 반대데모를 극력 저지하였다.

이렇듯, 한국 국민은 권위주의 체제하에 침묵을 강요당했을 뿐, 과거사 청산에 침묵하는 한일 양국 정부에 비판적이었다. 한국 국민 누구도 1965년 국교정상화가 과거사를 청산하고 미래지향적 한일관계의 토대를 구축했다고 믿지 않았고, 이는 오히려 '사죄하지 않는 일본'이라는 이미지를 각인시키는 계기가 되어버렸다. 결국 역사문제의 미해결로 양국 사이의 역사적 앙금은 해소되지 못했고, 이러한 불신은 한국의 민주화 과정에서 폭발적으로 드러나게 되었다.

2. 65년 체제의 올무에 빠진 사할린 한인 문제

한국과 일본은 식민지 지배에 대한 법적 청산을 둘러싸고 다른 주장을 펼

---

6   장박진, 2009, 앞의 책, 236-239쪽.

쳤지만, 갈등은 회피했다. 한일 역사갈등을 봉합하는데 성공한 것이다. 하지만 청구권협정으로 모든 것이 해결되었다는 일본과 새롭게 대두되는 역사문제에 대응해야 하는 한국은 65년 체제의 올무에서 빠져 헤어나오는데 상당한 시간이 요구되었다.

사할린 한인 문제가 본격화된 것은 1958년 '화태억류귀환자동맹'이 결성되면서였다. 소련과 일본이 1955년 국교를 수립하며, 사할린 거주 일본인의 송환이 합의되어 1957년부터 1959년 사이에 사할린 거주 일본인 대부분이 송환되었다. 여기에는 조선인 남편과 자식 1,541명, 일본인 처 766명이 포함되었다. 이때 귀국한 박노학이 중심이 되어 귀환자동맹을 결성하였다. 이들은 사할린에 여전히 남아 있는 조선인 귀환을 위해 노력하고, 일본의 시민사회와 혁신계 정치인이 협력하게 되면서 사할린 한인 문제는 본격적으로 전후처리의 미해결 과제로 등장하게 되었다. 이들은 사할린 거주 조선인의 귀국 희망자 명부(한국 거주 희망자 1,410세대 5,348명, 일본 거주 희망자 334세대 1,576명)를 작성하였고, 1969년 한국 정부를 통해 일본 정부에 전달되었다.[7]

기실 1946년 12월 미군정과 소련은 '소련지구 송환에 관한 미소 간 협정'을 체결하여 사할린 거주 일본인을 송환하였다. 아직 일본이 점령상태에 있었기 때문에 사할린 한인은 여전히 일본국적을 보유하고 있었으므로, 당연히 사할린 한인도 일본인들과 함께 귀환할 것으로 인식되었다. 하지만 일본 정부는 카이로선언, 즉 조선은 완전한 독립국임을 선언했다는 이유로 이들을 일본인 범위에서 제외시켰다. 패전 이후 일본은 경제적 사

---

[7] 이연식, 2014, 「사할린한인 귀환문제에 대한 전후 일본정부의 대응」, 『동북아역사논총』 46호, 324쪽.

정 때문에 조선인의 귀국을 막았으며, 심지어 일본에 거주하는 조선인을 한반도로 보내려까지 했다. 공산주의와 깊은 연관성을 보이는 조선인이 일본 사회의 안전성을 해친다는 편견도 크게 작용했다. 무엇보다 조선인들은 빈민의 비중이 컸기에 일본 정부에 큰 부담이 될 것이라는 판단도 존재했다. 이러한 다양한 이유로 일본 정부는 패전 이후 식민지 관련 문제를 책임감 있게 해결하지 못하고, 조선을 방기하는 오류를 남기게 되었다.

이러한 사할린 한인에 대한 차별은 당시 소련 정부의 태도에도 기인했다. 소련은 1947년 '사할린 남부와 쿠릴열도 조선인의 북조선 송환 문제에 관하여'에서 사할린에 거주하는 북한인에 대해서는 북한으로의 송환을 결정하고 그들의 재산도 북한에 양도할 것을 승인하였다. 소련은 남북 체제갈등하에 북한의 국가건설에 도움을 주고자 북한으로의 송환에는 적극적이었으나, 한국으로의 송환은 사실상 거부하였다.[8] 미국이 일본 점령에 있어 소련의 역할을 사실상 거부함에 따라, 소련은 한반도에서 친소 정권의 수립을 지향하는 방향으로 선회하게 되었다. 결국 미군과 소련군에 의해 분열되었던 한반도는 단독 정부 수립의 방향으로 나아가게 되었다. 이에 따라 소련은 북한 지역에 수립될 단독 정부의 부흥과 발전을 위해 사할린 한인에 대한 송환을 사실상 거절한 것이다.

위에서 언급한 귀환동맹의 노력으로 60년대 본격적으로 한일 사이에서는 사할린 한인 문제를 외교 문제로 협의하기 시작했다. 하지만 65년 체제는 사할린 한인 문제에 올무가 되었다. 한국정부는 사할린 한인 문제는 한일협정과 무관하게 일본이 책임져야 할 사항으로 인식하며 다음과

---

8 한혜인, 2011, 「사할린 한인 귀환을 둘러싼 배제와 포섭의 정치」, 『사학연구』 102호, 171쪽.

같은 입장을 견지했다.[9]

기본입장

1. 일제에 의한 강제동원에 의한 것이었기 때문에 전후 처리의 일부이므로 일본 정부가 복원계획에 따라 자국민을 귀환시킨 것과 동일한 방법으로 노력해야 한다.
2. 종전과 함께 사할린이 소련 영토로 귀속되지 않고 일본 영토로 남아 있었으므로 현재의 재일 한국인의 경우와 같기 때문에 대일강화조약의 법적지위협정(제1조 관계 토의기록)에 합치된다고 보고
3. 소련이 한국으로 귀환할 경우에는 출국을 불허한다는 입장이기 때문에 우선 일본으로 송환하여 일본 정착을 희망하는 자는 일본이, 한국 귀환을 원하는 자들은 한국이 받아들이는 것으로 해야 한다.

교섭방침

● 귀환을 희망하는 재사할린 교포 전원을 일단 일본으로 귀환시키고, 그들을 상당 기간 동안 일본에 정착케 하여 동 기간 중에 거주지 선택 자유의 원칙에 입각하여 일본 및 한국 정착 의사 여부를 확인함.
● 상기 교포의 의사 확인을 위한 일본 체재 중 수용생활 등에 소요되는 제반 경비(일본으로 귀환 시의 교통편의 제공 포함)는 일본이 이를 부담하도록 하고, 또한 의사 확인 후 한국 귀환을 희망하는 교포에 대한 교통편의도 일 측이 제공하도록 교섭할 것임.

---

[9] 한혜인, 2011, 앞의 글, 180-181쪽. 본문에 제시한 교섭방침은 내용을 일부 생략한 것이다.

이와 같이 한국 정부는 사할린 한인은 일본 제국주의의 식민지배에 의해 강제동원된 사람들이기 때문에 일본 정부가 책임을 지고 귀환시켜야 한다는 입장이었다. 동시에 그들이 원한다면 일본에 거주할 수 있게 해야 하며, 그 모든 비용은 일본 정부가 부담해야 한다는 입장이었다.

하지만 일본 정부는 1965년 한일협정에 의해 모든 식민지 관련 법적 청산이 끝났다는 입장이었기에 이에 동의할 생각이 없었다. 1966년 3월 일본의 구로타 북동아과장은 오재희 정무과장에게 ① 한국 정부가 모든 사할린 한인을 받아들인다, ② 일본 정부는 사할린 한인의 귀환에 수반되는 비용을 부담할 의무가 없다고 통보했다.[10] 결국 일본 정부는 한일청구권협정에서 구가한 모든 청구권이 해결되었다는 입장하에, 한국이 이와 관련된 비용을 부담해야 하며, 동시에 반드시 한국이 전원 수용해야 한다는 입장이었다.

이처럼 사할린 한인 문제는 비용과 송환자의 최종 거주지 문제가 한일 간에 핵심 문제가 되었던 것이다. 일본 정부는 사할린 한인의 귀환 비용에 대해서는 일본이 지불할 수 있다는 의견을 표한 적도 있지만, 기본적 입장은 1965년 한일협정으로 모든 문제가 해결되었기에 비용을 지불할 의무가 없다는 것이었다. 가령 1976년 8월 일본 외무성 아주국장은 정순근 주일공사에게 사할린 한인 귀환에 따른 일본 정부의 비용 관련 의무는 한일청구권협정으로 해결되었으므로 비용 문제를 일본 정부의 의무사항으로 간주하는 것에 반대한다는 의견을 명확히 했다.[11]

---

10 오일환, 2018,「한국의 외교적 책임과 시대적 한계」,『책임과 변명의 인질극』, 채륜, 148쪽.
11 이연식, 2014, 앞의 글, 328쪽.

북한을 의식하지 않을 수 없었던 소련은 외연적으로는 사할린에는 귀환을 희망하는 한인이 없다는 태도를 취했지만, 비공식적으로는 사할린 한인의 최종 행선지가 일본이어야만 '출경허가'를 하겠다는 입장이었다. 재일동포의 북송사업이 북한의 체제선전에 활용된 것처럼, 사할린 한인의 한국 귀환이 한국의 체제선전에 활용되는 것을 북한이 꺼려했고, 소련은 이를 의식하지 않을 수 없었던 것이다. 사할린 조선인 문제는 결국 남한과 북한의 체제경쟁에 희생양이 되었던 것이다.

이렇듯 사할린 한인 문제는 청구권협정으로 모든 식민지 관련 법적 청산이 끝났다는 일본 정부의 태도에 직면하여 비용 문제를 둘러싸고 갈등을 빚었다. 동시에 남북의 체제갈등 또한 이 문제에 부정적 영향을 미쳤다. 북한을 의식하며, 한국으로의 송환을 거부하는 소련의 입장 때문에 별다른 진전을 이루지 못했다. 사할린 한인의 일본 수용이 가능했다면 소련의 양보를 이끌어내기에 유리했겠지만, 일본 정부는 사할린 한인의 일본 수용에 소극적이었다. 사할린 한인 문제를 65년 협정으로 끝난 문제로 인식했던 일본 정부는 한국에 그 책임을 전가했던 것이다. 65년 협정에도 불구하고 일본 정부에 책임이 존재한다는 것을 인정하지 않는 이상, 이 문제의 진전은 기대하기 힘든 상황이었다.

III. 1980년대 도의적 책임론의 본격화

1. 정치적 배경

65년 체제하에서는 역사문제에 있어서 과거 식민지배의 법적 성격(합법이냐 불법이냐)에 대한 문제를 애매하게 처리하고, 식민지배의 법적 청산에 있어서도 청구권협정에 대한 해석을 달리하며 되도록 정치적으로 문제화시키지 않는 방식을 취했다. 물론 일본의 형식적인 사죄가 표명되었다. 하지만 일본 내에서는 식민지배의 사죄가 내재화되지 않았고, 무신경한 구조하에 식민지배가 정당화되기도 했다. 최소한의 사죄와 역사문제의 봉합, 시민사회의 저항과 억압, 이것이 65년 체제의 역사문제 구조였다. 그리고 이러한 구조는 사할린 한인 문제에도 그대로 나타났다. 일본 정부가 사할린 한인 문제에 대한 책임을 인정하고 적극적 자세를 보이지 않는 이상, 사할린 한인 문제는 더 이상의 진전을 기대하기 힘든 상황이었다. 한국 정부 또한 65년 한일협정에도 불구하고 일본 정부에게 사할린 한인의 피해를 구제해야 할 책임이 있다는 사실을 보다 적극적으로 설득해야 할 책임이 존재했다.

하지만 1980년대 한국의 민주화 과정에서 이러한 기본 구도가 흔들리기 시작하였다. 그 시작은 전두환 정부의 등장이었다. 전두환 정권은 쿠데타에 의한 정권 장악으로 심각한 정통성의 위기에 직면했다. 따라서 한국의 반일운동이 반체제운동으로 확대되는 것을 경계했다. 더군다나 당시 외교부는 '한글세대'로 불리우는 전후세대가 외교 현장에서 활약하고 있었다. 이들은 식민시대 교육을 받아 일본과의 특수관계를 형성했던 전(前)세대와 달리, 역사문제에 대한 보다 적극적인 해결을 추구하려는 성향이 강했다.[12] 이에 따라, 전두환 정부는 박정희 정부와는 달리 한일 과거사 문제에 더욱 적극적인 자세를 보일 수밖에 없었다.

먼저 사건은 역사교과서 문제에서 시작되었다. 1982년 6월 26일,

---

12 이에 대해서는 당시 외교부의 중진이었던 김석우 전 차관과의 대화에서 확인되었다.

1981년도 교과서 검정에서 고등학교 일본사 교과서에 중국에의 '침략'이라는 표기가 '진출'이라는 단어로 수정되었다는 보도로 한국 시민사회는 반일운동이 활발히 전개되었다. 전두환 정부는 이러한 반일운동의 에너지가 반체제운동으로 전환되는 것을 방지하고자 독립기념관 건립을 위한 대중 모금운동을 전개하였다. 결국 정부에서는 건립 부지를 매입하여 제공하고, 국민들의 성금으로 건립에 소요된 자금을 충당하는 방식을 취했다. 이러한 시민사회의 성장, 더 정확하게는 민주화운동으로 인한 저항 시민사회의 형성으로 역사문제는 국내문제화되기 쉬운 환경에 빠지게 되었고, 전두환 정부는 이에 적극적으로 대응할 수밖에 없어졌다.

문제는 신냉전과 한국의 경제위기라는 대내외적 환경 변화가 발생했다는 점이다. 이는 안보경협에서 나타나듯, 한일 간 협력의 필요성을 증대시켰다. 전두환 대통령은 당시 2차 석유위기로 위기에 처해있던 한국 경제를 위해 일본에 대규모 원조를 요구할 태세였다. 한국 정부는 여기에서 미국을 먼저 설득하려 했다. 1981년 2월 레이건(Ronald W. Reagan) 대통령과의 회담에서 "일본은 미국이 2개 사단의 병력을 한국에 주둔시키는 데 필요한 만큼의 금액을 방위비 형태가 아닌 경제협력의 방식으로 한국에 지불해야 한다"며 미국의 지지를 부탁했다. 일본의 역할을 강조하던 미국이 한국 입장을 지지하자, 한국 정부는 일본에 60억 달러의 정부 차관, 일본수출입은행 자금 40억 달러, 총액 100억 달러에 이르는 경제협력을 공식적으로 요청하였다.

결국 전두환 정부는 점증하는 민주화 요구 등 시민사회의 성장, 경제위기와 신냉전에 대응하기 위한 한일협력의 전략적 필요성, 이 양자를 고려하며 대일정책을 강구했는데, 이것이 바로 새로운 한일관계, '한일관계의 신기원'이었던 것이다. 즉, 박정희 정부와는 달리 역사문제에 대한 일본의 전향적 자세를 견인하면서도, 한일협력을 강화하는 전략을 통해 기본의 한일관계의 구조를 재편하는 것이었다. 이를 위해서는 역사문제, 특히 식민지배에 대한 천황의 사죄 발언이 불가피했으며, 이를 통해 재일한국인 법적지위 향상, 사할린 한인 문제, 원폭 피해자 문제 등을 미해결 과제로 설정하고 새로운 현안 해결 등을 모색하고자 했던 것이다.

반면 일본은 국제사회에 적극적 역할을 모색하고 있었다. 이는 미국의 요구와 압력이기도 하였다. 가령, 나카소네 야스히로(中曽根康弘) 수상은 일본의 국가의식과 국민의식 및 전통문화에 대한 인식을 심화시켜, 일본인의 자존심을 회복하고 전후의 부정적인 자기정체성을 극복하려고 노력했다. 야스쿠니신사 참배 또한 그의 민족주의적 성향을 잘 보여준 것이었다. 하지만, 그는 중국과 한국의 반발에 직면에 참배를 중지하였으며, 역사인식에서 가장 진일보한 견해를 피력하는 등 국제주의자의 면모를 보여주기도 하였다. 가령 1984년 10월 나카소네 수상은 중의원 예산위원회에서, "중국에 대해서는 침략의 사실도 있다고 말씀드릴 수 있다. …… 역시 침략적 사실은 부정할 수 없다고 생각한다"라고 발언하며, 전후 수상으로써는 처음으로 중일전쟁의 침략적 측면을 인정하였다. 동시에 1984년 9월 전두환 대통령이 방일했을 시, 천황은 "양국 간에 불행한 과거가 있었다는 것을 매우 유감스럽게" 생각한다는 발언을 하였는데, 이러한 천황의 발언을 이끌어내는데 나카소네의 역할이 컸다. 비록 '유감' 발언에 머물렀지만, 국가원수인 천황으로 하여금 전후 최초로 식민지 지배에 대한 사죄성 발언을 유도했다는 점은 특기할 만하다.[13]

---

13 吉田裕, 1995, 『日本人の戦争観』, 東京: 岩波書店, 168-170쪽에서 재인용; 五百旗頭真編, 2010, 『戦後日本外交史』, 東京: 有斐閣, 213쪽.

이는 일본이 국제적 역할을 적극적으로 수행하기 위해 아시아와의 역사문제에 전향적 자세를 보여야 한다는 문제의식에 기인한 것이었다. "겸허하게 아시아 지역의 정치적 대표라는 인식을 가져야 하며, 다른 G6 국가들도 일본이 아시아의 대표라는 인식을 가지고 있다"고 설파하며 나카소네는 적극적인 아시아 외교를 전개했다. 이는 역사문제에 대한 전향적 태도 없이는 불가능했다. 따라서 일본 정부는 역사문제에 보다 적극적 대응을 하기 시작하였다. 전후 일본은 "강화조약의 11조에서 도쿄재판을 수락하는 형태로 필요한 최소한의 전쟁책임을 인정하면서 미국의 동맹자로써 위치를 획득한다. 하지만 국내에서는 전쟁책임을 사실상 부정하거나 불문에 부치는 등 대외적 자세와 국내적 취급을 의식적이든 무의식적이든 구별하는" '더블 스탠다드' 입장을 취하고 있었는데, 전후 내각 처음으로 나카소네 내각에서 이러한 전쟁책임이 국내적으로 공식화되면서 대외적 표명과 국내적 자세가 일치되어 가기 시작했다.[14]

이렇듯 아시아에서 일본의 역할을 확대하기 위해서는 식민지배와 침략전쟁으로 인한 일본에 대한 불신을 해소해야 했다. 따라서 일본 정부는 양국 간 이슈가 되는 역사문제에 적극적인 자세를 보일 필요가 있었다. 무엇보다 한국 정부가 사할린 한인 문제와 한인 원폭피해자 문제를 적극 거론하는 상황에서, 이에 대해 보다 협력적인 자세를 취해야 했다.

2. 시민사회의 대응

한일 양국 정부의 변화와 더불어 주목해야 하는 것은 일본 시민사회의 적

---

14 吉田裕, 1995, 앞의 책, 82, 168-170쪽.

극적 움직임이다. 일본 시민사회는 사할린 한인 문제를 미해결의 전후처리 문제로 인식하고 있었다. 가령 다카키 켄이치(高木健一) 변호사는 1987년 9월 16일 중의원 법무위원회에서 증인으로 출석하여 다음과 같이 사할린 한인 문제가 미해결 과제임을 명확히 하였다.

> 더불어 말씀드리면, 지금까지 일본변호사협회는 잔류한국인 귀환 문제나 재한 피폭자 문제 등 미해결의 전후처리 문제에 관련된 문제에 대해서도 종종 의견을 정리해서 공포해 왔습니다.

실제 다카키 변호사는 1975년 '재사할린 한국인 귀환 변호인단'을 결성하여, 사할린 한인의 귀환을 위한 소송을 진행하였다. 또한 1990년에는 사할린 한인에 대한 일본 정부의 보상 소송을 진행하면서 사할린 한인 문제를 지속적으로 지원한 인물이다.

1983년에는 오누마 야스아키(大沼保昭) 도쿄대 교수를 중심으로 '아시아에 대한 전후책임을 생각하는 모임'이 결성되어 전후 미해결 문제를 해결하는 것을 목표로 사할린 한인 귀국 문제를 최우선적으로 처리해 나갔다. 이 모임은 유엔인권위원의 차별방지·소수자보호 소위원회에 호소해서 조사위원회 구성 결의안을 제출하였지만, 소련의 반대로 부결되었다. 하지만 위 모임은 강연회, 연구회 등을 개최하여 사할린 한인 문제에 대한 여론을 환기시켰다.

소련의 반대로 사할린 한인 문제가 번번히 좌절을 겪자, 시민운동만으로는 안되고 정치권과의 연계가 필요하다고 판단한 오누마 교수는 국회에 호소하기 시작했다. 그 결과 1987년 '사할린 잔류 한국조선인 문제 의원간담회'가 결성되었다. 자민당 실력자인 하라 분베에(原文兵衛)가 회장에, 북한과의 관계가 두터운 사회당의 이가라시 고조(五十嵐広三)가 사무국장으로 138명의 의원을 규합했다. 의원간담회는 정치적 영향력을 이용하여 외무성과 법무성을 강하게 압박했으며, 사할린 한인 문제에 연관되어 있는 소련, 북한과의 네트워크가 강한 의원들이 존재해서 위 문제의 실질적 해결을 위한 중요한 토대가 되어갔다.[15]

한국 정부에 부정적이었던 일본의 시민사회가 1970년대 김대중납치사건 이후 한국의 민주화운동과 조우하기 시작했다. 기존의 일본 시민사회는 한국의 독재정권으로 인해 한국과의 우호관계보다는 대북 민간교류에 더욱 열심이었다. 독재주의의 한국보다는 이데올로기적으로 친화성이 높은 북한과의 교류에 적극적이었던 것이다. 하지만 한국의 민주화운동과 조우한 일본의 시민사회는 한국과의 교류에 관심을 갖기 시작했으며, 그 과정에서 역사문제의 해결에 적극적이었다.

3. 사할린 한인 문제의 진전

65년 체제의 올무에 빠졌던 사할린 한인 문제가 조금씩 진전되기 시작한 것은 일본이 인도적 차원에서 사할린 한인 문제를 적극적으로 대처하겠다는 입장을 본격화하면서, 최종 행선지 문제에 대해 양보하면서였다. 1976년 일본의 이나바(稲葉修) 법무상은 한인을 한국으로 귀환시킨다는 조건을 달지 않고, 일본으로 오는 것을 허용하겠다고 발언하였다.[16]

---

15 김성종, 2009a, 「사할린 한인동포 귀환의 정책의제화 과정 연구」, 『한국동북아논총』 50집; 김성종, 2009b, 「정책옹호연합모형을 통한 정책변동과정 분석: 사할린 동포 영주귀국 사례」, 『한국동북아논총』 53집.

16 이연식, 2014, 앞의 글, 328쪽.

또 하나의 쟁점이었던 비용 문제에 대해서는 여전히 청구권협정으로 지불의무가 없다는 발언도 존재했지만, 도의적 책임이 강조되면서 일본 정부도 비용을 지불할 용의가 있다는 방향으로 바뀌었다. 이러한 일본 정부의 입장 변화에는 더 이상 일본 정부에 비용부담을 요구하지 않겠다는 한국 정부의 태도 변화도 중요한 원인 중에 하나였을 것이다. 그동안 일본 정부의 완강한 태도에 직면한 한국 정부는 1976년 10월 일본 정부에 보낸 서한에서 더 이상 비용부담을 요청하지 않을 것을 통보하였다.[17]

한국 정부로서는 이들의 귀환에 따른 경비를 일 측이 어느 정도라도 부담함으로써 그간 그들이 당했던 여러 고통을 조금이라도 덜어주게 될 뿐만 아니라, 한국국민의 격한 감정도 누그러뜨릴 수 있도록 하고 …… 동 비용부담을 일 측에 요청했던 것이다.
그러나 일본 정부는 유감스럽게도 아측의 이러한 협조 요청에 끝내 난색을 표명하여 왔으므로, 한국 정부는 일본 정부에 대한 비용부담을 더 이상 요청하지 않기로 하였으며 ……

하지만 이러한 한국 정부의 태도는 인도적 견지, 도의적 책임을 주장하는 일본 정부에 더 큰 부담감을 주는 것이었다. 기실 귀환에 소요되는 비용부담이 그리 큰 것은 아니었지만, 일본 정부는 1965년 청구권협정으로 모든 식민지 관련 청산이 끝났다는 입장을 견지하는 차원에서 비용부담에 소극적 입장이었던 것이다. 그 과정에서 한국 정부가 비용부담 요구를 철회하면서, 비용부담과 1965년 청구권협정 사이의 연관관계가 사

---

17 오일환, 2018, 앞의 글, 170쪽.

라지게 되었기에 한일 양국의 공동부담 형태로 일본의 입장이 선회할 수 있었던 것이다. 실제 인도적 견지에서 사할린 한인의 귀환에 적극 협력하겠다는 입장을 표명한 이상, 그 비용을 지원하는 것은 불가피하였다고 볼 수 있다.

앞에서 살펴본 대로, 전두환 정부는 정통성 위기에 직면하여 역사문제에 보다 적극적인 자세를 보였다. 사할린 한인 문제에 대해서도 정부의 태도는 더 적극적인 것이었다. 전두환 정부 등장과 더불어 주목해야 할 것은 법적지위 문제와 더불어 사할린 한인 문제, 원폭피해자 문제 등 새로운 역사문제가 정부 차원에서, 그리고 한일의원연맹 차원에서 논의되기 시작했다는 점이다. 청구권협정으로 모든 식민 관련 문제가 해결되었다는 일본 정부 입장에 직면하여 우회적인 방법을 사용한 것이다. 한일의원연맹에는 한국과 일본의 정치실력자들이 집합해 있었으며, 이 경로를 통해 다양한 문제를 해결할 수 있었다.

1981년 4월 8차 한일의원연맹 합동총회에서는 재일 한국인 법적지위 향상 특별위원회를 설치하여, 재일 한국인 법적지위 문제를 중심으로 사할린 한인 문제, 한국인 원폭피해자 문제를 논의하기 했다. 실제 1982년 한일 의원연맹은 10차 합동총회를 마친 뒤 공동성명에서 다음과 같이 사할린 한인 문제와 원폭피해자 문제를 해결하기 위해 노력할 것을 합의했다.[18]

양국 의원단은 재일 한국인의 지위 향상 문제에 관하여 그간 양측 연맹의 성과를 평가하고, 사할린 억류 한국인의 조기 귀환과 한국인 피

---

18 한일의원연맹, 1984, 『한일의원연맹 활동보고서(1984년도)』, 34쪽.

폭자의 구제 문제를 포함하여 계속 노력할 것을 약속하였다.

1984년 한일의원연맹 법적지위위원회에서는 사할린 교포 문제와 원폭피해자 문제가 구체적으로 논의되었다. 그 회의록에는 다음과 같이 기록되어 있다.[19]

> **사할린 교포 문제**: 일본 측은 소련과 북한의 태도가 문제라면서 정부에 대한 계속적인 송환촉구운동 전개를 다짐. 일본 측은 동 문제 해결을 위해 국제적십자와 국제연합에도 협조의뢰를 하고 있음을 강조. 이 문제와 관련, 일본 측은 북한 거주 일본인 처 모국 방문 요망에 대한 북한의 폐쇄적 정책을 신랄히 비난
> **한국인 원폭피해자 문제**: 역사적 인도적 견지에서 적극적인 구제운동을 전개하기로 합의

여기에서 주목할 것은 '인도적 견지'라는 말이다. 사할린 교포 문제와 한국인 원폭피해자 문제를 식민지배 청산 관련 문제로 보지 않고, 인도적 견지에서 보고 있다는 것은 주목할 필요가 있다. 즉 '인도적 견지'라는 말 속에는 1965년 한일협정으로 식민지배 관련 법적 청산이 모두 끝났지만, 도의적 차원에서 식민지배 관련 이들 문제를 일본이 전향적으로 대처해야 한다는 논리가 내재해 있는 것이다. 위 문제가 전두환 정부 기간 내 한일 정부 간 교섭보다는 한일 의원연맹 내의 교섭으로 전개되었다는 것 또한 이 때문일 것이다.

---

19 한일의원연맹, 1984, 앞의 책, 18-19쪽.

실제 1986년 2월 12일 중의원 예산위원회에서 당시 나카소네 내각의 외무상이었던 아베 신타로(安倍晋太郎)는 다음과 같이 도의적 책임론을 명확히 언명했다.

> 지금 사토 위원이 말한 것처럼, 사할린에 있는 한국인, 예전에는 일본인이었던 것이며, 그런 의미에서 국제법상의 문제, 법률적 문제는 별도로 하더라도, 일본에 있어서 절반의 책임이라고 말하지만, 도의적 책임이라는 것이 있다고 저는 생각합니다. 일본 정부로서도 그것에 협력하고 노력을 하는 것은 일본이 해야 할 책임 중 하나일 것입니다. 다만, 법률적으로, 국제법적으로는 소련과 북한의 문제라는 것을 소련이 말하고 있어서, 측면적 격려라는 것에 노력하고 있으며, 그것이야말로 인도적 문제로서 일본도 책임의 반을 지고 있어 계속 노력해 갈 것을 결의합니다.

기실 이러한 도의적 책임이 처음 언급된 것은 1976년 이나바 법무상이 1월 22일 참의원 예산위원회에서 야당 의원의 질문에 대한 이하의 답변에서였다.

> 우리 나라(일본)는 샌프란시스코평화조약에서 조선의 독립을 승인하고, 조선의 영토 및 조선인에 대한 주권을 방기했습니다. 그 결과 일한병합 후 일본의 국내법상 조선인으로써의 법적지위를 가졌던 사람은 거주지가 어디든지 조선 국가의 구성원이 되었고, 동시에 일본 국적을 상실한 것으로 이해하고 있습니다. 따라서 사할린에 거주하고 있는 한반도 출신자에 대해서는 거기에 해당하는 한, 현재는 일본 국적

을 보유하고 있지 않는 사람으로 취급하지 않을 수 없는 것은 당연합니다. 다만, 지적한 것처럼 사할린 조선인의 인양 문제에 대해서는 강제연행되었던 사람들에 대해서는 일본이 원상회복의 형태로 복귀시켜야 하는 것은 도의상의 책임으로 남아있다고 생각하고 있습니다. 당성(법무성)은 구체적인 입국신청의 제출에 대해 인도적 문제로서 그것을 처리할 것입니다. …… 저도 방금 전에 말씀드린 대로, 법적으로는 그렇게 말할 수밖에 없지만, 일소평화조약이 체결되기까지, 정치적 책임이랄까, 도의적 책임을 어떻게 다할까 하는 문제라고 생각합니다만, 그것에 대해서는 역시 통과로써 한국에 귀환한다는 조건을 달지 않고, 우선 여기(일본)에 수용하고 그 후 조치를 취한다, 인도적 조치를 취한다고 하는 것 이외에, 현재 답변드릴 것이 없습니다.

다만 '도의적 책임'을 얘기했던 1976년 1월 22일, 미야자와 기이치(宮澤喜一) 외상은 같은 야당 의원의 질문에 대해 '도의상의 책임'도 '도의적 책임'도 언급하지 않고 외교적 노력을 다하고 있다는 말만을 했을 뿐이다.[20] "그것에 대해서는 역시 통과로써 한국에 귀환한다는 조건을 달지 않고, 우선 여기(일본)에 수용하고 그 후 조치를 취한다, 인도적 조치를 취한다고 하는 것 이외에, 현재 답변드릴 것이 없습니다"라는 이나바 법무상의 발언처럼, 도의적 책임에 대한 명확한 내용이 없었던 것이 사실이다. 그럼에도 1970년대 후반부터 일본 정부 내에는 사할린 한인 문제에 대해 일본 정부의 '도의적 책임'이 여전히 존재한다는 의식이 존재했다는 사실은 확인되고 있다.

---

20 이연식, 2014, 앞의 글, 337쪽.

이러한 노력에 기인하여, 1988년 갱신 가능한 1년 단위의 체류허가가 인정되어 영주귀국의 토대가 마련되었다. 또한 사할린 한인과 한국 가족이 일본에서 상봉하는 것을 지원하기 위해 5,800만 엔이 예산으로 상정되었다. 1989년에는 소련이 한국으로 향하는 출국을 허가하였고, 한국적십자와 일본적십자의 공동사업체가 발족되어 대규모 한국 방문이 가능해졌다. 실제 1990년 2월에 120명의 한인이 서울을 방문하였다.[21] 1991년과 1993년에는 일본 정부가 재한원폭피해자복지기금에 40억 엔을 출연하여 의료사업을 지원했다. 1988년부터는 사할린 한인에 대한 예산도 편성되어, 이후 사할린 한인 일시귀국과 영주귀국을 지원했다.[22] 점증하는 한국의 요구는 결국 정부 간 교섭으로 전환되었고, 일본 정부가 인도적 견지에서 이에 대응하는 구조가 1980년대 후반부터 나타나기 시작한 것이다.

IV. 도의적 책임론의 의미

1. 도의적 책임론과 사할린 한인 문제

이 글에서는 가설적으로 사할린 한인 문제를 역사화해적 측면에서 다음과 같은 의의를 지닌다고 분석하고자 한다. 먼저 가해국 시민사회의 피해자에 대한 공감과 그 해결을 위한 연대의 중요성을 지적하고자 한다. 이

---

21 이연식, 2014, 앞의 글, 342쪽.
22 정재정, 2014, 『한일의 역사갈등과 역사대화』, 대한민국역사박물관, 95-96쪽.

는 일본 전후 민주주의의 성장과도 맥을 같이 하는 것이다. 민주주의의 성장과 더불어 정부의 역사인식과 정책과는 다른 좀 더 화해적이고 진보적인 역사인식과 정책이 시민사회로부터 대두되었기에 일본 정부를 포섭할 수 있었던 것이다.

두 번째, 시민사회의 국가포섭 전략이 성공했다는 점을 지적할 수 있다. 아무리 시민사회에서 피해자에 대한 공감과 연대가 형성되었다고 하더라도 국가를 포섭할 수 없다면 무용지물이다. 사할린 한인 문제는 시민사회가 정치권을 독려하여 '사할린 한인 문제 해결을 위한 국회의원 간담회'를 설치하는데 성공했다. 자민당 리버럴과 사회당 및 공산당 등 다양한 정당으로 구성된 위 간담회가 일본 정부에 큰 압력으로 작용한 것이다.

세 번째, 가해국과 피해국 간 국가영역에서 일정한 접합점을 찾을 수 있었기에 가능했다는 점이다. 일찍부터 한국 정부와 일본 정부는 '피해자 구제'에 대해서는 동의하기에 이르렀지만, 그 명목과 형식을 두고 대립하였다. 일본 정부는 65년 청구권협정으로 모든 식민지 관련 법적 문제가 해결되었다고 주장해 왔다. 따라서 정부 예산을 사용하는 것에 소극적이었다. 반면 한국 정부는 위 문제가 일본의 식민지배에서 유래한 문제이므로 일본 정부가 홀로 전적인 책임을 지고 구제(즉 원상복귀)하기를 바랬다. 하지만 양국 정부는 '피해자 구제'라는 역사화해의 일차적 목적을 위해 명분과 형식에 대해서는 일정한 타협을 이루었다. 그것은 '인도적 견지'였다. 후에는 '도의적 책임'으로 발전한 위 논리는 피해자 권리의 구제를 위해 양국 정부가 국가영역에서 접합점을 찾고자 노력한 결과 대두된 개념이다. 물론 위 개념은 한국 입장에서는 불법적 식민지배를 인정하지 않는 논리이기 때문에 불만족스러운 것이었다. 65년 청구권협정으로 모든 문제가 해결되었다는 형식논리를 고집했던 일본 정부 또한 정부 예산을 사용하여 위 문제를 해결하려는 것이 식민지배에 대한 법적 책임으로 비쳐질지도 모른다는 생각 때문에 불만족스러웠을 것이다. 하지만 피해자 구제에 공감했던 한일 양국 정부는 '인도적 견지'와 '일본 정부 국가 예산의 사용'이라는 접합점을 찾았던 것이다.

네 번째, 도의적 책임론은 한국 정부의 '미해결론'과도 접점을 찾을 수 있었던 개념이었다. 1980년대 이후 한국 정부는 새롭게 대두되는 역사문제(사할린 한인 문제, 한인 원폭피해자 문제) 등에 대해서도 청구권협정으로 식민지배의 법적 청산이 끝났다는 일본을 설득해서 이에 대한 전향적 자세를 요구하려는 흐름이 나타났다. 2000년대 한국 정부가 공식화한 '미해결론'과 같은 논리적 주장은 아니었지만, 당시 외교부와 청와대에서는 한일협정에도 불구하고 해결하지 못한 문제가 존재한다는 인식이 존재했던 것이다. 도의적 책임론은 이러한 한국 정부의 미해결론과 접점을 찾으며 피해자 구제를 위해 한일 양국의 협력을 이끌어 낼 수 있었던 것이다.

2. 도의적 책임론과 법적 책임론의 공방

이렇듯 사할린 한인 문제 해결에 큰 역할을 했던 도의적 책임론은 일본군'위안부' 문제에 다시 소환되었다. 무라야마 내각은 고노 담화 정신에 입각해 후속 조치로서 아시아여성기금사업을 추진하였다. 이 과정에서 식민지 지배 관련 법적 청산이 끝났다는 기존 입장과의 일관성을 확보하기 위해 '위안부' 피해자에 대한 기금을 어떤 명목과 형식으로 할 것인지가 논의의 핵심이 되었다.

그런데 1994년 8월 19일, 아사히신문은 갑자기 "위안부에 위로금, 민

간기금 구상, 정부는 사무비 거출만(元慰安婦に見舞金'民間募金で基金構想' 政府は事務費のみ)"이라는 제목으로 아직 정해지지 않은 아시아여성기금 구상을 보도했다. 한국에서는 '민간기금', '위로금'이 크게 보도되었다. 이 보도는 민간기금 형태로 일본 정부가 책임을 회피하고, 위로금이라는 피해자의 자존심에 상처를 주는 단어를 사용한다며 아시아여성기금에 대한 격렬한 반대 여론을 형성하는 중요한 계기가 되어 버렸다. 위 기금 조성에 깊게 관여한 오누마 야스아키는 보상금(償い金)을 위로금으로 잘못 보도한 언론의 책임을 거론했다.[23] 반면 와다 하루키(和田春樹)는 기존 일본 정부의 입장을 지키려고 했던 그룹이 자신들의 구상을 언론사에 흘린 것으로 추측하고 있다.[24]

물론 위 보도는 실제 아시아여성기금의 실상과는 거리가 있는 보도였다. 일본 정부는 1995년 6월 사무비뿐만 아니라 피해자의 의료복지 지원을 위해 정부자금을 거출하기로 결정하면서 실질적인 보상의 측면을 가미시켰다. 또한 실제 지원금은 보상금(일본어로 償い金, 영어로는 atonement)의 이름으로 지급되었으며, 일본 정부는 위 기금의 수용이 국가 보상을 요구하는 소송을 방해하지 않는다는 것도 인정했다.

하지만 일본 정부는 1965년 청구권협정에 의해 법적 청산이 끝났다는 입장을 견지하기 위해 '도의적 책임'이라는 개념을 명확히 했으며, 이와 연관성 속에 아시아여성기금이 민간기금이라는 명목논리를 전면화했고, 그 명목논리에 집착했다.

---

23 『아사히신문』, 2014. 12. 28. 1990년대 초중반 '위안부' 문제에 대한 한일 양국 매스미디어 및 NGO의 공과를 비판한 것은 다음을 참조. 大沼保昭, 2007, 『慰安婦問題とは何だったのか』, 中公新書.

24 和田春樹, 「慰安婦問題: 現在の争点と打開の道」, http://www.wadaharuki.com

'도의적 책임론'을 명시화하고 일본 정부가 그 명목에 집착하는 순간, 상황은 달라졌다. 식민지 지배가 불법이라고 주장하는 한국 시민사회는 이러한 '도의적 책임론'은 수용하기 힘든 것이었다. 오히려 식민지 지배를 반성하고 사죄한 것과 '도의적 책임론'은 모순된 것으로 비쳤으며, 일부 언론은 '도의적 책임론'은 일본 정부가 '말로만' 반성과 사죄를 하고 있는 사실을 보여준다며 강하게 비판하기도 했다. 또한 1996년과 1997년에 주로 나온 일본군'위안부' 관련 망언은 상황을 더욱 어렵게 만들었다.

이에 한국 시민사회는 일본 정부의 '도의적 책임론'에 대응하기 위해 '법적 책임론'을 주장하게 되었다.[25] 이는 1996년 쿠라스와미 보고서 및 1999년 맥두걸 보고서에서 일본 정부의 법적 책임이 명기되면서 더욱 힘을 얻게 되었다.[26] 이로써 역사화해의 증표가 될 것으로 기대되었던 아시아여성기금은 오히려 '도의적 책임'과 '법적 책임'의 화해하기 힘든 대결만 남긴 채 기억 속에서 사라졌다.

이런 어려운 상황에서 한국 정부는 그 리더십을 유지하지 못하고 갈팡질팡한 것 또한 사실이다. 가령 1993년 김영삼 대통령은 철저한 진상규명은 요구하되 일본에 대한 도덕적 우위성을 가지기 위해 물질적인 보상을 요구하지 않겠다는 입장을 표명한 바 있다. 이는 청구권협정으로 일본군'위안부' 문제 또한 해결되었다는 입장을 표명한 것은 아니지만, 청구권협정과 일본군'위안부' 문제의 연관성을 의식하며 나온 발언으로 이해할 수 있다. 이러한 입장에 따라 한국 정부는 1993년 일본군'위안부'

---

25 조윤수, 2014, 「일본군위안부 문제와 한일관계」, 『한국정치외교사논총』 36-1호.
26 고병철은 쿠라스와미 보고서가 정부 보상을 요구하지 않은 한국 정부의 정책을 변화시킨 중요한 요인이라고 분석하고 있다. Byung Chul Koh, 2007, 『Between Discord and Cooperation』, 연세대학교 출판부, 358-359쪽.

에 대한 생활안정법을 제정하고 피해자에게 500만 원의 일시금과 매달 15만 원의 생활안정지원금을 지불했다.

이런 방침 속에, 한국 정부는 고노 담화의 후속 조치로서 대두되었던 아시아여성기금에 대해서 일본 정부가 1995년 6월 의료복지사업에 정부 자금을 출자하는 것으로 가닥을 잡자 이를 평가하고 협력하겠다는 의사를 표명했던 것이 사실이다. 그러나 한국정신대문제대책협의회와 일본군'위안부' 피해자의 상당수가 아시아여성기금을 강력하게 반대하자, "피해자가 납득할 수 있는 방식"을 요구해 왔던 한국 정부는 아시아여성기금에 대한 기존 정책을 수정할 수밖에 없었다. 그런 와중에 1996년 12월 아시아여성기금이 위 기금의 보상금을 받겠다는 의사를 표현한 '위안부' 피해자에게 개별적으로 접근하여 보상금을 일방적으로 지급하자, 한국 정부는 강력하게 반발하였고 결국 화해의 상징이 되었을 아시아여성기금은 한일 마찰의 현안이 되어버렸다.[27] 급기야, 1998년 1월 26일, 당시 유종하 외무장관은 국회에서 "1965년 한일청구권협정 체결 당시에는 군대'위안부' 문제의 불법성이 논의되지 않은 상태였다"며 일본이 이제 와서 '위안부' 문제에 대한 배상책임이 없다고 주장하는 것은 법리상 맞지 않다고 발언하였다.[28]

사태가 수습된 것은 김대중 정부가 수립되고 나서였다. 1998년 4월 외교통상부는 성명을 통해 "일본군'위안부' 개개인에 대한 일본 정부의 배상을 정부 차원에서 요구하지 않기로 했으며, 일본에 과거사에 대한 사과를 촉구하기로 했다"고 밝혔으며, 이후 '위안부' 피해자에게 3천 8백만

---

27 Byung Chul Koh, 2007, 앞의 책, 360-361쪽.
28 『세계일보』, 1998. 1. 27.

원의 지원금을 지급했다.[29] 이러한 김대중 정부의 대응은 식민지 지배의 불법성과 청구권 협정에 대한 한국 정부의 해석에 기반했을 때 일본군'위안부' 문제에 대해 배상을 요구할 수 있는 권리가 있지만 이를 요구하지 않겠다는 논리로, 식민지배의 법적 성격과 그 청산을 둘러싼 한일 간 이견이 존재하지만 이를 외교문제화하지는 않겠다는 '65년 체제' 정신을 반영한 것으로 이해될 수 있다. 이러한 입장은 노무현 정부에도 계승되었다고 볼 수 있다. 실제 노무현 정부는 일본군'위안부' 문제는 반인도적 불법행위로서 일본 정부의 법적 책임이 남아 있다는 2005년 민관공동위원회의 입장 표명에도 불구하고 일본군'위안부' 문제를 외교쟁점화하지는 않았다.

또 한번 도의적 책임론이 문제가 된 것은 2011년 한국 헌법재판소 부작위 판결이 나오고 나서부터였다. 한일 양국은 다시 한 번 일본군'위안부' 문제 해결을 위해 협의하지 않을 수 없었다. 일본 정부는 2012년 10월, 일본 수상이 '도의적 책임'이 아닌 '책임'을 언급한 사죄문을 발표하고, 일본 대사가 피해자를 방문하여 사죄금과 수상의 사죄문을 전달하며, 제3차 한일 역사공동위원회를 조직하여 한일 공동연구를 실시한다는 안을 제시했다. 한국 정부가 위의 제안을 수용하려 했던 것에서 알 수 있듯이, 한국 정부는 '법적 책임'을 얘기하지만 그 구체적 내용에 대해서는 언급을 삼가면서 정치적 타결을 추구했다. 하지만 일본 민주당 정부의 내부적 혼란과 자민당으로의 정권 교체로 인해 실패로 끝나고 말았다.

이후 한일 간의 긴 갈등을 거친 후, 2015년 12월 28일 한일 외교장관 회담을 통해 한일 양국은 일본군'위안부' 문제에 대해 일본은 다음과 같

---

29 조윤수, 2014, 앞의 글, 88쪽; 정재정, 2014, 앞의 책, 106쪽.

은 합의사항을 발표했다.[30]

일한 간 '위안부' 문제에 대해서는 지금까지 양국 국장 급 협의 등을 통해 집중적으로 협의해 왔음. 그 결과에 기초하여 일본 정부로서 이하를 표명함.

1. '위안부' 문제는 당시 군의 관여하에 다수의 여성의 명예와 존엄에 깊은 상처를 입힌 문제로서, 이러한 관점에서 일본 정부는 책임을 통감함. 아베 내각총리대신은 일본국 내각총리대신으로서 다시 한번 '위안부'로서 많은 고통을 겪고 심신에 걸쳐 치유하기 어려운 상처를 입은 모든 분들에 대해 마음으로부터 사죄와 반성의 마음을 표명함.

2. 일본 정부는 지금까지도 본 문제에 진지하게 임해 왔으며, 그러한 경험에 기초하여 이번에 일본 정부의 예산에 의해 모든 전(前) '위안부' 분들의 마음의 상처를 치유하는 조치를 강구함. 구체적으로는, 한국 정부가 '위안부' 분들의 지원을 목적으로 하는 재단을 설립하고, 이에 일본 정부 예산으로 자금을 일괄 거출하고, 일한 양국 정부가 협력하여 모든 '위안부' 분들의 명예와 존엄의 회복 및 마음의 상처 치유를 위한 사업을 행하기로 함.

3. 일본 정부는 상기를 표명함과 함께, 상기 2.의 조치를 착실히 실시한다는 것을 전제로, 이번 발표를 통해 동 문제가 최종적 및 불가역적으로 해결될 것임을 확인함. 또한, 일본 정부는 한국 정부와 함께 향후 유엔 등 국제사회에서 동 문제에 대해 상호 비난·비판하는 것을 자제함.

---

30 『경향신문』, 2015. 12. 28.

위 사항에 대해 한국 정부는 "일본 정부가 주한일본대사관 앞의 소녀상에 대해 공관의 안녕·위엄의 유지라는 관점에서 우려하고 있는 점을 인지하고, 한국 정부로서도 가능한 대응 방향에 대해 관련 단체와의 협의 등을 통해 적절히 해결되도록 노력"한다는 항목까지 표명하면서 일본군'위안부' 문제의 "최종적 및 불가역적 해결"에 동의를 하였다.

이러한 한일 합의는 기존에 도의적 책임을 주장하면서 보상의 의미가 가미된 정부 예산 사용을 반대해왔던 일본 정부가 '책임'을 인정하고 정부 예산을 사용하기로 했다는 점에서 진일보한 것임에도 틀림없다.

또한 재단을 설립하고 일본군'위안부'의 명예와 존엄 및 치유를 위한 사업을 전개하기로 하여 민간영역에서 진상규명과 교육 및 기념·추모 사업 등을 전개할 여지를 남겼다는 점 또한 특기할 만하다. 재단이 '위안부' 피해자의 "명예와 존엄 및 치유를 위한 사업을 전개"하는 것으로 합의된 이상, 역사적 사실을 밝히는 진상규명사업, 피해자를 기념하고 추모할 수 있는 기념관 설립, 한일 교과서에서 진상을 전달하는 사업 등은 그 취지에 벗어나지 않는다고 판단되기 때문이다. 물론 한일 정부 사이에는 "최종적 불가역적 해결"에 합의했기에 재단의 여러 사업은 당연히 민간이 주도하고 정부가 지원하는 형태로 운영될 수밖에 없을 것이다.

결국 일본군'위안부' 문제에 대한 한일 간 정부 합의는 일본 정부의 책임 인정과 사죄 및 정부예산 사용을 통해 '정치적' 해결을 꾀하면서도, 재단이라는 형태로 일본군'위안부' 문제의 '실질적' 해결을 민간에 맡기는 구조를 취한 것으로 해석할 수 있다. 일본 정부는 '책임'이 법적 책임을 의미하는 것이 아니라고 강변할 수 있으며, 65년 청구권 협정으로 모든 법적 책임을 완수했다는 기존 입장을 변화시킬 필요가 없어졌다. 반면 한국 정부는 책임, 사죄, 실질적 보상을 얻어냈다고 강변할 수 있게 되었다. 이렇듯 전략적 모호성이 다시 한번 가동된 것이다.

하지만 이러한 정치적 의미는 "최종적 및 불가역적으로 해결될 것임을 확인한다"라는 문구로 인해 퇴색하였다. 책임 문제, 이에 대한 배상 문제가 정치적으로 타협하는 형태로 합의가 되었다는 사실은 이미 언급했다. 이러한 '타협된 정의' 자체에도 불만을 가질 수 있는데, 이를 가지고 최종적 및 불가역적 해결을 주장함에 따라 국민 여론은 이를 부정적으로 바라볼 수밖에 없게 된 것이다.

3. 한일 간 역사화해의 방향

돌아보면 1990년대는 매우 아쉬운 시기였다. 일본 정부는 나름대로의 성의와 진실성을 가지고 역사문제를 해결하려고 노력했다. 그러나 피해국 여론을 살피는 데에는 서툴렀다. 그들은 법적 일관성이라는 형식 논리에 얽매여 '감정의 정치'를 제대로 이해하지 못했다. '도의적 책임', 1995년 무라야마 수상의 '식민지 합법성' 발언은 대표적인 예일 것이다.

한국 정부 또한 철저한 진상규명은 요구하되 물질적인 보상을 요구하지 않겠다는 1993년 김영삼 대통령의 발언에서 확인할 수 있듯이 나름대로 새로운 방안을 모색하며 역사문제의 정치적 해결을 꾀하였다. 그러나 시민사회의 반발에 직면해 그 리더십을 끝까지 발휘하지 못했다.

결국 1990년대 한일 양국 정부는 고노 담화와 무라야마 담화라는 위대한 성과를 남겼음에도 불구하고 그 여파가 이어졌다. 2000년대 이후, 일본에서는 역사수정주의가, 한국에서는 역사원리주의가 주류화되면서 한일 간 역사인식은 그 거리가 멀어지고 있는 듯하다.

'65년 체제'는 식민지 지배와 청구권협정을 둘러싼 한일 정부 간의 인식 차이를 '불가피한 현실'로 수용하고 그 위에서 정치적 타결을 추구하려 했다. 물론 '65년 체제'하 역사갈등은 봉합되었을 뿐 해결된 것은 아니었으며, 1990년대 초중반의 역사갈등은 이를 잘 보여주었다. 어찌 보면, 1965년 역사화해에 실패했기에, 한일 간 역사화해는 기나긴 시간을 요하게 되었다. 그런 의미에서 한일 양국은 '65년 체제'의 부의 유산을 껴안고 살 수밖에 없을 지도 모른다. 그렇다고 '65년 체제'를 근본적으로 부정하면 한일관계의 존재 근거마저 붕괴될 지 모른다. 따라서 대안은 조금씩 화해를 향해 나아가는 방법밖에 없다.

실제 '식민지 지배 반성사죄'에 바탕을 두고 현안의 역사문제를 성실하게 해결하려 했던 일본 정부의 노력은 '98년 체제'로 귀결되었다. 현재의 한일관계는 '98년 체제'가 해결하지 못하고 남겨둔 부의 유산, 즉 '도의적 책임'과 '법적 책임'의 충돌을 해결해야 하는 과제를 껴안고 있다. 하지만 고노 담화와 무라야마 담화의 기본정신에 입각하여 현안의 역사문제에 성의 있는 자세로 대응하면 문제는 해결에 가까워질 것이다.

'역사상 최악'이라는 현재의 한일관계에 대한 인식은 기실 잘못된 인식이다. 전후 한일관계를 돌아보면, 기복이 있고 속도가 느렸지만 반박의 여지 없이 '화해'의 방향으로 걸어왔다. 그런 거시적인 흐름 속에 보면, 지금은 '65년 체제', '98년 체제'를 계승하면서도 한 단계 더 발전시키는 '한일관계 3.0'을 구축하기 위한 시행착오의 시기에 불과하다. 지금 우리에겐 고노 담화, 무라야마 담화 그리고 간 담화라는 훌륭한 자산이 존재하며, 그 자산 위에 한일은 역사화해로 나아갈 것이기 때문이다.

참고문헌

Byung Chul Koh, 2007, 『Between Discord and Cooperation』, 연세대학교 출판부.
이연식·방일권·오일환, 2018, 『책임과 변명의 인질극』, 채륜.
장박진, 2009, 『식민지관계 청산은 왜 이루어질 수 없었는가: 한일회담이라는 역설』, 논형.
정재정, 2014, 『한일의 역사갈등과 역사대화』, 대한민국역사박물관.
최희식, 2016, 『전후 한일관계 70년: 우리는 어떻게 갈등을 극복해왔나?』, 선인.
한일의원연맹, 1984, 『한일의원연맹 활동보고서(1984년도)』.
高崎宗司, 최혜주 역, 2010, 『일본 망언의 계보(妄言の原形)』, 한울출판사.
吉田裕, 1995, 『日本人の戦争観』, 東京: 岩波書店.
大沼保昭, 2007, 『慰安婦問題とは何だったのか』, 中公新書.
五百旗頭真 編, 2010, 『戦後日本外交史』, 東京: 有斐閣.

김성종, 2009a, 「사할린 한인동포 귀환의 정책의제화 과정 연구」, 『한국동북아논총』 50집.
김성종, 2009b, 「정책옹호연합모형을 통한 정책변동과정 분석: 사할린 동포 영주귀국 사례」, 『한국동북아논총』 53집.
김창록, 2013, 「한일 과거청산의 법적구조」, 『법사학연구』 47호.
이연식, 2014, 「사할린한인 귀환문제에 대한 전후 일본정부의 대응」, 『동북아역사논총』 46호.
이원덕, 2000, 「한일관계 '65년체제'의 기본성격 및 문제점: 북·일 수교에의 함의」, 『국제지역연구』 9-4호.
조윤수, 2014, 「일본군위안부 문제와 한일관계」, 『한국정치외교사논총』 36-1호.
한혜인, 2011, 「사할린 한인 귀환을 둘러싼 배제와 포섭의 정치」, 『사학연구』 102호.

"慰安婦問題: 現在の争点と打開の道", 和田春樹のホームページ, http://www.wadaharuki.com.

2
전후처리를 통해서 본 화해의 가능성과 한계
일본과 독일의 비교를 중심으로

곽진오 동북아역사재단 연구위원

I. 머리말

오늘날 일본의 민족주의는 왜 주변국들로부터 심각하게 받아들여지고 있는가? 그리고 독일[1]의 민족주의는 주변국들에게 일본의 민족주의보다 덜 문제시 되는가? 이는 전후처리(戰後處理)에 있어서 일본과 독일의 상이함에 있다고 본다. 일본의 민족주의에 대한 주변국들의 우려는 역사교과서 문제를 비롯한 동아시아에서의 전후처리가 아직 미흡함을 대변해 주고 있는 것이다. 그러나 독일의 민족주의는 전후처리에 대한 역사인식이 프랑스를 비롯한 주변국들과 상당히 일치하고 있다 하겠다. 한편 일본과 독

---

1 이 글에 나오는 독일은 이른바 '서독(西部獨逸 또는 西獨, 1949~1990년에 현재 독일의 북동부지역을 제외한 지역에 있던 국가)'을 지칭한다.

일의 근대국가로의 발전과정을 살펴보면 양국은 여러 가지로 공통점이 존재한다. 후발 공업국가로서 파시즘, 제2차 세계대전 패전과 점령, 그리고 안정된 보수정치와 순조로운 경제 성장을 배경으로 지금은 양국이 국제사회의 경제대국이 되었다. 그리고 군사적으로는 미국에 충실한 주니어 파트너로서 위치하고 있다. 이러한 공통적인 관점에서 양국을 비교하는 것은 그 자체만으로도 흥미로운 주제라고 생각한다.

특히 경제면에서 일본이 국내시장의 폐쇄성과 공격적인 수출 공세로 인해 국제적 비판의 대상이 되는 것에 비해, 독일은 그러한 비판을 덜 받고 있다. 정치적으로도 일본이 국제적 공헌에 소극적인 반면, 독일은 군축이나 제3세계 원조에 적극적이라고 평가받고 있다. 그러나 그 이상으로 중요한 것은 전후 독일이 일관해서 유럽 이웃국가들과 강한 유대관계를 쌓는 데 노력해 온 것에 비해 일본은 미국 중심의 정책을 추진을 일관해 오고 있다는 것이다. 전후 일·독 양국이 유사한 역사적 경험을 가지고 있으면서도 이 같은 상이함이 나타나는 데는 미국의 전후처리과정에 그 원인이 있다 하겠다.

전후 일본 수상 요시다 시게루(吉田茂)에 의한 일본의 미래는 대외적 야심을 버리고 소국(小國)의 스위스와 같이 되는 것이 국가적 목표였으며, 당시 미·소 간의 심각한 냉전구도 속에서 일본을 국제적 대립관계에서 탈피시키고 '안주(安住)의 땅'을 획득하고자 하는 욕구가 강했다. 그래서 군사적으로 중립을 지키고 일국평화주의(一國平和主義), 일국번영주의(一國繁榮主義)를 지향하는 스위스는 패전 후 일본이 일종의 고립주의적 풍토에서 발상한 이상적인 존재였다. 한편 전후 독일에 있어서도 이웃나라인 스위스는 국가 재건의 목표로서 매력적인 존재였다. 유럽 냉전체제의 최전선에 위치해 있던 독일은 분단국가로서 중립을 지킴으로써 통일의 미래를 지향했던 것이다. 그러나 일본이나 독일은 스위스와 같은 중립국이 되기에는 한계가 있었는데 그 이유는 첫째, 지정학적으로 일본과 독일은 미·소의 군사전략상 요충지에 위치해 있었으며, 둘째, 일본과 독일의 경제적 잠재력은 군사적인 가치로 평가되었기 때문이다. 따라서 후일 미·소간의 대립 구도에서 어느 한쪽의 동맹국이 될 경우 군사 균형에 결정적인 역할을 할 수 있었다. 그래서 패전 후 일본과 독일 국민이 스위스와 같은 소국이 되기를 희망해도 그 잠재적인 힘 때문에 '안주의 땅'을 획득하고자 하는 욕구는 허락되지 못했다.

　이 글은 오늘날 아시아에서의 일본민족주의가 왜 유럽에서의 독일민족주의보다 더 문제시되고 있는지를 알아보기 위해 미국의 전후처리과정에서 일본과 독일을 비교·분석했다. 그 예로 '일본과 독일을 비교했을 때 관련 문제에 대한 상이점이 어디에서 시작되었는가?'와 전후 미군정에 의한 일·독 전후처리과정을 통해서 전전 피해국가들과의 화해 가능성과 한계를 알아보는 데 그 목적이 있다.

II. 초기 점령개혁과 정책

전후 일본과 독일은 다방면에서 자주 비교의 대상이 되어 왔다. 하지만 이는 대개 일본에서 보는 시각이고 독일은 일본을 비교의 대상으로 보기보다는 극동에 위치한 흥미로운 나라로 여겼다. 일본인이 독일을 다른 나라보다 더 가깝게 보는 이유는 어디에 있는 것일까. 거기에는 역사적인 배경이 있는데, 일본이 근대국가를 완성해 가는 단계에서 독일로부터 많은 것을 배운 데서 시작된다. 일본과 독일은 역사적으로는 후발 공업국가로서, 프랑스나 영국에 비해 식민지를 갖지 못한 나라로서도 인식을 같이 했다. 하지만 일본과 독일은 거의 같은 시기에 근대국가로 발전했고 같은 시기에 패망했지만 독일은 언제나 일본의 모델이 되곤 했다. 이러한 일본의 대외관계를 가미시마(神島二郎)는 '두 개의 배외(拜外)'라는 말로 표현한다. 그에 의하면 구미(歐美)에 대한 '배외'와 아시아에 대한 '배외'는 대응 면에서도 상당히 극단적이라는 것이다.[2] 이는 일본이 섬나라이기 때문에 과거 타국과의 관계에서 정상적인 외교관계를 경험해 보지 못한 이유도 있겠지만 '우치(內)'와 '소토(外)'를 나누어 생각하고 행동하려는 경향이 강하기 때문이기도 하다. 그리고 일본이 메이지 초기부터 주장해오던 탈아입구론(脫亞入歐論)에 기인한다. 이 글에서는 이러한 두 국가 간 대외인식의 차이를 염두에 둔 채로, 연합군에 의한 일·독의 점령정책이 가지는 공통점과 차이점을 비교·검토하며 패전 직후 점령정책의 실태를 살펴보겠다.

1. 패전 직후 일본과 독일

패전 후 독일은 미국, 영국, 프랑스 그리고 소련에 의해서 분할 점령 되었다. 이는 1947년 마셜플랜 이후 1949년 동·서의 분할에 이르기까지 약 4년간 점령군에 직접 통치를 받게 된다.[3] 그래서 일본과 달리 독일에는

---

2 神島二郎, 1962, 『近代日本の精神構造(単行本)』, 岩波書店.

3 마셜플랜, 정식 명칭 '유럽부흥계획'은, 제2차 세계대전이 끝난 후인 1947년, 황폐화된 유럽의 재건과 부흥을 위해 당시 미국 국무장관이던 조지 마셜이 발표한 총 130억 달러 규모의 특별 원조계획이었다. 제2차 세계대전으로 잿더미가 된 유럽 경제를 재건하여, 민주주의 국가들이 소련의 사회주의 위협으로부터 살아남을 수 있는 안정된 환

연합군 점령시기에 정부가 존재하지 않았기 때문에 전전의 나치체제가 완전히 단절된 것으로 볼 수 있겠다. 한편 점령 초기 연합군은 비록 직접 통치였지만 독일인들을 대거 기용하게 되는데 나치체제에 반대하던 인물들이었다. 하지만 미군정에 의한 일본 점령은 단독이었기 때문에 독일처럼 분할의 위험이 없었고, 간접통치를 취했기 때문에 전전의 천황제를 무늬만 바꾸어 유지할 수 있었다. 이후 냉전체제의 확산으로 독일과 일본은 각기 다른 길을 걷게 된다. 독일은 소련에 의해 냉전 유럽의 중앙에 놓이게 되고 결국 '독일의 안정이 유럽의 평화'라고 할 수 있을 만큼 전략적으로도 중요한 위치를 점하게 된다. 반면 일본은 미국 한 국가에 의한 점령으로 분할 위험은 피한 반면 미국에 의한 강도 높은 체제개혁과 불평등한 양국관계를 오랫동안 감수해야 했다.

1945년 당시 패전으로 일본 국민들이 허탈한 상태에 빠져있을 때, 독일에서는 연합국의 직접통치와 함께, 함부르크, 프랑크푸르트 등, 공업지대를 중심으로 각 지역과 공장에서 반파시스트 행동 위원회가 자연발생적으로 조직되어 공장을 접수하고 파시스트를 구속·추방하는 운동이 일어났다. 그리고 나아가 몇몇 공장에서는 노동자가 부재중인 경영자를 대신하여 자주적으로 생산을 개시하고 경영을 관리하는 상황으로 발전했다. 나치 치하에서 자본가와 경영자는 나치의 군수 생산에 적극적으로 협력하고 노동운동을 엄격히 탄압했기에 전후 노동자로부터 강한 비판과 공격에 직면한 것이다.

경을 이루자는 것이 취지였다. 한편 위 계획에 따라 4년 뒤 유럽 경제는 36%나 성장했고, 오늘날 이들 국가들이 선진국이라 불리게 되는 토대가 되었으며 특히 영국, 프랑스, 이탈리아, 독일, 네덜란드 등은 이 기간 동안에 국민총생산이 15~25% 까지 증가하게 되었다.

패전 직후 독일에서 이러한 반나치·반파시스트 운동이 일어난 데에는 바이마르 시대 좌익들 간 대립의 역사에 대한 반성에서 사회민주당(SPD)과 독일공산당(KPD)이 협력하여 공투(共鬪)한 경험이 많았다는 점이 크게 작용했다. 하지만 시간이 경과됨에 따라 공투 행동 위원회 내부에서는 서서히 소련의 영향을 받은 KPD와 SPD 간의 대립이 격화되었다는 점도 간과해서는 안 된다. 단지 어느 쪽이든 패전 초기 한때는 제정(帝政)을 붕괴시키고, 바이마르 공화국의 수립을 이끈 1918년의 혁명이 재래하는 것이 아닌가라는 관측이 나올 정도로 독일 사회는 나치의 붕괴를 환영하는 분위기였다. 이는 과대평가이기는 하지만 미 점령군이 일본 상륙 직후 조용한 일본에 놀랐던 것과는 대조적이었으며 무엇보다 항복 후의 나치에 의한 우(右)로부터의 저항이 전혀 없었던 점은 일본과 같았다. 그런데 연합군은 이러한 반파시스트 위원회를 장려하기는커녕 금지하고 해산시켰다. 그뿐 아니라 독일인의 정치활동은 물론 정당활동까지도 전면적으로 금지하는 조치를 취했다. 이러한 미군에 의한 철저한 점령정책 하에서는 종교활동을 위한 집회의 자유도 위장된 정치활동으로 이용될 수 있었기에 엄격히 제한되었다.

연합국의 이러한 정책은 '독일은 정복된 것이었지 해방된 것이 아니다'라는 연합국의 인식에서 비롯된 것이었다. 이는 나치의 강제수용소 참상을 본 연합국군이, 독일인들이 인정하지 않았음에도 불구하고, 일반 독일 국민들이 이것을 알면서도 방지하지 않았다고 생각했기 때문이다. 그래서 연합군 측의 독일인에 대한 증오는 새삼스럽게 높아졌으며, 일시적이기는 하지만, '좋은 독일인'과 '나쁜 독일인'을 구분하는 입장을 포기한 것이다. 또한 미국을 중심으로 한 서방 측, 즉 연합국 측이 이러한 반파시스트 조직에 의한 혁명적 행동의 배후에 있는 소련을 의심하고 그것을 경계했던 사정도 있었다. 특히 연합국군의 고위층에서는 노동조합 그 자체에 대한 불신이 있었다. 또한 미국 군사 당국뿐만 아니라 독일 점령에 관여한 미국 민간인 중에서조차 독일 노동조합에 호의적인 사람들은 적었다. 이는 소련의 적극적인 지지를 받은 과격 노동단체의 등장으로 당시 독일 사회에 나타날 사회주의 현상에 대한 미국의 경계였다. 한편 소련도 자기의 관리하에 있지 않은 자립한 혁명적 운동에는 경계심을 보였기에 독일은 머지않아 냉전의 분할 구도를 형성하게 된다.

2. 체제의 시작과 억제

이러한 금지와 억제라고 하는 연합군의 부정적인 개입이 전후 독일에 어떠한 의미를 부여했는가는 전후사(戰後史) 해석에 있어 중요한 논쟁이 되고 있다. 일부 진보 또는 좌파 계열 논자(論者)들은 전후 독일의 '참된 민주화의 기회'가 연합군국으로 위장한 미국과 소련의 양진영의 패권 다툼에 인해 상실되었다고 주장하고 있다. 반대로 자유시장경제체제를 주장하는 논자들은 공산화로 이어진 과격한 움직임이 이를 통해 억제되었고, 결국 독일에 '참된 의미의 민주주의'가 정착되었다고 해석하기도 한다. 하지만 어느 쪽이든 패전 당시에는 국내정치적으로 일종의 권력 공백 상태가 출현하였으며 근본적인 변혁의 가능성이 존재했음은 부정할 수 없다. 그리고 점령군의 개입이 없었다면 그 공백이 민주적이건, 전체주의이건 급진적인 좌파세력에 의해 메워졌을 가능성이 있었다는 주장 역시 무시할 수는 없다.

이상의 논의를 받아들인다면 근본적인 직접민주주의의 실현과 더불어 그것이 초래할지도 모르는 공산화의 위험이 점령군에 의해 방지되었고, 대신에 대중운동의 영향을 일정한 틀 안으로 억제한 자유주의적 정치체제를 수립할 수 있는 전제가 확보되었다고 말할 수 있다. 그리고 결국 분단국가로 귀결되어 한 노선이 마침내 독일 국내의 아데나워(Konrad Adenauer)를 비롯한 보수적 자유주의자에 의해 계승되어서 본 기본법에 의한 반직접민주주의 또는 반대중운동이라는 자유주의체제 정착으로 이어졌다고 볼 수 있다. 일본과 비교해 보면, 독일에서 발생한 패전 당시의 급진적인 대중운동의 등장과 억제는 1년 늦게 일본에서 등장하는데, 1947년 '2·1파업'을 정점으로 하는 일본의 급격한 변화와 점령군에 의한 금지를 출발점으로 하는 제1차 '역코스'와 잘 대응된다. 일본의 경우는 당초 점령군의 장려로 노동운동이 활발했는데 그것이 점령군의 예상을 넘어 확대·급진전 되었다. 통치책임을 진 점령당국 입장에서는 일본과 독일 모두 자유주의 체제의 정착이라고 하는 장기적인 배려보다는 치안유지의 필요를 첫 번째의 과제로 하였기 때문에 이른바 긴급 조치로서 민주화에 기여할 가능성이 있었던 급진파를 억제하였는데, 이것이 일본과 독일 모두에게 공통되는 것이라 하겠다.

    어느 쪽이든 전후 당시 권력의 공백상태 속에서 혁명적인 민주화로의 잠재력이 존재하고 있었다고 한다면, 그것을 방지한 것은 점령군이었다는 사실은 일본과 독일 어느 쪽도 다르지 않다. 일본과 비교하여 적극적인 개혁으로서 점령정책의 충격이 비교적 적었던 독일의 경우에도, 이러한 부정적인 개입이 전후 체제 형성에 가지는 의미는 결코 무시할 수 없는 것이었다. 독일에서 나타난 자연발생적인 반파시스트운동 현상은 일본과 비교해 보면 상당한 차이를 보이지만 이 운동을 너무 확대하고 과대평가해서 참된 민주화 달성을 위한 기회가 상실되었다는 점을 지나치게 강조하는 것은 균형의 결여라고 말할 수 있겠다.

이에 대한 이유로는 첫째, 반파시스트 운동원 중에는 단지 자신의 과거 전력을 숨기기 위한 편승조가 적지 않았다. 다시 말해서 어제의 나치가 오늘은 연합군에 영합하여, 반파시스트가 되는 현상이 결코 진귀한 일은 아니었다는 것이다. 게다가 패전 직후에는 상당히 많은 독일인이 파시즘 이데올로기를 변함없이 지지하고 있었다는 점이 점령군에 의한 여론조사 등에서 명확히 드러나고 있었다.[4] 둘째, 나치가 붕괴된 이후 독일에는 정치활동의 재개를 기다리고 있던 소수의 사람들을 제외한다면, 일본의 경우와 마찬가지로 대중들 간에는 허탈감과 무관심이 만연해 있었다. 그것은 특히 나치시대에 교육받고 전선에서 청춘을 보낸 젊은이들에게 일반적으로 나타났다. SPD, 즉 사회민주당이 하노버에서 첫 당대회를 열었을 때 5천 명이 넘는 청중이 모였음에도 불구하고 하노버에서 개교한 당의 칼 마르크스 학교가 학생 부족으로 고민한 것은 반파시스트들 중 위선자가 많았음을 상징한다.[5] 셋째, 당시 독일에는 사상적이라기보다 대부분 생리적이라고 할 만한 공산주의와 소련에 대한 공포감과 혐오감이 광범위하고 뿌리 깊게 존재하고 있었다. 나치시대 반공선언 후유증과 더불어 패전 후 소련 병사에 의해서 본격적인 보복행위가 이루어지면서 독일에서 이러한 감정은 극에 달했다. 소련군에 의한 잔혹행위에 관한 이야기

---

4   이는 점령군이 반파시스트운동에 나치의 잠복과 잠입을 경계했던 원인이었는데, 미군 측이 이러한 운동에 경계의 눈을 게을리하지 않았던 점에는 충분한 근거가 있었다. 그리고 또한 그러한 편승의 존재는 패전 직후 반파시스트운동이 점령군의 금지때문에 급속히 시드는 하나의 원인이기도 했다.

5   당시 이런 허무감과 허탈감은 나치에 의한 사회 모든 곳의 정치화가 일본 이상으로 철저했기에, 아마도 일본의 젊은이들이 겪었던 것 이상으로 심각했다고 생각할 수 있다. 이 때문에 일부의 정치활동가 주위에는 광범위한 무관심층이 존재하고 있었던 것이다.

는 입에서 입으로 독일 전역에 퍼졌다.[6] 가톨릭교회가 이러한 반발을 무신론에 대한 캠페인으로 이용하였는데, 이후에 이 힘을 정치적으로, 특히 선거 때 최대한 이용한 것이 아데나워가 이끌었던 기독교민주동맹(CDU)이었다. 넷째, SPD 내부에서는 저항에 직접 직면하여 공산당원과의 연대를 추구한 그룹과 전전의 활동 경험이 없는 청년층을 제외하고는 여전히 강한 반공주의가 존재했다. 이 반공주의는 전술한 생리적·비합리적인 것과는 달리 경험, 상황 판단과 사상적 근거에 바탕을 둔 이른바 사상적·반성적 인식이었다. 특히 슈마허(이후 당수)를 비롯하여 SPD 고위층에는 공산당이 러시아의 하부기관이라고 하는 뿌리 깊은 불신감이 존재했다. 그래서 반파시스트운동과 같은 대중운동은 결국 공산당 세력의 확대에 이용될 것이라는 경계심에서 SPD는 대중운동에 소극적이었던 것이다. 물론 대중운동이 나치즘의 탄생을 촉진시켰다는 아픈 경험은 좌우를 불문하고 정치 엘리트들 간에 대중운동, 나아가 대중 그 자체에 대한 불신을 낳았다. 그렇기 때문에 SPD 조직이 재건됨에 따라 자연발생적인 반파시스트운동 유형의 활동은 오히려 억제되었다.[7] 다섯째, 급속히 재건된 노동조합 내부, 특히 그 지도부에는 바이마르 시대의 정당에 대한 계열화와 당파 대립의 경험으로부터 정당정치, 나아가 이데올로기적 정치활동을 멀리하려는 분위기가 강했다. 그래서 전후 독일의 노동운동은 정당 대립을

---

6 독일의 이러한 현상은 일본 농촌에서 전통적으로 경계하고 있던 '적(赤)'에 대한 공포에 필적할 만했으며 또는 그 이상의 것이었다고 할 수 있겠다. 그리고 이러한 러시아에 대한 공포는 보수층에서 혁신적·좌익적인 모든 것에 반대하는 것으로 나타났고 결국 이는 급진화를 억제하는 효과를 발휘하였다.

7 이 점은 전후 처음으로 본격적 대중운동을 경험하고 대중의 판단과 대중운동에 대한 소박한 신뢰를 품고 있었던 일본의 좌익 지도자, 특히 지식인 출신의 좌파 사회당계 지도자와의 커다란 차이점이었다.

뛰어넘는 통일적 노동자 조직을 만들고자 하는 주장이 주류를 이루면서, 1949년에 독일노동총동맹(DGB)으로 결실을 맺을 때는 정당으로부터의 중립·독립 주장이 관철되기도 하였다.[8] 이러한 조직이 급진적으로 재건됨으로써 장기적으로는 점령군에 의한 개입 없이도 자유주의를 뒷받침하는 반급진적인 힘이 자생적으로 만들어져 구축되어 갔다고 볼 수 있다.

III. 점령정책의 정착과 체제 억제

전후 초기 미군에 의한 일·독 전후처리정책은 '어떻게 하면 양국 국민들을 전전의 체제로부터 분리시킬 것인가'였다. 그래서 일본에서는 미군정의 적극적인 지원 아래 1946년 4월 전후 최초의 총선거가 실시되었다. 이 선거에서 미군정은 과거 보수인사로 지목되던 익찬추천의원은 모두 입후보를 금지시키는 등 과거와의 분리를 정당활동에까지 확대했다. 선거결과 당선자 중 대부분은 공직에서 추방되었는데 전전 정치인이 많이 포함되었던 진보당은 당선자 274명 중 260명이 의원직을 상실했으며 당선자 중에는 19%만이 과거 정부와 관련 있는 인사들이었다. 이는 좌파 계층의 정치적 대두를 의미하는데 이후 국제정세의 변화에 따른 냉전체제 고

---

[8] 반파시스트운동이 가지는 급진적인 경향은 노동운동의 상층부에 의해 오히려 내부에서부터 억제된 것을 알 수 있는데 이는 급진주의에 대해 대부분 억제력을 결핍한 일본의 노동운동 주류와 비교했을 때 다른 면을 보여주고 있다 하겠다. 당시 독일에서는 일본의 경우와 마찬가지로 무관심층과 보수층 간의 급진적인 움직임에 대한 억제력이 존재함과 동시에 일본과는 달리 SPD와 노동조합이라고 하는 대중조직의 중심 계층에도 급진파에 대한 자기억제가 움직이고 있었다.

착화에 따라 '레드(赤) 추방'이라는 새로운 미군정청의 정책이 등장하게 된다. 동시에 독일에서도 미군정의 역할은 일본 이상으로 독일 국민을 전전체제로부터 분리시키는 것이다. 독일의 전후처리과정에서 미군정이 특별히 관심을 기울였던 것은 제1차 세계대전 이후 독일의 무장해제에 대한 대응이었다. 이에 대한 처리 미숙의 대가는 상당한 것이었기 때문이다. 그래서 미군에 의한 독일 내 비나치정책은 나치공포 또는 전전체제와의 단절이라는 외침 아래 철저히 단행했다. 그러나 연합점령군이었던 소련의 독일 내 공산화정책은 미국의 독일 점령정책에 한계를 가져다주게 된다. 그래서 지금부터 미군에 의한 일·독 점령정책의 한계를 분석해 보고자 한다.

1. 정치활동 금지 배경과 정당활동

전후 독일과 일본이 공히 당면하고 있던 권력의 공백에서 급진적 운동에 대처해야 하는 책임을 진 것은 점령군이었다. 그리고 독일의 점령군은 정치활동을 장려했던 일본의 경우와 달리, 정치활동을 금지하고 억제할 방침을 관철시켰던 것이다. 그 이유는 아마도 일본과 달리 연합군이 독일을 직접점령하여 치안의 일차적 책임을 지고 있었기 때문이다. 앞에서 서술한 바 같이 치안의 최종적 책임을 점령군이 지고 있었던 것은 독일이나 일본이나 다르지 않았지만, 독일에서는 갖가지 정치활동이 곧바로 점령군에 대한 잠재적 도전이 되는 구조가 생성되었기 때문에 대해서도 치안책임자의 입장에서 반파시즘운동에 금지·해산의 조치로 대응하지 않을 수 없었던 것이다.

1947년부터는 심각한 경제적 위기를 배경으로 하여 기아와 물건 부족으로 인한 광범위한 데모가 각지에서 일어나게 되는데, 이는 그대로 점령정책에 대한 비판을 의미하여, 단속할 필요에 쫓기게 된다. 게다가 미국 점령구역에서 여러 차례 기간산업 국유화 요구를 포함하여 식량 데모가 일어났는데 이는 미국정책에 대한 비판을 표명한 것이었다. 점령군이 이같이 주민의 요구에 직접 대처하는 권력관계는 점령 당초의 정치활동 억제가 그대로 계승되는 것으로 연결되었다. 독일에 대한 점령군의 이러한 정책들은, 치안유지를 일본 정부에 맡기고 지나친 단속을 체크한다거나 치안기구의 개혁을 강요하기만 하면 되었던 일본 점령 미군의 입장과는 대조적이었다. 다시 말하면, 일본의 점령군은 간접점령을 통해 치안유지 책임으로부터 해방되어 있었고, 개혁에 전념하여 정치운동을 오히려 자극하는 역할을 철저히 할 수 있었다.

이렇게 해서 점령군의 독일 점령정책에서 행정기구 재건이 우선시되어 정당 결성의 허가와 선거 실시 등의 민주화정책 과제는 보류되었다. 하지만 경제 재건을 우선시했기 때문에 오히려 정치의 과격화, 더 나아가서는 정치활동 그 자체를 경계하는 것도 중요한 일이 되었다. 점령과 동시에 점령군이 행정기구의 재건에 착수하여 독일인을 지방정부의 요직에 임명한 것은 이미 앞에서 논한 바 있다. 한편 정치활동에 대해서는 엄격히 금지와 억제 조치가 취해졌다는 점도 서술한 그대로이다. 그러나 이러한 억제 조치에도 불구하고 독일인 간의 활발한 정당 창설과 재건 움직임을 억누를 수는 없었다. 여기서 주목할 점은 점령군의 조치로 인해 지방 차원의 행정에 관여할 수 있게 된 독일 정치가들과 이에 직접 관여하지 않고 전국적인 정당의 재건에 전념한 정치가들이라고 하는 두 개의 그룹이 형성되었다는 것이다. 후자의 그룹에서 후에 주요한 전국적 지도자가 등장하게 되는데, CDU 당수 아데나워와 SPD 당수 슈마허가 그 전형적 예이다.

　이하에서 독일 내 정당의 창설 내지는 재건의 과정을 살펴보면, 먼저 4개국의 점령군 중, 정당의 결성과 재건의 인가에 대해 가장 긍정적이었던 것은 소련이었다. 소련은 이미 포츠담회담 이전에 정당활동을 허가하여 소련지구에서의 KPD의 재건에 최대한 원조는 물론 자유진영 KPD에도 신문 제작을 위한 기계 및 막대한 재정적 물질적 원조를 했다. 소련이 그 이외의 정당을 허가한 것은 베를린에 설치될 각 당의 본부를 통해 독일 전역의 정당조직에 영향력을 행사할 수 있을 것이라는 계산에서였다. 이처럼 소련에 의한 조기 정당 인가로 인해 타 점령지구에서도 정당활동의 자유를 어느 정도는 인정하지 않을 수 없게 되었다. 이는 베를린의 움직임에 대항하는 자주적인 정당 형성으로 이어졌고, 오히려 베를린 중앙에 대한 서방 측 조직의 반발을 불러일으켰는데, 소련에게 있어 예상 밖의 일이었다.

　소련 점령지구에서는 재건된 여러 정당 중 CDU, SPD, KPD, 자유민주당(FDP)이 곧바로 반파시즘 블록에 강제적으로 가입되었다. 그리고 이 4개의 당으로 이루어진 지방정당이 만들어졌으며, 소련 점령군은 KPD가 주도권을 잡도록 용인해 주었다. 그리고 반대당의 입장을 취한 것은 파시즘의 입장이라고 하여 금지되었다. 이러한 반파시즘의 상징은 '민주적인 정당인 이상 반파시즘에 관해서는 의견의 차이가 있을 수 없다'라고 하는 논리에 의해, KPD가 주도하는 방침에 전원일치로 협력할 것을 강제하는 강력한 기능을 연출하게 된 것이다. 나아가 KPD는 SPD에 대해서 노동자계급의 정치적 통일이라고 하는 깃발을 내걸며 통일을 내세우고, 이에 반대하는 SPD 지도자를 '노동자계급에 대한 배신자', '파시스트'로 규정하여 체포·투옥하였다. 그리고 1946년에는 양 정당의 통합을 강행하였다. 그렇게 통합된 신당인 사회주의통일당(SED)은 이를 통해 국민적 인기와 조직력 모두에서 우위에 섰던 SPD의 독자적인 활동을 금지하는데 성공하게 된다. 그리고 나아가 1948, 1949년에는 SED에 참가한 구 SPD 지도자를 대대적으로 숙청했다. CDU, FDP 등 부르주아 정당에 대해서도 소련공산당의 방침에 반대하는 일에는 가차 없이 탄압이 가해졌으며 명목적인 자율성만이 부여되었을 뿐이었다. 이렇게 해서 자유로운 정당활동은 완전히 상실되었는데, 구 동독 측 지역에서의 이러한 전개가 서 측 정당의 재건에 중대한 영향을 미치게 된다.

결국 이렇게 서 측에서 정당활동이 원칙적으로 인가되기는 했지만 정당 간부의 선임, 출판, 집회 등 모든 활동은 엄격한 감시하에 놓이게 되었다. 이미 논한 바와 같이 그 이유는 대중동원의 금지 및 억제 조치와 기본적으로 동일한 것이며 독일인에 대한 불신과 함께 점령행정에 대항하는 자율적 정치세력 등장에 대한 경계 때문이라 할 수 있겠다.

2. 미국의 딜레마와 비나치정책

주지하다시피 대중운동과 정당 재건 움직임을 억제함으로써 독일인에 의한 민주화 움직임을 억제한 연합군은 스스로가 주도하여 점령개혁을 실시하였다. 전쟁재판의 경우와 마찬가지로 서방 측 연합군 중에서는 미국이 개혁에 가장 열심이었다. 미국의 점령개혁 가운데 가장 대대적으로 실시된 것은 '비나치화(denazification)'라고 불리는 '공직추방정책'이었다. 경제 재건을 위해서 독일에 온정적인 정책을 펼치고 워싱턴, 모스크바, 파리에 제창하고 있던 클레이(Lucius D. Clay) 군정부(副)장관(이후 군정장관)은 '뉘른베르크전범재판(Nuremberg trials)'과 병행하여 이 추방령을 비롯한 비나치화정책에 대단한 열의를 가지고 개혁정책에 돌입했다. 1945년 9월 말, 미 점령군은 행정기관 및 사기업의 직위에서 나치당원이었던 자를 자동적으로 추방할 것을 정한 '법령 제8호'를 발표했다. 그리고 미군이 점령하고 있던 바이에른 주뿐만 아니라 전국적으로 연말까지 약 10만 명이 구류 내지 해임되어 경영자의 80%가 추방되었다. 그 결과 행정과 경제에 커다란 혼란이 초래되었는데 이 때문에 미 점령군은 12월에 추방정책의 수정·완화를 하지 않을 수 없게 되었다. 그리고 미 점령군은 과거 나치당원을 식별해내기 위해서 과거의 경력을 묻는 131개의 질문으로 이루어진 설문지를 140만 명에게 배포하여 나치와의 관계에 답할 것을 요구하였다. 미군이 이렇게 할 수 있었던 데에는 이유가 있었다. 미군이 진주함과 동시에 바이에른의 나치당 당원 리스트를 압수하였기 때문에 허위로 신고하는 것은 극히 위험한 일이었다. 그러나 나치당 가입 여부라는 이러한 형식적 기준은 커다란 불공평을 초래하였는데, 거기에는 과거 나치활동을 했던 부유층들은 당에 헌금을 하는 대신 입당을 회피하는 등의 일이 있었고, 단지 스포츠나 오락 조직에 대한 가입도 광범위하게 이루어졌기 때문이다.

　미국에 의한 나치 관련자 발굴에 대한 의지는 여기에 그치지 않았다. 1946년 3월에 설문조사 방법을 통해 점령지역의 모든 주민을 대상으로 나치 관련자 색출에 임하게 되는데, 그 대상자는 무려 1,300만 명에 이르렀다. 그리고 이 조사를 바탕으로 300만 명을 독일인에 의한 특별재판소에 소환하는 작업이 시작되어, 이들에게 추방과 벌금형이 부과되었다. 그러나 형식적 기준에 의한 심사가 초래한 불평등 때문에 이 조치는 독일인들에게 심한 거부감을 주었다. 적극적으로 협력하는 사람은 오히려 주민들 사이에 따돌림을 당했고 독일인들의 반발을 우려한 자도 있었다. 그리고 이러한 조치로 인해 오히려 구 나치와 그렇지 않은 사람들 사이에 새로운 권력자에 대한 연대를 촉진하는 짓궂은 결과조차 생겨났다. 1947년에 접어들자 미국 본토에서도 비판의 목소리가 높아져 결국 같은 해 8월, 포레스탈(James Forrestal) 국방장관은 클레이 군정장관에게 비나치정책의 중지를 명령했다. 그 결과 중대한 나치 범죄자가 처리되지 못하는 극히 불공평한 상태로, 1948년 3월 말에는 종료가 선언되기에 이른다.

한편 영국 점령구역에서는 미군이 실시한 만큼의 대규모 추방이 실시되지 않았는데, 이는 영국이 행정상의 효율을 확보하기 위해 비나치화에 소극적이었기 때문이다. 특히 루-루지방의 경영자들은 생산에 필수 불가결한 전문기술자로서 이 조치를 면한 사람이 많았다. 원래 영국 점령군은 재교육을 포함하여 미군의 강력한 조치의 효과에 냉소적이었으며 미국인 이상으로 경제 재건을 우선시하였다. 또한 노동당 정권은 개혁의 방향으로는 경제구조의 개혁, 즉 산업의 국유화를 지향하고 있었다. 비나치화와 재교육에 대해 냉소적이었다는 면에서는 프랑스 점령군도 마찬가지였다. 그러나 소련이 추구한 비나치화는 과거의 속죄로서가 아니라 전체주의적인 사회변혁을 위한 정치적 수단으로서 단호히 실시되었다. 앞에서도 논한 것처럼 파시스트라는 각인이 모든 정치적 반대자에게 사용되었다. 그리고 소련에 반대하는 정치지도자를 수용하기 위해 비밀경찰의 손에 의한 나치시대 강제수용소가 재개되었고, 다수의 독일인이 시베리아로 보내져 강제노동에 종사하게 되었다.

이처럼 독일에서의 비나치화정책은 결과적으로 점령개혁의 최대 시험대가 되었는데 이는 일본의 경우와 비교했을 때 커다란 의미를 가지고 있다. 한마디로 말하면 일본에서 농지개혁, 재벌 해체 등 마르크스주의로 통하는 구조적 개혁이 실시되어 외과수술적인 효과를 거둔 것과는 대조적이다. 소련 점령구역에서는 사회경제구조의 대폭적인 개혁과도 대조적으로 특히 미국 점령구의 비나치화는 개인의 책임이라고 하는 본래의 미국적 발상이 관철되고 있었으며 그 이외의 사회·경제 제도의 본격적 개혁은 충분한 열의를 가지고 시험되었다고 말할 수 없는 상황이었다. 그리고 개인 차원의 개혁은 결국 장기적인 시간을 두고 바뀔 수밖에 없는 문화를 개혁 대상으로 두게 된 것이다.

IV. 일본 점령개혁

전후 미국은 일본을 단독으로 점령했기에 포츠담선언에 따른 소련과의 의견 조율 없이도 일본 점령개혁을 실행할 수가 있었다. 그래서 미국은 일본 점령과 동시에 서태평양 해역을 지배하게 되었다. 이러한 미국의 현실적인 군사력이 일본 점령 형태가 전후 극동 정세를 결정하게 된다. 한편 일본에서 미군은 기존 유럽에서의 통치와 달리 아시아의 전통적인 고립주의를 취하지 않았지만 국내의 저항을 거의 받지 않았다. 또 한편 일본의 진주만공격은 미군부에게 하와이보다 더 서쪽으로 전진기지를 세울 필요성을 통감하게 했지만, 내전 중인 중국 본토에 직접 개입하는 것은 피하고 싶어 했다. 미국은 소련과 마찬가지로 중국을 자신의 세력권에 포함시키려는 것도 주저했다. 이는 당시 미국의 아시아에 대한 고립주의를 의미하는 것이었지만 한편 일본, 오키나와, 필리핀을 연결하는 아시아 대륙 봉쇄 형태의 전략 확보를 선호했던 것이다. 그리고 미군에 의한 일본 점령개혁은 독일에서도 실시되었던 전쟁재판, 전범 공직추방과 더불어 정치, 경제, 사회의 여러 분야에서 실시되었다. 이처럼 상당히 많은 분야에 걸친 개혁의 전모를 파악하기는 쉽지 않기 때문에 독일과의 비교를 통해 구조적 특징을 크게 분석해 보기로 한다.

1. 미군정의 점령개혁

미군의 독일 점령정책에서 보았듯이, 일본에서의 점령개혁은 무엇보다 군국주의의 뿌리를 제거하기 위한 것이었다. 접근 방법에 따라 크게 나누면 제도개혁과 문화개혁, 다시 말해 정신혁명과 의식개혁으로 분류할 수 있다. 헌법 개정과 사법개혁 등의 정치개혁, 혹은 농지개혁, 재벌 해체, 노동개혁의 이른바 3대 경제개혁이 전자의 대표이고, 교과서 개정 등의 교육개혁과 더불어 맥아더가 가장 열의를 쏟았던 일본 국민의 기독교화가 후자의 대표이다. 후자 쪽 접근의 특징은 무엇보다 행동양식과 개개인의 의식 혹은 사고방식 등의 정신문화가 사회제도를 규정하고 있다는 심리학적·문화론적 전제에서 광의의 교육을 통해 개인 차원의 의식·정신을 바꾸고자 하는 개혁이다. 전쟁재판과 비나치화는 개인의 책임을 추궁한다는 점에서 문화개혁과 같은 발상에 근거한 것이며, 이에 대해 제도개혁은 제도가 의식을 규정하고 있다는 것을 전제로 거시 차원의 사회제도를 개혁의 대상으로 하는 것이다. 일본과 독일의 군국주의를 심리적 문화론적으로 해석하면, 한편으로 모겐소적인 민족의 격리정책이 되거나, 한편으로는 루스 베네딕트와 같은 문화상대주의에 빠져 모든 것이 개혁의 가능성 그 자체를 부정하는 것이 되기 쉽지만, 그 양자를 부정하여 광의의 교육과 그에 따른 인간개조라고 하는 이른바 우회적(장기적) 수단에 호소하는 것도 가능한 일이다. 일본에 있어 교육개혁은 확실히 이러한 성격의 것이었다.

한편 제도개혁은 단기적으로 강력한 성격을 가진다. 예를 들면, 교육개혁이 단지 교육내용의 변혁에 머무르지 않고 교육제도의 개혁을 수반하는 것에서도 알 수 있는 것처럼, 문화의 개혁은 제도개혁을 수반하기 때문에 한편으로는 양자의 구별이 뚜렷하지 못한 경우도 있지만, 인간의 행위에 있어 제도와 문화 어느 쪽을 보다 기저(基底)적이라고 생각하는가는 사회이해의 기본적 발상에 관계되어 있기 때문에 개혁의 철학을 보면 그 판정은 그 정도로 곤란한 것은 아니라고 생각한다. 독일과의 비교에서 눈에 띄는 것은, 일본의 점령개혁에서는 문화개혁의 시험대로서 혹은 이상으로 광범위한 제도개혁이 실시되었다는 점이다. 독일에서 이러한 제도개혁의 사례는 거의 찾아볼 수 없고, 공무원개혁과 같은 경우에도 거의 성과를 거두지 못하고 있다.

2. 점령과 새로운 개혁의 기본적 발상

이미 논한 바와 같이 경제개혁은 일본 사회의 기본제도에 변경을 가하는 제도개혁이었다. 바꾸어 말하면, 군국주의의 원인은 무엇보다 문화·심리와 같은 개인의 미시적인 차원이 아니라, 거시적인 사회구조에 있다는 전제하에 변혁을 시도한 것이다. 노먼(Hubert Norman)에 의하면, 이 구조를 이해하기 위해 점령군은 일본을 전근대적·반봉건적인 사회로 규정하고 그 봉건제의 제거에 역점을 두고 있었던 것이다. 노먼은 마르크스주의에 강한 영향을 받은 일본 연구자였지만, 일본을 반봉건적 사회로 보는 발상은 마르크스주의자와 뉴딜 등 좌파 지식인에 한정되어 있었던 것이 아니다. 그것은 무엇보다도 미국적 가치를 긍정하고, 이 이념에 따라 구체적인 개혁의 지침을 부여하는 사상이었기 때문이다. 원래 마르크스주의자는 전전 일본병(病)의 근원은 일본 자본주의의 발달 그 자체가 아니라, 미발달, 내지는 부자연스러운 발달에 있다고 주장한다. 이러한 점에서 볼 때 그 발상은 오히려 서구적 자본주의화를 긍정하는 근대주의자의 기본적 발상과 동일했으며 마르크스주의야말로 근대주의의 일파였다고 생각할 수 있다.

이러한 노먼의 분석과 그에 근거한 점령개혁의 지침은 단지 시간적, 역사적 인과관계를 나타내고 있는 것이 아니라, 하부구조와 상부구조라고 하는 구조상의 인과관계를 나타내고 있다. 정치개혁을 중시하는 자유주의적 이해의 한계를 뛰어넘어 생산관계에까지 파고들어간 마르크스주의적 이해 혹은 일반에 경제체제의 중요성을 강조하는 좌익적 이해를 매개로 하여 얻어진 경제주의적인 구조적 이해이다. 그리고 이러한 이해는 일본 사회의 개혁이 자유주의적 정치개혁을 뛰어넘는, 다시 말해 하부구조까지 포함하는 경제개혁까지 미치지 않는 한 참된 개혁이 되기 힘들다는 것을 인식했던 것이다.

3. 점령과 개혁 그리고 대립과 협조

그런데 전근대적·반봉건적 요소를 제거한 후, 어떠한 체제가 만들어질 것인가에 대해서는 점령군 내부에서도 합의가 이루어진 것은 아니었다는 점이 중요하다. 이와 같은 장래의 전망에 대해서는 세 가지의 조류가 있었는데 첫째, 점령개혁의 성공에 결정적인 역할을 수행한 맥아더의 입장이다. 그는 농지개혁에 대해서 그것이 19세기 전기의 미국과 같은 독립 소농사회를 만들 수 있을 것이라고 기대했으며, 재벌 해체에 대해서는 독점적 재벌에 대한 포퓰리스트적 반감에서 그것을 지지했다. 그는 고전적 자유주의자로서 일본에서 19세기형 자본주의사회의 탄생을 기대한 것이다. 둘째는 노먼으로 대표되는 뉴딜 좌파의 입장으로, 경제개혁이 사회주의체제 실현으로의 첫걸음이 되기를 기대했다. 노동개혁이 그러한 함의를 가졌음은 말할 것도 없다. 그리고 농지개혁이 협동조합운동을 통해 농촌에서 집단주의를 강화하여 사회주의로의 첫걸음이 될 것을 기대한 것 또한 그다지 요점에서 벗어난 것은 아니었다. 사실 농촌은 전후 일본 사회당의 조직 기반으로서도 중요한 의미를 가지고 있었기 때문이다. 이 대조적인 두 가지 입장의 중간에, 실은 그 후의 전개를 올바르게 예견한 입장이 존재했다. 즉, 점령개혁에 의해 안정된 후기자본주의체제 구축을 목표로 한 뉴딜 우파의 입장이 그것이다. 이들은 노동개혁을 한편으로 초기자본주의가 가지는 노골적인 착취로부터 노동자를 보호함과 동시에, 한편으로는 조합운동을 정권교체와 혁명의 도구로 하는 정치주의에서 임금인상을 주된 목표로 하는 경제주의로 전환하여 그것을 자본주의체제 속으로 포함시키는, 즉 체제내화(體制內化)하는 역할로서 기대하였다. 그리고 셋째, 코헨(Theodore Cohen)의 경우 농지개혁이 농촌의 과격화를 방지하고 좌우 전체주의에 대한 방벽을 쌓을 것이고 또한 재벌해체는 자본과 경영의 분리와 자본의 대중화 성공에 공헌할 것으로 기대하였다.[9] 다시 말해서 이 입장은 점령개혁에 사회민주주의 혁명이라는 의의를 부여하여 그것이 완성된다면 성숙하고 안정된 자본주의, 즉 '수정자본주의'가 등장할 것이라고 기대했던 것이다. 이처럼 세 가지 그룹들 사이에는 3대 경제개혁의 어느 쪽에 역점을 둘 것인가에 차이점이 있었다. 그것은 개혁

---

9 Livingston, Jon·Moore, Joe, and Oldfather, Felicia(ed), 1973, *Postwar Japan: 1945 to the Present*, New York, Pantheon.

이 가지는 정치함의의 입장 차이에서 유래하고 있음도 알 수 있다.

이상과 같이 개혁 후의 체제에 대해서 점령군 내부, 나아가 일본 내에서도 세 가지의 비전이 서로 대립하고 있었는데 이 세 가지 비전 사이에는 비전을 실현하기 위한 전제안건으로 전근대적 반봉건적 요소를 제거하기 위한 대범한 개혁이 필요하다는 합의가 존재하고 있었다. 그렇기 때문에 세 가지 비전의 대립은 이 단계에서는 아직까지 잠재적인 상태에 머물러 있었는데, 노동운동의 급진화(急進化)를 둘러싸고 그에 대한 대처를 촉구했을 때 처음으로 미군정과 일본 사이의 갈등이 증폭되게 되었다. 그리고 이런 갈등이 정점에 도달했을 때가 1948년의 국가공무원법 개정이다. 그때까지는 맥아더와 사회주의자 그리고 수정자본주의자들 사이에 밀월이 존재했었다. 그 결과 일본의 점령개혁에서는 제도개혁이 중요한 위치를 점하게 되었으며, 그것은 정치, 경제, 사회의 여러 분야에 영향을 미치게 되었다. 그러한 의미에서 일본의 개혁은 소련에 의해 이루어진 철저한 동독의 개혁에 필적할 만한 깊이를 가진 사회변혁을 불러일으켰다고 말할 수 있을 것이다.

V. 일·독 제도개혁

점령군에 의한 일본과 독일의 제도개혁에 차이가 있었던 배경 중 하나로 연합국의 점령 방식 차이가 지금까지 자주 지적되어 왔다. 독일과 달리 일본의 점령은 미국에 의한 단독점령이었다. 그리고 미군에 의한 간접통치는 일본이 항복을 선언한 1945년 8월 15일 이후에도 일본 정부의 존속이 계속됨을 의미했다. 그러나 주지하는 바와 같이 독일 점령은 미국, 영국, 프랑스 그리고 소련의 4개국에 의해 분할점령되었다. 그리고 이후 1949년 동·서 독일로 분열될 때까지 4개국의 통치는 계속되었다. 하지만 독일의 경우는 미군에 의한 일본의 간접통치와 달리 그 점령 방식이 직접통치였다. 이는 독일에서의 점령정책은 일본과 달리 전전의 체제인 나치체제와의 단절임을 의미한다. 그리고 독일 점령에 임했던 연합국 측도 일본에서와 달리 독일 관리를 임명할 때는 반드시 반나치 또는 비나치였던 인물들을 기용했다.

그래서 이제부터는 이러한 점령 형태의 상이함과 함께 실제로 점령에 임한 나라에 대해서 검토해 보기로 한다. 공히 일본과 독일의 점령국이 되었던 나라는 연합국 중에서도 중심 국가들이었다. 그러나 양자에 모두 관련된 나라가 미국 한 국가였다는 사실은 전후 제도개혁에 있어서 미국의 역할 또는 공과(功過)를 생각하면 무시할 수 없는 사실이다.

1. 일본

일본은 전근대적인 측면이 강했고, 전시(戰時)경제로 인해 일정한 근대화는 이루었지만 경제, 사회 여러 면에서는 대규모 제도개혁을 필요로 했다. 그리고 그것이 근대사회로의 변혁이라면 미국인이 생각하는 과제와 처방전이란 명확했다. 즉 마르크스주의자의 영향을 받아 마르크스주의적 요소를 가지면서도 기본적으로는 근대주의적 발상으로 관철되었던 허버트 노먼의 일본 사회 분석이 그 대표적인 지침이 되었던 것은 이러한 배경이 있었기 때문이다. 실제로 독일이 일본보다 여러 방면에서 상당히 근대화된 사회였다는 점이 나치즘의 원인을 사회제도에서 구하기보다, 독일인 고유의 성격과 문화에서 찾는 심리적·문화론적 발상으로 귀착했던 것이다. 이렇게 해서 제도적으로 보았을 때, 이미 근대적인 제도로서 고도의 단계에 있었던 바이마르제도가 재건된다면 그것을 운용하는 정신과 문화의 변혁이 요구되었던 것이다. 일본에서 마루야마(丸山眞男) 등의 근대주의자가 점령개혁 이후에 제도개혁이 완성되었기 때문에 앞으로는 그에 어울리는 정신과 문화의 개혁이 과제라고 한 것과 같은 맥락이라고 해도 좋겠다.

또한 '의회제 민주주의의 확립'이라고 하는 정치면에서의 제도개혁에 대해서 말하자면, 독일에서는 나치즘에 의한 엄격한 박해의 경험을 통해 부활한 정치 엘리트가 자유주의와 민주주의 정착의 필요성을 실감하고 있었기 때문에 점령군에 의한 강제와 지령을 받지 않고도 점령군의 정치개혁을 스스로 실현할 생각이었다. 특히 독일의 대중들 사이에는 패전 당시에는 의연하게 나치즘 이데올로기와 히틀러를 지지하는 의견이 광범위하게 나타났지만 전후의 정치 엘리트는 이 정치문화를 완전히 끊고 독일 대중에 대한 불신을 포함, 오히려 점령군과 공통의 인식을 가지고 있었다.[10] 따라서 점령군 입장에서는 점령개혁이라고 하는 형태로 밖으로부터 개혁을 도입할 필요가 없었으며, 독일의 정치 엘리트에게 정치제도의 개혁을 기본적으로 맡기면 되었던 것이다. 여기에서는 독일의 정당 재건에 관계된 지도층이 행정의 책임에서 해방되어 장래의 독일의 정치체제의 구축이라고 하는 장기적 문제를 생각할 여유를 가지고 있었던 점을 지적해 두지 않을 수 없다. 점령군과 행정직에 임명된 사람들이 개혁에 대한 여유를 가지고 있었던 것과는 대조적으로, 전국정당의 재건에 임했던

10　1952년의 여론조사에서조차 독일인의 10%는 히틀러를 가장 위대한 정치가로 들고 있으며, 13%가 나치즘의 부활을 희망한다고 회답하고 있다.

사람들은 중앙정부와 입법기관이 부재했기 때문에 장기적인 독일의 진로를 논의할 수밖에 없었다고도 할 수 있을 것이다. 그러나 일본의 경우는 대조적으로, 전후의 전국적 정치가는 정권을 담당하고 있거나 혹은 그 현실적 가능성을 염두에 두고 있어 단기적으로 밖의 사물을 생각할 수가 없었다. 또한 일본의 정치 엘리트는 원래 독일의 정치 엘리트와는 달리, 천황제 파시즘에 대한 심각한 반성은 없었으며, 패전 직후에는 황실 유지를 최우선의 정치 과제라고 생각했다. 그래서 그들의 제도개혁 구상은 상당히 미온한 것이었으며, 이 점에서는 대부분의 일본 대중들도 궤를 같이 하고 있었다. 그래서 점령군에 의한 강력한 개입이 없었다면 독일과 같은 정치제도의 실현은 바랄 수도 없었던 것이다.

2. 독일

전체적으로 보았을 때 독일에서의 점령개혁은 일본의 점령개혁과 비교하여 철저히 이루어졌다고는 말하기 어렵고, 그 충격도 상당히 적었다고 결론을 내릴 수 있겠다. 이에 대한 이유는 첫째, 독일의 패전으로 인한 피해는 상당히 커서 전후 당시에는 일본 이상으로 경제상태가 악화되어 있었다. 이 때문에 전쟁이 끝나기 전부터 논란이 되었던 징벌적인 정책과 유화적인 정책을 둘러싼 워싱턴 내부의 대립은 거의 의미를 잃게 되었으며, 개혁보다도 부흥을 긴급한 과제로 생각한 현지 점령군 수뇌부의 판단이 결정적인 역할을 수행하게 되었다. 그리고 조기에 독일의 경제를 부흥시키는 것은 단지 독일의 부흥에 머무르지 않고 유럽 전체의 부흥을 위해 필수적인 일부분으로 인식되었다. 경우는 상당히 다르지만 마치 전전 일본이 주변 제국과 경제적으로 밀접하게 연결되어 있었던 것과 비교될 수 있다. 워싱턴에서 냉전이 시작되기 이전 독일 부흥 방침을 받아들인 것은 그러한 이유였다.

한편 경제부흥은 경제기구에 한정된 것은 아니었으며, 동시에 행정기관의 재건 또한 긴급 과제로 취급되었다. 독일의 행정조직이 파탄상태에 있었기 때문이다. 그렇기 때문에 제도개혁에까지 손을 대기는 상당히 곤란했다. 하물며 미군은 1945년 8월까지는 극동의 전쟁으로 이동해야 했고, 그 이후에는 동원해제가 급속히 진행되어 심각한 인원 부족으로 고민했기 때문에 이 문제는 한층 심각해졌다. 이와 같이 제도가 파괴·해체되어 있었기 때문에 개혁보다 재건이 우선시되었던 것이다. 이러한 점에서 생각하면, 일본에서 통상 말하는 것과는 달리 일본에서는 정부기관이 존속하였고 간접통치 형태였기 때문에 대규모적인 개혁, 특히 철저한 경제개혁을 실시할 수 있었다. 농지개혁과 재벌 해체 등 일본 행정기관의 존속과 효율적인 행정 능력이 없었다면 개혁을 그와 같이 단기적으로 실시하기는 불가능했다.

둘째, 뉴딜이라고 불리는 좌파가 활동했던 일본의 개혁과는 달리 독일의 점령은 당초부터 고전적 경제적 자유주의자들이 담당해 왔다. 따라서 사회주의적 실험은 물론 사회구조에 대한 개혁의 칼날은 전혀 도입되지 않고 끝났다. 클레이 군정장관은 남부 출신의 보수주의자였기 때문에 그의 고문들도 그와 같은 보수주의자였는데, 경제고문 드레이퍼(William Draper)는 투자은행 출신이었으며, 그의 한쪽 팔 역할을 담당했던 더글라스(Louis Douglas)는 실업가에서 상원의원의 경력을 가진 사람이었다.[11] 또한 정치 문제에 대한 고문 머피(Robert Murphy)는 외교관이었다. 그리고

---

11 Livingston, Jon · Moore, Joe, and Oldfather, Felicia(ed), 1973, op. cit.

이러한 점령군 수뇌가 독일의 행정에 깊이 개입한 것이다. 더불어 이러한 클레이의 경제고문들은 후에 일본에 대한 점령정책의 전환, 즉 개혁정책에서 부흥정책으로 결정적인 역할을 수행한 그룹과 동일 내지는 동질의 사람들로 독일에서는 당초부터 이들이 커다란 영향력을 행사했다. 단 그들에 의한 초기 점령정책은 이러한 자유주의 이데올로기의 반영이라기보다는 실제적 관심을 우선시한 개혁을 부정하는 보수적 입장인 프래그머티즘(pragmatism)의 반영이었다 하겠다.

셋째, 소련 점령지구의 개혁 진행 상황이 서 측의 개혁에 부정적인 영향을 미쳤다. 재산권의 침해, 나아가서는 재산제도 그 자체에 대한 도전을 수반하는 농지개혁이 그 전형적인 일례인데, 소련과 같은 조치를 취했던 것은 미 점령군의 개혁 방침을 억제하는 효과를 초래했다. 게다가 일본과 달리, 독일에는 많은 언론들이 자유롭게 활동하고 있었기에 그에 관한 뉴스는 미국 내에서 일본의 경우 이상으로 커다란 관심을 불러일으켰다. 이는 독일계 이민자들이 미국에서 상당한 비중을 차지하고 있었던 점도 하나의 원인이 되었다.

넷째, 4개국의 공동점령이라는 것 자체가 제도개혁을 한층 곤란케 했다. 장래의 제도 구상에 대해서는 4개국의 합의를 도출해 내기가 어려웠는데, 합의의 형성을 포기하고, 특히 프랑스의 합의를 얻지 못하고 일방적으로 장기간에 걸쳐 독일의 체제를 구속하는 개혁을 도입하는 것에 대해 미국과 영국 정부는 주저하지 않을 수 없었다. 따라서 독일에서는 나치즘적인 군국주의 요소를 제거하는 이른바 부정적인(negative) 개혁을 뛰어넘어, 긍정적(positive)인 헌법 개정과 노동 3법 제정 등의 조치는 독일에서는 불가능했다.

다섯째, 일본은 독일과 비교해 보다 큰 밖으로부터의 개혁이 가능했으며, 또한 개혁이 필수적이기도 했다. 사회경제체제적인 면에서 독일은 전전 이미 유럽 최대의 공업국이었다. 그리고 전시경제체제하에서 경제의 근대화는 한층 진행되었다. 대토지 소유를 기초로 자작농을 배출하고 있던 반봉건적 지역이었던 동부 독일이 소련에 의한 점령으로 독일로부터 떨어져 나간 것도 개혁의 필요성을 한층 저하시켰다.

VI. 맺음말

이상의 내용을 국제체제의 군사적 차원에서 보면, 미국과 일본과의 관계는 소련과 동유럽과의 관계와 동일시되는 지배와 종속 관계라고 할 수 있겠다. 다시 말해서 미국이 소련에 동독을 포함한 동유럽 지배를 용인한 것처럼, 미국은 일본에 대해서 거의 절대적인 지배권을 확보한다. 이는 현실주의에 입각한 미군의 정책이 일본과 독일에 대해서도 동일하게 적용되었음을 의미한다. 또한 미국이 전후 질서유지정책을 기존의 유럽중심체제에서 아시아를 자신들의 세력권에 구축하여 수정하여 수정하려 했던 것은 일본 점령에 있어서 실질적인 결정권을 행사하는 데 소련뿐만 아니라 영국이나 호주를 배제한 것에서 알 수 있다. 그러나 군사적 종속에 의해 달성된 미국의 자유주의는 일본과 독일에 전쟁 전의 제국주의적인 야심을 단념시킴과 동시에 경제적으로는 세계시장에 접근을 보장하는 개방경제체제 속의 번영을 약속했다. 다시 말해서 포츠담선언과 점령개혁이 일본과 독일에 군사적으로 엄격한 제약을 가한 반면 경제적으로는 관대했다. 이런 점에서 일본과 독일이 다시는 군국주의를 표방한 제국이 되지 못하게 하기 위한 철저한 국내개혁이 단행되었다. 이는 베르사유체제가 독일에 경제적으로는 엄격했지만 군사적으로는 느슨한 관리였던 것과는 대조적이었다. 이처럼 미국에 의한 일·독 전후처리는 어쩌면 미국 스스로가 제국이 되는 것보다, 일본이나 독일이 제국으로 되돌아가는 것을 방지하는 데 노력했다 하겠다.

미국의 이런 노력들을 종합해 보면 일본은 전쟁 전과 후의 제도적 연계성이 강했다는 사실에 비해, 독일은 제도적인 면에서 전쟁 전 바이마르 시대와의 단절이 명확했음을 알 수 있다.

한편 정치문화적인 면에서 전쟁 전후에 대한 일·독 양국을 비교했을 때, 연속과 비연속에 대한 판단은 이 글에서 한계를 갖는다. 정치문화적인 변화는 장기적인 시간을 필요로 하는 경우가 많지만, 전후 수십 년간에 극적인 변화를 이루어 냈다고 생각하는 일본문화의 변화가 점령개혁에 의한 제도개혁의 장기적인 효과 때문인가 혹은 1955년 이후의 고도성장에 의한 것인가는 확실치 않기 때문이다. 또한 일찍이 일본의 전통적 문화가 근본적인 부분에서 과연 변화한 것인지의 여부도 논의가 쉽지 않다. 특히 군국주의와 대외침략의 원인으로 작용했던 천황에 대한 정치문화가 정치경제제도의 변화에도 불구하고 존속하고 있다는 주장도 여전히 뿌리 깊다. 단, 독일과 비교하자면, 전통적 문화의 주요한 요소 중 하나이며 군국주의의 원인이 되었던 내셔널리즘의 관점에서는 일본의 정치문화가 전전과의 연속성이 강하다고 할 수 있을 것이다. 한편 독일은 나치즘에 대한 단죄와 과거에 대한 엄격한 반성이 자국의 문화 그 자체에 대한 상당히 엄격한 평가를 이끌어 냈으며, 소박한 내셔널리즘의 표현도 강한 비판을 받아왔고 현재도 그 상태가 계속되고 있다.

참고문헌

박명식 편역, 1983, 『전후 일본의 보수정치: 나카소네 정권이 등장하기까지』, 한울림.

하영선 편, 1997, 『한국과 일본: 새로운 만남을 위한 역사인식』, 나남출판사.

眞鍋俊二, 1989, 『アメリカのドイツ占領政策: 1940年代國際政治の流れのなかで』, 法律文化社.

大嶽秀夫, 1992, 『二つの戰後·ドイツと日本』, 日本放送出版協會.

北岡伸一, 2000, 『普通の國へ』, 中央公論新社.

加藤秀治郎, 1985, 『戰後ドイツの政黨制』, 學陽書房.

板本義和, ロバート·フォード 編, 1987, 『日本占領の研究』, 東京大學出版會.

御厨貴 編, 2003, 『歷代日本首相』, 新書館.

海後宗臣 編, 1978, 『戰後日本の敎育改革』, 東京大學出版會.

レイムーア 編, 1982, 『天皇バイブルオ讀んだ日』, 講談社.

神島二郎, 1962, 『近代日本の精神構造(単行本)』, 岩波書店.

武者小路公秀 編著, 1996, 『日本外交の課題と選択』, 大阪経済法科大学出版部.

白鳥令, 1975, 『日本政治の構造: 戰後体制の終焉』, 東洋経済新報社.

Livingston, Jon · Moore, Joe, and Oldfather, Felicia(ed), 1973, *Postwar Japan: 1945 to the Present*, New York, Pantheon.

Hrebenar, Ronald J., 1986, *The Japanese Party System*, Colorado: Westview Press.

Maga, Tim. 2001, *Judgement at Tokyo: The Japanese War Crimes Trials*, The University of Kentucky.

3

한일 화해의 허들
일본 정부의
이중적인 역사인식을 중심으로

김관원 동북아역사재단 연구위원

I. 머리말: 일본 정부의 화해 움직임과 한계

1990년대 이후 일본 정부의 역사인식은 일본 총리나 관방장관의 각종 담화 등을 통한 사죄에서 알 수 있듯이 1990년대 이전과 다른 모습을 보여 왔다. 특히 1990년대는 '미래지향적 협력'이라는 구호 아래 과거와 단절하고 새로운 한일관계를 형성하려는 분위기도 감지되었던 시기였다. 정상 간의 화해 무드,[1] 월드컵 공동 개최 결정, 그리고 일본에 한류 붐이 일었던 것 등, 이처럼 한일관계는 전후 70여 년을 통틀어 가장 좋은 시기

---

1 1990년 5월 노태우 대통령이 한국 대통령으로서는 처음으로 일본 국회에서 과거사 문제의 이유와 청산의 중요성을 역설하면서 미래지향적 협력관계 구축을 위한 노력이 필요하다고 강조했다. 이후 한일 정상은 양국을 오가면서 신뢰를 쌓았다.

였다고 할 수 있겠다.

　그러나 현재의 한일관계를 보면 당시의 모습은 찾아볼 수가 없다. 오히려 2020년 하반기인 지금은 양국 간 갈등이 최고조에 달해 있는 상태다. 한일 간은 경제적인 측면에서 상호의존이 높아지고 있는 반면에 정치외교적인 측면에서는 일본의 과거사(過去事)에 대한 기억, 야스쿠니 신사 참배, 독도 영유권과 관련된 쟁점에서 비롯한 일본의 우경화가 심화됨에 따라 갈등 양상은 더욱 악화하고 있는 모양새다. 이로써 양국이 1990년대 이후 갈고 닦아온 신뢰는 무너졌으며 식민지 지배와 침략전쟁에 대해 역대 일본 총리가 언급한 '통절한 반성과 마음으로부터의 사죄'는 기대하기 어렵다는 생각을 지울 수 없게 됐다.

　이런 상황 속에서도 한일 양국에는 화해를 위한 '아시아여성기금'과 '한일 '위안부'합의' 등의 움직임이 있었지만, 결과적으로 실패했다. 근본적으로 일본에 그 원인이 있다고 보아야 할 것이다. 일본 정부의 '사죄'와 '우경화'라고 하는 이중적인 두 정책이 교묘하게 진행되어 온 것은 아닌가, 하는 의심이 든다. 두 사례를 간략히 언급하며 문제제기를 하고자 한다.

　첫번째 사례는 아시아여성기금 사례이다. 일본군'위안부' 피해자에 대한 일본 정부의 법적책임과 사죄, 보상을 요구하는 목소리가 일본 내외에서 분출하는 가운데 1994년 9월 무라야마 도미이치(村山富市)총리는 민간기금을 설립해 일본군'위안부' 피해자에게 보상한다는 구상을 제시했다. "입법에 의해 정부가 개인 피해자에게 직접 지불해야 한다"라는 일부 의원의 요구도 있었으나,[2] 연립내각은 샌프란시스코강화조약과 한

2　제2차 세계대전 당시 일본은 중국 대륙뿐 아니라 태평양 각지에 위안소를 설치했다.

일청구권협정으로 보상 문제는 이미 해결되었으므로 '국가 보상은 하지 않는다'는 것을 확인하고[3] 1995년 7월 재단법인 '평화를 위한 아시아여성 국민기금'(이하 아시아여성기금)을 발족해 민간기금에 의한 해결을 시도했다.[4]

　동 기금은 정부 예산과 국민 성금으로 기금을 조성해 피해자 개인에

일본이 전쟁지역을 확대해 가자 위안소를 설치한 지역도 점차 확대되어 갔다. 한반도 출신 여성들도 일본군'위안부'로 강제로 동원되는 사례가 늘어나기 시작했다. '위안부' 피해자들은 일본 국내외의 전장으로 끌려와, 항상 일본군의 관리하에 있었으며 군과 행동을 함께하면서 위안소에서 강제로 성노예 생활을 했다. 이들은 말로는 표현할 수 없는 고통과 비참한 생활을 했으며, 노예상태와 같은 중대한 인권침해를 받았다. 위안소 제도는 철저한 여성차별·민족차별 사상의 표현이며, 여성의 인격과 존엄을 근저에서부터 침해하고 민족의 긍지를 유린한 것이다. 당시의 국제법을 위반했으며 '위안부'를 민간업자나 관헌 등이 강제로 동원했다. 아시아태평양전쟁 한국인 희생자 보상청구 소송 2심 판결(東京高裁, 2003. 7. 22), 『判例時報』 1843호; 송신도 소송 1심의 판결(東京地裁, 1999. 10. 1), 『判例時報』 48권 3호, 『訟務月報』 48권 3호; 송신도 소송 2심 판결(東京高裁, 2000. 11. 30), 『判例時報』 1741호; 아시아태평양전쟁 한국인 희생자 보상청구 소송 1심 판결; 부산 일본군'위안부'·여자정신대 공식사죄청구 소송 1심 판결(山口地裁下関支部, 1998. 4. 27), 『判例タイムズ』 1081호 참조.

3　그러나 한일회담 과정에서 일본군'위안부' 문제 등의 전쟁범죄로 인한 피해에 대해서는 논의되지 않았음에도 이 문제가 해결되었다고 하는 것은 타당하지 않다. 1965년 한일협정 체결 당시 '위안부' 문제는 논의조차 되지 않았다. '위안부' 문제가 반인도적 범죄행위에 의한 문제로서 한일회담의 의제였던 대일청구 8항목의 범위에 들어있지 않았으며, 실제로 '위안부' 문제는 14년간의 회담에서 단 한 번도 의제로 논의된 적이 없었다. 또한 '위안부' 문제와 같은 식민지 지배나 전쟁에 의한 반인도적 범죄행위는, 더반선언이나 마우마우재판 등의 사례들이 보여주듯이, 책임을 면제받을 수 없으므로 이에 해당하는 중대한 손해에 대한 보상 의무를 일본 국가가 지는 것은 당연하다. 太田修, 2013. 10, 「もはや"日韓請求權協定で解決済み"ではすまされない」, 『世界』, 194-195쪽.

4　2014년 8월 22일 동북아역사재단에서 열린 전문가 토론회에서 무라야마 전 총리가 발제한 발표문 참조.

게 국민의 모금을 기본 자금으로 하는 '위로금'[5]과 정부 출연금을 기본으로 하는 의료·복지 지원 및 고노 담화에 근거한 총리의 '사죄편지'를 피해자에게 전달하는 것을 내용으로 하고 있다.[6]

민간기금은 당시 피해자 다수의 격렬한 반대를 무릅쓰고 민간인 모금 형태의 기금을 구상하고 이를 강행한 일본 정부와 기금 측의 태도에 문제가 있었음에도 추진됐다. 형식적인 면에서 하시모토 총리의 사죄편지는 개인적인 사죄로, 국가의 사죄가 아니었다. 내용적으로는 종전에 인정했던 강제의 사실을 일절 인정하지 않은 점은 명백히 후퇴했다고 보지 않을 수 없다.

일본군'위안부' 피해자가 요구한 것은 국가가 강제했다는 것을 인정하고 국가가 책임을 지는 것이었다. 그렇게 함으로써 비로소 피해자의 명예도 회복된다. 당연히 국가의 책임을 묻지 않은 이 기금으로는 애초에 해결될 수 있는 것이 아니었다. 국가의 책임을 애매모호하게 하고, 책임 주체를 명확히 하지 않은 채, 성격이 애매모호한 금전으로 무리해서 해결하려고 한 점, 애매한 사죄, 그리고 피해자 측 전원의 합의하에 진행되지 않은 점 등에서 일본 정부의 민간기금정책 추진 자체가 피해자와 피해국의 사람들과 지원자의 마음에 상처를 남기기만 했다.

---

5   한 명당 국민 모금 200만 엔, 정부 예산 300만 엔으로 구성된 기금 500만 엔을 당시 정부에 등록된 피해자의 3분의 1에 해당하는 60명에게 전달했다. 기금의 전무이사를 맡았던 와다는 보상(償い)은 '속죄'의 의미이므로 이에 따른 지불금은 한국에서 말하는 단순한 '위로금'이 아니라고 한다.

6   필리핀에 대해서는 위로금 200만 엔, 의료·복지 지원사업 120만 엔 규모, 한국과 타이완에 대해서는 위로금 200만 엔, 의료·복지 지원사업 300만 엔 규모로 2002년 7월 285명에 대해 '위로사업'을 실시, 종료했다. 또 네덜란드에 대해서는 79명에 대해 의료·복지 지원사업을 실시했고 이는 2001년 7월에 끝났다.

당연히 한국 정부와 대부분의 피해자는 강렬히 반대했다. 그럼에도 일본 정부·기금 측은 기금의 지불을 강행했다. 민간기금 구상은 피해자 측과 사전에 화해를 위한 비공개 직접 교섭 없이 피고 정부 측이 일방적으로 공표했다. 일본 정부는 언론을 이용해 기금정책을 추진하고 여론을 유도하려고 했다. 피해자들은 "나는 거지가 아니다. 여기저기에서 모은 동정금은 필요 없다"라고 하며 기금의 성격에 대해 문제 제기를 했다.[7]

이 기금은 일본 국내외에서 많은 비판을 받았다. 22일에는 도쿄에서 민간 모금의 위로금 반대와 개인보상을 요구하는 성명을 28개 단체가 냈다. 한국에서 이 기금은 '위로금'으로 받아들여졌으며, 또 법적 책임을 인정하지 않고 도의적 책임을 내세운 것도 기만이라고 생각하고 강하게 반발했다. 한일 양국의 시민단체는 일본 정부가 법적 책임을 회피하기 위해 조성한 기금이라고 비판하며 공식 사죄와 보상을 요구하는 운동을 전개했다.

일반적으로 자신의 행위를 돌아보고 양심에 따라 반성할 때, 그것을 사죄라고 한다. 금전적 보상도 사죄를 근거로 이루어져야 진정한 화해로 이어진다. 그러나 아시아여성기금에 의한 구제는 인도적인 의미를 많이 내포한 '원조'라고 보지 않을 수 없다. 일본국이 과거에 무엇을 했는가 하는 사실은 지적해도, 진정한 반성 없이, 피해자의 생활이 곤란하기 때문에 원조를 한다는 의식이 강하게 표출된 화해 시도였다고 본다. 이것이 현재 대다수 일본인의 역사인식이다.

---

7 『朝日新聞』 1994. 8. 19. 일본 정부는 아시아여성기금을 만들어 일본군 '위안부' 피해자에게 '보상'함으로써 해결하려고 했다. 그러나 아시아여성기금은 일본 정부가 피해 여성들에게 사죄와 배상을 해야 했음에도 민간모금 형태로 조성된 위로금으로 인도적 책임을 지겠다는 것이었으므로, 피해 할머니들에게 거부당해 실패했다.

두 번째 사례는 한일 '위안부' 합의이다. 일본 정부는 '위안부' 관련 동원의 강제성을 부인했으며 위안소의 설치, 운영 등 위안소제도에 대해서도 민간업자의 소행이라고 하며, 국가의 가해행위와 책임을 부정하고 있다. 또 상술한 바와 같이 일본 정부는 일본군 '위안부' 피해자에 대한 보상은 한일청구권협정으로 다 해결되었다고 주장하고 있다.

이에 대해 유엔의 인권위원회의 쿠마라스와미 보고서(Coomaraswamy Report)와[8] 맥두걸 보고서(McDougall Report)는[9] 일본의 국가책임을 지적하며 책임자 처벌과 공식 사죄, 배상을 해야 한다고 주장했다. 2005년 8월 한국 정부도 "일본군 '위안부' 문제에 대해 반인도적 불법행위에 대해서는 청구권협정에 의해 해결된 것이 아니므로 일본 정부에 법적책임을 추궁하겠다"라는 공식 입장을 밝혔다.[10]

---

[8] 쿠마라스와미 보고서는 1996년 유엔 인권위원회에서 채택된, 여성에 대한 특별보고자 라디카 쿠마라스와미의 '여성에 대한 폭력과 그 원인 및 결과에 관한 보고서'를 말한다. 강제로 연행된 일본군 '위안부'에 대한 인권침해는 명확히 국제법을 위반했으므로 일본국은 인정하고 법적 책임을 져야 한다고 했다. 또 일본군 '위안부' 피해자에 대해 원상회복, 배상 및 공식 사죄하고, 모집 및 수용에 관여한 범죄자를 가능한 한 특정해 처벌할 것을 권고했다.

[9] 맥두걸 보고서는 1998년 8월 유엔 인권위원회 차별방지·소수자보호 소위원회에서 채택된, 전시성노예제 특별보고자 게이 맥두걸의 '무력분쟁하의 조직적 강간·성노예제 및 노예제 유사 관행에 관한 최종보고서'를 말한다. 일본군 위안소에 대해 성노예제도로서 여성의 인권을 현저히 침해한 전쟁범죄라고 했으며, 일본 정부에 책임자의 처벌과 피해자에 대한 보상을 요구했다. 또 일본 정부의 국가책임을 인정하며, 한일청구권협정은 경제조약으로 일본의 인권법 위반행위를 다루는 조약은 아니었다고 지적하면서 일본 정부의 일본군 '위안부' 피해 여성들에 대한 배상을 요구했다.

[10] 국무조정실 보도자료 2005. 8. 26. 2005년 8월 한국 정부도 한일회담 문서공개 후속대책 관련 민관합동위원회에서 회담문서 등을 토대로 검토한 후, "일본군위안부 문제 등 일본 정부·군 등 국가권력이 관여한 반인도적 불법행위에 대해서는 청구권협정에 의해 해결된 것으로 볼 수 없고, 일본 정부의 법적책임이 남아" 있으므로 "일본 정부에 대해 법적책임 인정 등 지속적인 책임 추궁을 하겠다"는 공식 입장을 밝혔다. 또 후속

한국 정부의 입장을 바탕으로 2011년 8월 한국의 헌법재판소는 "한국 정부가 위안부 문제 해결을 위해 외교적 노력을 하지 않는 것은 작위의무의 위반"이라고 결정했다.[11] 이에 따라 한국 정부는 위헌상태를 해소하기 위해 일본 정부에 청구권협정에 따라 외교적 협의를 정식으로 요청하지 않을 수 없었다. 처음에는 일본 정부가 청구권협정으로 이미 해결된 문제라며 협의에 응하지 않았으나, 결국 우여곡절 끝에 2015년 12월 28일 합의에 도달했다.

이 합의에서 일본은 '위안부' 문제에 대해 군의 관여 하에 다수 여성의 명예와 존엄에 깊은 상처를 입힌 문제로서 일본의 책임을 통감하고 '위안부' 피해자의 고통과 상처에 대해 사죄와 반성의 마음을 표명한다고 했다. 이것은 아시아여성기금에서 피해자들에게 전달하려 했던 일본 총리의 '사죄편지' 내용과 거의 일치한다. 일본 정부는 한국 정부와 합의한 대로 한국 정부가 설립한 화해치유재단에 2016년 8월 10억 엔(108억 원)을 전달했다. 하지만 일본 정부는 사죄에 대해 법적 책임이 아니라 '도의적 책임'에 준하는 것이며, 10억 엔도 배상금이 아니라고 했다.

또 합의문에는 "최종적이고 불가역적으로 해결될 것임을 확인"한다, "국제사회에서 동 문제에 대해 상호 비난과 비판을 자제"한다 등의 표현을 넣었다. 그러나 구체적이고 공식적인 사과와 법적 책임 인정도 없이 합의문에 '최종적이고 불가역적인 해결'이라고 못박은 점이 문제로 대두되기도 했으며, 일본 정부는 국제사회에서 일본군 '위안부'와 관련해 범죄

조치로서 유엔 인권위 등 국제기구를 통해 이 문제를 계속 제기하는 등 외교적 대응방안을 지속적으로 강구해 나가기로 했다고 밝혔다.

11 헌재 2011. 8. 30. 2006헌마788 결정(대한민국과 일본국 간의 재산 및 청구권에 관한 문제의 해결과 경제협력에 관한 협정' 제3조 부작위 위헌 확인 사건).

행위를 부정하는 발언을 하는 등 합의를 어겼다.[12]

유엔 여성차별철폐위원회와 고문방지위원회는 '위안부'합의를 비판하며 수정을 권고했다. 여성차별철폐위원회는 2016년 3월 7일 "위안부 문제는 (한일 합의에도) 아직 해결되지 않은 문제"라며 "피해자의 관점에서 합의가 신속히 실행되길 요구한다"고 밝혔다. 또 일본의 "지도자나 당국자가 (위안부 문제에 대한 국가의) 책임을 가볍게 보는 발언을 해 피해자들에게 다시 한번 심적 고통을 주고 있다"라고도 비판했다.[13] 고문방지위원회도 2016년 5월 12일 한국 관련 인권보고서를 내면서, 한일 '위안부' 합의를 수정하라고 권고했다. 고문방지위원회는 "양국 간 이루어진 합의를 환영하지만, 피해자에 대한 보상과 명예회복, 진실규명과 재발방지 약속 등과 관련해서는 합의가 충분하지 않다"고 지적했다.[14]

화해가 식민지 지배나 전쟁책임 문제의 해결을 위해 기본 원칙을 포기하는 것을 의미하는 것은 아니다. 화해에서 포기할 수 없는 기본 원칙은 가해자인 일본 정부가 역사적 사실과 그에 대한 책임을 인정하고, 피해자에 대해서는 사죄하고 배상하는 것이다. 그러나 일본 정부는 그 기본 원칙마저 지키지 않았다. 결과적으로 이 합의는 "한일 역사인식 문제 해

---

12 더 나아가 합의문에서는 언급이 없지만 한국 정부는 일본 대사관 앞 '위안부' 소녀상에 대해서도 '적절한 해결'을 한다고 했다. '적절한 해결'이 철거를 의미하는지는 명확하지 않지만, 일본 정부는 지속적으로 철거를 요청했으며 또 소녀상 이전을 언급했다는 점도 여론의 반발을 샀다. 이밖에도 피해자와의 논의나 동의과정 등 당사자들과 사전 협의 없이 진행되었다는 점도 절차상 문제로 지적을 받았으며, 총리의 사죄와 금전 지급이 법적 책임이 아닌 도의적 책임을 지기 위한 것이라는 일본 측 주장도 많은 비판을 받았다.

13 https://blog.naver.com/docujoor/220649629624.

14 http://www.peoplepower21.org/Peace/1505851.

결을 내세웠으나 오히려 한일 갈등을 심화시키는 뇌관"이 되었으며,[15] 한일 간의 문제가 "최종적이고 불가역적으로 해결"된 것으로 한다는 내용이 들어간 점은 진정한 화해를 위한 것이 아니라 일본이 강요한 화해가 아닌가, 하는 의구심마저 들게 한다.

이 글은 일본 정부와 관련된 두 사례의 화해 움직임이 나타난 배경과 결과적으로 실패한 이유에 대해 검토하는 것을 목적으로 하고 있다. 이를 위해 앞에서 화해를 위한 움직임으로서 아시아여성기금과 한일 '위안부' 합의의 과정 및 한계점을 간략히 분석했다. 이제부터는 일본 정부의 역사인식과 관련성이 깊은 일본 정부의 주변국에 대한 사죄와 우경화에 대해 논한다. 즉 어찌하여 1990년대 이후의 미래지향적인 한일관계와 총리의 사죄나 정부 담화 등을 살려 화해를 정착시키지 못했는가, 또 왜 일본군 '위안부' 문제와 관련된 두 번의 화해 시도는 실패하고 말았는가를 고

---

15 조윤수 편, 2020, 『한일 관계의 궤적과 역사인식』, 동북아역사재단, 5-6쪽. 급기야 2017년 5월 문재인 정부 출범 이후 한국 정부는 '위안부' 합의를 재검토한 뒤, 일본 정부로부터 받은 10억 엔을 정부 예산으로 충당하기 위해 '양성평등기금'이라는 명목으로 예비비 103억 원을 편성했다. 사실상 '위안부' 합의를 무력화하고자 후속 조치를 취한 셈이다. 2017년 말에는 한일 일본군'위안부' 피해자 문제 합의 검토팀이 결과보고서를 발표하자, 재단 이사진의 절반이 사의를 표명하면서 재단사업이 불가능해졌다. 이후 2018년 11월 21일 화해치유재단의 해산이 결정됐다. 한편 아베 전 총리는 2020년 9월 23일 자 『요미우리신문(讀賣新聞)』과의 인터뷰에서 이 합의와 관련해 "한국과의 큰 현안에 대해 최종적이고 불가역적으로 해결하는 합의를 만들어 국제사회로부터 높은 평가를 받았다"고 말했다. 그는 이어 "지금도 역사 문제로 여러 가지 언론전이 전개되고 있지만, 일본을 폄훼할 수는 없게 됐다"고 강조했다. 일본군'위안부' 문제는 외교적 차원에서 이미 해결되었으므로 일본 정부가 해야 할 일은 더 이상 없다는 것을 강조한 것으로 보인다. 스가 요시히데(菅義偉) 총리도 최근 월간지 『분게이슌주(文藝春秋)』 10월호 기고에서 "(위안부 합의 뒤) 일한관계가 이렇게 빨리 이상하게 될 줄은 생각하지 못했지만 일본과 한국 중 어느 쪽이 '골포스트'를 움직이고 있는지 '증인'인 미국도 잘 알고 있을 것"이라고 말했다.

찰하기 위해 지난 30년간 일본 정부가 한국과 주변국들에 표명한 사죄와 그에 대한 반동으로 거세지고 있는 우경화 현상을 일본 정부의 이중적인 역사인식 측면에서 고찰한다.

II. 일본의 총리 발언과 정부 담화를 통한 사죄

1. 식민지 지배와 침략 관련 사죄

냉전체제가 종식된 1990년대에 들어서면서 한국과 중국 등의 경제적인 급부상으로 주변 국가와의 관계를 중시할 수밖에 없게 된 일본은 총리의 사죄와 정부의 역사인식을 보여주는 정부 담화를 차례로 내기 시작했다. 이때부터 일본의 총리는 담화나 전사자 추도식 등에서 식민지 지배책임이나 전쟁책임에 대해 언급했다.

1990년 5월 24일 가이후 도시키(海部俊樹) 총리는 노태우 대통령과의 정상회담에서 "과거 한 때 한반도의 많은 분들이 일본의 행위로 믿기 어려운 고난과 슬픔을 체험하신 것에 대해 겸허히 반성하며 솔직한 사죄의 말씀을 드린다"라고 했으며, 1993년 8월, 자민당 정권을 무너트리고 탄생한 연립 내각의 호소카와 모리히로(細川護熙) 총리는 전사자 추도식에서 총리로서는 처음으로 "일본의 아시아에 대한 가해책임"을 표명했다.[16]

일본 정부의 역사인식과 관련해 한 획을 그은 총리는 사회당 출신인

---

[16] 1993년 8월 15일, 일본 무도관의 전사자 추도 식전에서 총리로서 처음 일본의 아시아에 대한 가해책임을 표명하는 문언을 삽입한 말을 했다.

무라야마다. 그는 1994년 7월 18일 소신 표명 연설에서 "전후 50주년을 앞두고 본인은 일본의 침략행위 및 식민지 지배 등이 동 지역의 많은 사람들에게 견디기 어려운 고난과 슬픔을 주었다는 인식을 새롭게 하며, 깊은 반성에 입각해 부전(不戰)의 결의하에 세계 평화의 창조를 위해 노력할 것"이며, "이러한 견지에서 아시아 근린 제국 등과의 과거 역사를 직시함과 동시에 차세대를 짊어질 사람들 간의 교류 및 역사연구 분야를 포함한 각종 교류를 확충하는 등 상호이해를 심화할 필요성에 따라 금후 이의 구체화를 위해 서두를 것"이라고 했다.

또 전후 50주년인 1995년 무라야마 총리가 주도해 발표한 담화에서 "일본은 머지않은 과거의 한 시기 국책을 그르쳐 …… 식민지배와 침략으로 특히 아시아 국가들에 큰 손해와 고통을 줬다"며 "통절한 반성의 뜻을 표하며 마음으로부터 사죄한다"라고 밝혔다. 총리 담화에 '식민지배와 침략에 대한 반성'이라는 표현이 처음 포함됐다.

그는 담화에 대해 "고노 담화는 과거의 침략전쟁과 식민지 지배에 대한 인식과 연결시키지 못한 상태였고, 또 담화에 나타난 사죄를 구체적으로 피해자에게 전달하는 조치를 하지 않은 상태"였기 때문에 "일본이 진정으로 아시아의 일원이 되기 위해서는 전후 50년이 되는 해에 과거 전쟁과 식민지 지배에 대해 제대로 반성하며 과거를 매듭짓기 위해 솔직히 사죄하며 부전의 맹세를 새롭게 하고 평화국가로서 나아갈 방침을 분명히 함으로써 주변국과 흔들리지 않는 신뢰관계를 정착"시키고자 담화를 내게 되었다고 했다.[17]

애초에는 '과거의 전쟁을 반성하고 미래의 평화에 대한 결의'를 국회

---

17 2014년 8월 22일 동북아역사재단에서 열린 전문가 토론회의 무라야마 전 총리 발표문.

에서 채택하고자 했다. 그러나 반대 의견도 많았으며 결의문도 여러 번 수정됐다. 결국 중의원은 간신히 통과되었으나 참의원의 벽은 넘지 못했다. 그래서 하는 수 없이 각의결정으로 낼 수 있는 총리 담화를 통해 반성과 결의를 명확히 표명키로 결단했으나, 각료 전원이 찬성할지가 문제였다. 다행이도 고노 요헤이(河野洋平), 하시모토 류타로(橋本龍太郎), 노나카 히로무(野中廣務) 등 각료들이 지지해 무라야마 담화가 탄생했다.

이후 일본 정부의 공식 입장은 이 담화를 교과서로 삼았다. 하시모토 류타로, 오부치 게이조(小渕惠三), 고이즈미 준이치로(小泉純一郎) 총리를 비롯한 이후의 총리들에게 계승됐다. 이하에서는 김대중·오부치 한일공동선언을 비롯해 중요하다고 생각되는 담화에 대해 설명한다.

1998년 10월 채택한 김대중·오부치 '21세기를 향한 새로운 한일 미래 파트너십' 공동선언에는 "일본이 과거 한때 식민지 지배로 인하여 한국 국민에게 다대한 손해와 고통을 안겨주었다는 역사적 사실을 겸허히 받아들이면서, 이에 대해 통절한 반성과 마음으로부터의 사죄"를 표명한다는 대목이 들어가 있다. 공동선언에 따라 '과거의 문제'가 큰 틀에서 일단락되었다는 평가가 있었으나, 한일관계에서 큰 과제인 '역사청산'에 관한 근본적인 해결을 시도하지 못한 것도 사실이다.[18]

한일 양국은 역사인식 문제에 선을 긋는다는 생각을 국내외에 표명하면서까지 과거의 불행한 역사를 극복하고 화해와 선린우호협력에 입각한 미래지향적인 관계로 나아가기 위해 서로 노력할 것을 약속했다. 그러나 이후 일본의 왜곡 교과서, 고이즈미 총리의 야스쿠니신사 참배 등

---

18 池明觀·五十嵐正博·岡田正則·奈古道功 編, 2002, 『日韓の相互理解と戰後補償』, 日本評論社, はしがき 참조.

의 문제로 한국에서는 일본에 대한 불신이 커졌다. 결국 한국 측은 지자체와 학교 간 우호교류를 동결하고, 일본 문화 개방을 연기하고, 국회에서 2001년 7월 18일 '공동선언' 파기를 포함한 항의 결의를 전원일치로 채택하기까지에 이르렀다.

2010년 8월 10일 간 나오토(菅直人) 총리는 한일 강제병합 100년을 맞이해 다음과 같은 총리 담화를 발표했다. "3·1독립운동 등의 거센 저항에도 나타났듯이 정치적·군사적인 배경 하에서 당시 한국인들은 자신들의 뜻에 반한 식민지 지배로 나라와 문화를 빼앗겨 민족의 자긍심에 깊은 상처를 입었다"라고 표현해 한국 식민지 지배의 강제성을 간접적으로 인정했다. 또 "나는 역사에 성실히 맞서고 싶다. 역사의 사실을 직시하는 용기와 그것을 받아들이는 겸허함을 갖고, 스스로의 잘못을 솔직히 되돌아보고 싶다. 아픔을 준 쪽은 잊기 쉽고, 아픔을 받은 쪽은 그것은 쉽게 잊지 못하는 것이다. 이 식민지 지배로 야기된 다대한 손해와 고통에 대해, 이 기회를 빌려 다시 한번 통절한 반성과 진정한 마음으로 사죄한다"라고 표명했다.

진일보한 역사인식과 구체적인 조치가 있었다는 점에서는[19] 그때까지 일본 정부가 보여준 역사인식을 뛰어넘는 담화였다. 야당인 자민당과 보수층의 반발이 컸다는 점을 생각하면 용기 있는 결단이었다. 그럼에도 강제동원 피해자에 대한 보상 문제와 일본군 '위안부' 문제가 언급되지 않은 점, 그리고 한일강제병합조약과 관련해서 '무효', '강제'라는 직접적인 표현이 없었던 점은 아쉬운 대목이다.

최근까지 한일관계의 걸림돌로 평가되고 있는 아베 신조(安倍晋三)

---

[19] 구체적인 성과는 조선총독부를 경유해 약탈해 간 조선왕조의궤 등을 반환한 것이다.

총리도 2006년 처음 총리가 되었을 때는 무라야마 담화를 계승한다고 했다. 그러나 2012년 재집권하게 되자, 그는 "21세기에 적합한 미래지향적인 총리 담화를 발표하고 싶다"고 해 무라야마 담화를 부정하는 듯한 태도를 취했다. 2013년이 되어서도 아베는 "무라야마 담화를 그대로 계승하는 것은 아니다", "침략이라는 정의는 학계에서도 국제사회에서도 정해져 있다고는 볼 수 없다", "국가와 국가의 관계에서는 어느 쪽에서 보는가에 따라 다르다", "그런 것들이 무라야마 담화에 대해서 지적되고 있는 것은 사실이 아닌가"라고 국회에서 발언했다. 그러나 이후에 일본 국내외로부터 비판을 받았다. 결국 2013년 5월 무라야마 담화의 계승과 관련해 "이미 관방장관에게 들은 바와 같이 정권으로서는 모두 이어 나간다"라는 뜻을 밝혔다.

2015년 8월 14일 아베 총리는 일본 패전 70년을 맞아 14일 각의결정 후 아베 담화를 설명하는 기자회견에서 "우리 나라(일본)는 지난 전쟁에서의 행동에 대해 반복적으로 통절한 반성과 진심 어린 사죄의 마음을 표해왔다"라고 말했다. 이어 "그 마음을 실제 행동으로 옮기기 위해 동남아시아 국가들과 대만, 한국, 중국 등 이웃의 아시아인들이 걸어온 고난의 역사를 마음에 새기고 전후 일관되게 그 평화와 번영을 위해 힘을 다해왔다"며 "이런 역대 내각의 입장은 앞으로도 흔들리지 않을 것"이라고 말했다.

특히 아베 총리는 "일본에서는 전후에 태어난 세대가 지금 인구의 8할을 넘겼으며 이들은 전쟁과 아무런 관련도 없다"고 밝힌 뒤, "우리들의 아이와 손자, 그 뒤 세대의 아이들에게 사죄를 계속할 숙명을 지우게 해선 안 된다"라고 말했다.

2. 일본군 '위안부' 관련 사죄

일본 정부 차원에서 처음으로 '위안부' 문제를 언급한 것은 미야자와 기이치(宮澤喜一) 정권에서다. 1992년 1월 16일 한국을 공식 방문한 미야자와 총리는 다음날 일본 총리로서는 처음으로 한국 국회에서 연설을 했는데, 이때 일본군 '위안부' 관련 사죄가 처음으로 언급된다. 이때 미야자와 총리는 "최근 이른바 종군위안부 문제가 거론되고 있는 바, 정말로 마음 아픈 일로서 진정으로 죄송하게 생각하고 있다"며 "우리 세대의 잘못이 두 번 다시 되풀이되지 않도록 21세기를 살아갈 다음 세대에 역사를 바르게 전달하지 않으면 안 된다고 느끼고 있으며 이는 본인을 포함한 우리 세대의 책임"이라고 말했다.

일본군 '위안부'와 관련해 획기적인 역사인식을 보인 미야자와 총리는 자신의 내각에서 모두 세 번의 '위안부' 관련 관방장관 담화를 발표했다. 1992년 1월 가토 담화를 발표하면서 '위안부'와 관련해 모집과 위안소 운영 등에 일본군이 관여했음을 인정했다. 또 1992년 7월에도 담화를 발표해 일본군의 관여를 인정했다. 그러나 이 담화에서는 모집의 강제성에 대해서는 자료가 없다는 이유를 들어 부정했다.

그리고 1993년 8월 고노 담화를 발표했는데 당시 일본군이나 관헌이 직접 또는 간접적으로 관여했다는 내용과 사죄 표명을 담고 있다. 즉 "위안부의 모집은 군의 요청을 받은 업자가 주로 맡았으나, 그 경우에도 감언, 강압에 의하는 등 본인들의 의사에 반해 모집된 사례가 많았고, 더욱이 관헌 등이 직접 이에 가담했던 경우도 있었으며", 또 한국은 일본의 통치하에 있어 "그 모집, 이송, 관리 등도 감언, 강압에 의하는 등, 대체로 본인들의 의사에 반해 이루어졌다."고 했다. 일본군 '위안부'가 강제로 동원되었다는 사실을 일본 정부도 담화를 통해 인정하고 있는 것으로, 여기에는 국가의 법적책임이 따른다. 이로써 이후 일본군이나 강제성이 있었다는 사실에 대해서는 다투지 않았다.

두 번의 가토 담화와 고노 담화는 강제성을 보여주는 자료에 근거한 사죄이기보다는 한일관계를 비롯한 외교적 요소를 고려한 정치적 판단이 작용했기 때문에 정치적 사죄였다고 보는 견해가 있다.[20] 지적한 대로 한일 간 협력의 필요성도 많은 부분을 차지하겠으나 미야자와 총리 및 가토 관방장관, 고노 관방장관의 역사인식도 한몫을 했다고 생각한다.

이후 현재까지 '위안부'와 관련한 담화는 나오지 않았다. 다만 긴 기간의 자민당 정권을 무너트리고 탄생한 연립 내각의 호소카와 총리는 1993년 11월 김영삼 대통령과 정부 출범 후 처음으로 경주에서 열렸던 정상회담에서 한일 과거사 문제로서 창씨개명, 강제동원과 함께 일본군'위안부'를 언급하면서 가해자로서 일본이 한 일에 대한 반성과 사죄를 밝혔다. 그러나 시간이 흘러 일본에서 우경화가 거세지고 있었던 2012년 8월 27일 민주당 정권의 노다 총리는 참의원 예산위원회에 출석해 일본군의 '위안부' 강제동원을 인정하고 반성·사죄한 1993년의 고노 담화와 관련해 "강제연행을 했다는 사실이 문서로 확인되지 않았고, 일본 측 증언도 없었다"라고 답변했다.

아베 총리의 일본군'위안부' 문제에 대한 인식은 복잡하고 일관성이 없다. 2007년 3월 26일 참의원 예산위에서 고노 담화에서 말하고 있는 대로 총리로서 "위안부 피해자들이 쓰라린 경험을 한 데 대해 동정의 마

---

20 도가시 아유미, 2020, 「'위안부' 문제에 관한 관방장관 담화의 책정 요인」, 『한일 관계의 궤적과 역사인식』, 동북아역사재단, 198쪽.

음을 표하며, 당시 그러한 처지에 놓인 것에 대해 사죄의 마음을 표한다" 라고 했다. 4월 23일 관저 출입기자단 인터뷰에서는 "총리로서 당시의 위안부가 놓여 있던 상황 등을 고려해 진심으로 동정을 말씀드리며, 고초를 당한 것에 대해 죄송하게 생각한다"고 했으며 2007년 4월 27일 일미 정상 공동기자회견에서는 "위안부 여성들이 극도의 고난과 희생을 감수해야만 했던 상황에 대해 가슴 깊이 애도를 느낀다", "일본의 총리로서 나의 사과를 표명하고자 하며, 그들이 그러한 상황에 처했다는 사실에 대한 사과를 표명"했다.

하지만 '위안부' 피해자에 대해 사죄하면서 고노 담화를 계승한다고 한 아베는 어느새 고노 담화 흠집 내기를 시작한다. 아베는 두 번째 집권한 2014년에 고노 담화 자체는 계승한다고 하면서 '당시 주변국들을 배려해 강제동원의 증거가 명확하지 않음에도 불구하고 주변국과의 외교적 측면을 고려해 강제동원을 인정했다'는 검증 결과보고서를 국회에 제출해 또다시 고노 담화를 폄훼하더니,[21] 2015년 3월에는 미국에서 "일본군'위안부'는 인신매매의 희생자이지 강제로 동원된 것이 아니다"라고 발언했다는 사실을 워싱턴포스트(WP)는 전하고 있다.

이와 같은 아베의 행동은 고노 담화에서 인정하고 있는 일본군'위안부' 강제동원은 인도에 반하는 범죄이며, 여성에 대한 모독이며, 인류에 대한 도전이기 때문에, 이러한 역사적·국제법적 국가책임에서 벗어나기 위해 고노 담화를 검증해 흠집을 내고, 궁극적으로는 일본군'위안부'의

---

[21] 고노 담화에서 인정하고 있는 일본군'위안부' 강제동원은 인도에 반하는 범죄이며, 여성에 대한 모독이며, 인류에 대한 도전이기 때문에, 이러한 역사적·국제법적 국가책임에서 벗어나기 위해 고노 담화를 검증하여 흠집을 내고, 궁극적으로는 일본군'위안부' 강제 동원은 없었다고 하는 것이 목적이다.

강제동원은 없었다고 하는 것이 목적이었다.

그러나 수정될 처지에 있었던 고도 담화는 다행히 수정되지 않았으며 2015년 8월의 아베 담화에도 '위안부' 관련 내용이 직접적으로 들어가지 않았다. 일본군'위안부' 문제에 대한 아베의 역사인식이 정반대의 방향으로 변했는데 그 이유를 알아보는 것도 의미가 있다고 생각한다.

III. 거세지고 있는 일본 정부의 우경화 현상과 요인

1. 우경화 현상

패전에 따른 '천황'제의 실질적인 붕괴는 그것을 정신적 지주로 삼고 있었던 우익세력의 몰락을 가져왔으며 자연스럽게 우경화도 수그러들었다. 그러나 1950년대에 우익추방정책이 해제되면서 우익세력은 정치, 폭력과 결탁해 다시 부활했다. 그들은 선거에 출마하면서 일본의 재군비를 위한 헌법 개정을 추구했으며, 자민당 체제의 앞잡이로서 폭력에 호소하면서 연명하고 있었다.

1980년 중참의원 선거에서 승리한 자민당 강경파의 비호를 받고 있었던 우익세력은 우경화를 촉진했다. 이들은 1981년 '일본을 지키는 국민회의'를 조직해 헌법개정운동을 전개해 나갔다. 여기에 1982년 8월 15일 스즈키 수상 및 각료의 야스쿠니신사 집단 참배는 일본의 우경화를 가속화했다.

나카소네 정권에서는 체제가 더욱 우경화되어 전전(戰前)으로 회귀하려는 경향이 강해졌다. 『문예춘추(文藝春秋)』(1986. 10)에서의 나카소네 야스히로(中曾根康弘) 총리와 후지오 마사유키(藤尾正行) 문부성 장관의 발언을 보면 당시 일본 정부 내의 분위기를 알 수 있다. 1985년 나카소네는 야스쿠니신사를 공식 참배하기 전에 미국 알링턴 등 전몰장병 묘지와 동급으로 놓고 "국가를 위해서 목숨을 바친 이들에게 감사하는 것은 당연하다"라거나, 도쿄재판사관을 자학적이라고 비판했다. 그리고 '전후 정치의 총결산'을 내세우고 교육기본법과 전후 역사교육의 재검토를 주장하며 야스쿠니신사를 8월 15일에 공식 참배함으로써 물의를 일으켰다. 또한 1986년 후지오는 역사교과서 문제, 야스쿠니신사 참배 문제의 근본원인은 정당성이 없는 도쿄재판에 있다고 하면서, "한일병합은 한국 측에도 책임이 있으며, 만약 일본이 병합하지 않았으면 청이나 러시아가 지배했을 것"이라고 했다. 이를 반영이라도 하듯이 일본이 경제적 약진을 이어가고 한국과 중국 등의 국제적인 영향력이 저조하던 1980년대까지 과거사(過去事)와 관련해 일본 정부 차원의 공개적인 사죄 표명은 거의 없었다.[22] 이로써 1984년 9월에 있었던 나카소네 총리의 사죄도 그 진정성이 의심받을 수밖에 없게 됐다.

그러나 1990년대에 들어서 식민지 지배와 침략, 그리고 일본군 '위안부' 관련 일본의 총리 발언이나 정부 담화를 통한 사죄에 대한 반동으로 일본에서는 우경화가 한층 거세지기 시작했다. 90년대 초중반의 한국·중국과 일본의 화해 무드 속에서 일본의 보수 우익세력은 배외주의를 내세우고 역사적 사실을 부정하기 시작했다. 이들은 전통적으로 맥을 이어

---

[22] 일본 정부가 과거사에 대해 충분하지는 않지만 공식적으로 사죄한 것은 1982년 8월 미야자와 관방장관 담화가 처음이다. 또 1984년 9월 나카소네 총리는 "한국 및 한국인들에게 엄청난 곤란을 가져왔다", "깊은 유감의 뜻을 표명한다"라고 했다.

오고 있던 우익과 1996년 발족한 '새로운 역사교과서를 만드는 모임'(이하 새역모)을 결성하는 자들의 사주를 받아 정치적으로 움직이고 있었다.[23] 야스쿠니신사 참배, 국기·국가법 제정, 해석개헌 시행 및 주변사태법[24] 제정, 교과서 왜곡, 독도영유권 주장 등 일본의 우경화 양상은 잘못한 과거에 대해서 솔직하게 반성하고 사죄하는 것을 막는 대신 이전의 전철을 밟게 할 가능성을 높이고 있었다.

야스쿠니신사는 식민지 지배와 관련해 침략 신사로서의 중요한 역할을 했다. 전쟁에서 나라를 위해 죽으면 현세의 사회적 신분에 관계없이 현인신(現人神)인 '천황'에 준하는 신이 된다고 하면서 출정을 독려했다. 또 신사 안에 있는 전시관에는 메이지 시대 이후의 전쟁에 관한 기념품 등이 전시되어 있는데 이는 신사의 성격을 말해주고 있다.

이전부터 야스쿠니 참배는 항상 있었던 것이었으나 나카소네가 총리로서는 처음이자 마지막으로 1985년 8월 15일에 공식 참배를 단행했다.[25] 이에 대해 한국과 중국이 비난하자, 일본은 총리의 야스쿠니 참배 문제를 해결하지 않고는 한국이나 중국과의 관계를 개선한다는 것이 어

---

23 역사는 시간의 흐름 속에 있지만 그 속에서 어떤 사람이 살고 있는가, 그것을 관찰하는 사람이 자신은 어떻게 살아야 하는가를 묻는 자세에 역사를 쓰는 이유가 있다. 특히 권력자에 대해서 어떠한 대응을 해야 하는가에 역사의 근원이 있다고 봐야 한다. 阿部謹也, 2004, 『日本人の歴史認識』, 岩波新書. 73쪽.

24 미일방위협력지침과 관련된 법으로 1999년 제정된 '주변사태 시 우리나라의 평화와 안전을 확보하기 위한 조치에 관한 법률'을 말한다. ① 해외에서 전쟁수행이 가능하게 한 법 ② 전쟁참가·전쟁수행법 ③ 타국에서의 무력행사·무력에 의한 위협도 인정하는 법 ④ 국민·자치단체를 전쟁에 동원할 수 있는 법 ⑤ 국회도 제어할 수 없는 위헌 입법이라는 비판을 받고 있다.

25 고이즈미 총리는 재임 중인 2006년 8월 15일에 참배했으나 공사의 구별을 하지 않았다.

렵다는 것을 인식하고 총리의 참배를 피해왔다.

하지만 2001년 고이즈미 총리는, 8월 15일은 아니지만 약속한 대로 참배를 실행에 옮기면서 지배층의 정책으로 내셔널리즘 함양에 활용했다. 고이즈미는 "한국과 중국이 하라는 대로 전부 해야 한다는 생각은 갖고 있지 않다", "일본에는 일본의 사고방식이 있다"고 말하면서 참배에 대한 한국과 중국의 반발을 무시하고 재임기간 중 매년 참배했다. 아베 총리도 2013년 공식과 비공식의 구분 없이 참배했다. 그러나 이후 재임 중에는 대외관계에 영향을 끼칠 수 있다는 이유로 중단했다. 일본의 총리나, 각료, 정치인의 야스쿠니신사 참배 문제는 한국이나 중국에는 물러설 수 없는 사안으로서, 지금도 한일 양국 간 역사갈등의 한 요인이기도 하다.

이런 문제를 해결하기 위해 무종교의 추도시설을 건립하는 방안도 제시되고 있으나 집단적인 추도를 정치 지도자가 이용하지 않는다는 보장이 없다. 또한 올바른 역사인식이 뒤따르지 않는다면 국가의 관여에 의한 집단적 추도를 정치적으로 이용할 수도 있다. 반대로 기념시설에 국가가 관여함으로써 역사인식을 깊게 불어 넣을 가능성도 있다. 그래서 일본 정부의 역사인식이 중요하다.

보수 우익들은 야스쿠니신사 참배 문제와 관련이 있는 사안으로 A급 전범을 규정한 도쿄재판은 국제법 위반이라고 주장한다. 도쿄재판은 점령정책과 전후체제의 중심을 이루고 있으므로 도쿄재판사관을 극복하지 않으면 민족의 정신적 독립은 회복하기 어렵다고 하면서, '도쿄재판을 재판해야 한다'는 주장을 비롯해 재판의 부당성을 지적하는 일본인이 늘고 있다.[26] 또 일본의 입장을 무시한 승자의 패자에 대한 일방적인 단죄였고[27] '법률이 없으면 범죄 없다'는 사후법 관련 문제점을 지적하며 일본 국민은 전승국의 여론조작에 의해 세뇌되어 아직까지 재판의 진상을 이해하고 있지 않으므로 이것을 시정하지 않으면 일본이 바로 서지 못한다는 망언도 서슴지 않고 있다.

대외적으로 도쿄재판은 서서히 시작되고 있는 냉전구조하에서 '천황'을 면책하고 일본의 대아시아 침략에 관한 전쟁책임에 대해 불충분하게 물었으며 식민지 지배의 책임에 대해서는 전혀 묻지 않았다.[28] 국내적으로는 전쟁책임 문제를 완전히 무시하는 이중정책을 폈으며, 이의 필연적인 결과로서 국가 지도자나 국가의 국민에 대한 책임소재를 애매하게 했다.[29] 그 결과 '천황'이 전쟁 당시 최고책임자였기 때문에 '천황'이 식민지 지배·전쟁 책임을 져야 했음에도 살아있을 때는 일본 정부의 사죄가 없었다. 일본이 사죄한 것은 '천황'이 죽고 몇 년 뒤의 일이다. 그 쇼와 '천황'이 전후에도 그 지위에 있었다는 자체는 일본이 과거청산을 하지 못했던 이유 중의 하나다.

헌법 개정은 일본 우익의 최대 목표 중 하나이며, 원활한 헌법 개정을 위해, 1981년 '일본을 지키는 국민회의'를 조직해 대중운동을 벌이는 전략을 세웠다. 개헌 논의의 직접적 계기는 1991년 걸프전쟁에 따른 일본

---

26 자민당 정무조사회장과 방위성 장관을 역임한 이나다 도모미(稲田朋美)는 2006년 6월 3일 자 조간 『산케이신문(産経新聞)』을 통해 이를 주장하고 있으며 2015년 2월 27일에는 『ANN NEWS』에서 "우리가 진위를 검증해야 한다는 태도를 가지고 있어야 한다"고 발언했다.

27 그러나 일본이 1929년 비준한 1928의 파리부전조약과 약육강식의 시대를 끝내려고 일본을 포함한 열강이 합의 후에 국제분쟁의 처리기구로서 설립한 국제연맹 규약에 근거를 찾을 수 있다.

28 高橋哲哉, 1999, 『戰後責任論』, 講談社, 21쪽.

29 吉田裕, 2003, 『日本人の戦争観』, 岩波書店, 224-225쪽.

의 다국적군 참여와 북한 핵 위기, 주변국과의 영유권 분쟁에 따른 '전력 보유 필요성'과 관련이 있다.

개헌론자들은 1992년 유엔 평화유지활동협력법 제정에 따라 "냉전체제가 붕괴되어 지역분쟁이 격화될 우려가 증가함으로써 일본이 국제평화와 질서유지에 공헌하기 위해 집단적 자위권을 행사하는 것이 국제사회에서 보통국가로 떳떳이 역할을 다하는 것"이라고 주장했다. 이들은 헌법 9조는 일국의 평화주의에 머물러 있으며 세계평화주의에 반하므로 개정되어야 한다고 주장한다.

일본 정부는 "제9조가 자위권과 자위에 필요한 최소한의 무력 보유까지 금지하는 것은 아니다"라고 해석함으로써 자위대의 존재 자체는 인정하는 입장이다. 그러나 1999년 주변사태법을 제정해 자위대의 이라크파병까지 이끌어냈으나, '해석개헌'의 한계를 느낀 나머지 이전보다 개헌 무드가 무르익고 있다. 이라크에 자위대를 파병할 때에 "전쟁에 가는 것은 아니다"라고 했을 정도로 '자위대'와 '자위군'의 차이는 크다.

그러나 일본 내 개헌 움직임이 국제적 정당성을 얻기 위해서는 전후 처리와 관련해서 먼저 피해당사국에 대한 '진정한' 사과와 그에 따른 실천이 있어야 한다. 또한 국제공헌과 관련해서도 군사대국화에 앞서 주변국들의 신뢰와 존경을 받는 진정한 아시아의 리더 국가로 거듭 태어나는 것이 필요하다. 일본 국민에게는 과거의 문제일지 모르나, 한국과 중국 등 여타 동아시아 국가의 국민에게는 과거의 문제가 아니므로, 신헌법을 만들려고 한다면 주권자인 일본 국민은 역사인식의 문제를 경시하지 않아야 한다. 근린 제국과의 신뢰관계를 뿌리째 흔드는 개헌안은 무책임한 행동이며 시대인식·역사인식이 결여된 결정체다.

1999년 침략의 심벌인 '히노마루(日の丸)'와 '천황' 치세를 찬미하는

'기미가요(君が代)'를 일본의 국기와 국가로 한다는 국기·국가법이 제정됐다. '히노마루'는 침략전쟁을 추진했던 일본 제국의 상징으로서, 침략하는 일본인의 마음에 이상하리만큼 애국심과 투쟁심을 불어 넣어 침략당하는 아시아인의 마음을 공포심으로 가득하게 했다. 또한 '기미가요'는 '천황'제 국가를 찬미하는 노래라고도 볼 수 있어 헌법에서 규정한 국민주권을 부정하는 내용을 담고 있다.

국기·국가는 '천황'을 전면에 내세우지 않으면서 일본 국민에게 민족주의적 색채를 불어넣으면서 국민주의적으로 재구성할 경우에 불가결한 요소다. '천황'제와 무관한 민족주의적 우경화는 있을 수 없으며, 또한 군국주의가 부활하고 있는 것처럼 보여서도 안 되기 때문이다. 평화의 심벌인 헌법을 개정하기에 앞서 국기·국가법이 등장한 것은 일본의 군사대국의 부활, 국가총동원체제 구축을 목표로 하고 있으며, '천황'제 민족주의의 부활이라고도 볼 수도 있다. 국기·국가법은 새로운 민족주의적 이데올로기의 함양을 위한 첫발로서 법제화된 것이다.

1982년 일본 정부는 고등학교 사회과 교과서 기술과 관련해 한국과 중국으로부터 항의를 받고 일본 교과서에 식민지 지배에 관한 사실을 기록하게 한 근린제국조항을 검정[30]기준에 추가했다.[31] 또 1986년에도 고등학교 일본사 교과서를 둘러싸고 양국의 비판을 받아 나카소네 총리의

---

30 검정제도에 대해서는 다음과 같은 내용이 문제점으로 지적되고 있다. 교육의 자유 위반, 표현의 자유·검열의 금지 위반, 학문의 자유 위반 등이 이에나가(家永)재판에서 문제시됐다. 그리고 제도적 문제에 있어서는 교과서 조사관의 선정과정이 불투명한 것과 검정 내용이 밀실에서 이루어지고 있다는 것이다.
31 교과서 검정과정에서 문부성이 '침략'을 '진출'로 바꿨다고 일본, 한국, 중국의 신문 등이 보도해 아시아 각국의 외교 문제로 발전했다. 이 사건의 결과 1982년에 일본의 검정 기준에는 '근린제국조항'이 더해졌다.

지시로 검정 합격 후에 이례적으로 교과서를 재수정한 사건이 있었다. 이런 역사교과서 기술의 변화와 1990년대 중반의 한국·중국과 일본의 화해 무드는 일본의 보수세력을 자극하게 됐다.

이때 나타난 것이 앞서 말했던 새역모다. 새역모는 새로운 민족주의 운동을 가속시키기 위해 1990년 이후의 새로운 이데올로기와 관련된 집합체를 결속해 1996년 조직된 단체. 새역모는 도쿄재판 비판, 난징학살 과소평가, '위안부' 문제에 대한 냉소적 자세를 보이고 있으며, 일본의 식민지 지배·전쟁 책임과 관련해 일본이 반성과 사죄의 자세를 보이는 것에 대해 강하게 반발하고 있다.[32] 2001년 그들의 주도로 과거를 모두 정당화하려고 하는 중학교 역사교과서가 검정에 통과됨으로써 왜곡된 이 우익교과서를 사용하는 학생들이 생기기 시작했다.[33]

2014년 일본 정부는 일본사회의 우경화에 힘입어 우리의 교육과정 및 집필기준에 해당하는 중·고등학교 학습지도요령해설에 "독도가 일본의 고유영토"라는 내용을 기술했으며,[34] 학습지도요령 해설서나 검정과

32　大沼保昭, 2004, 「日本の戦争責任と戦後責任」, 『国際問題』501, 63-64쪽.

33　교과서 채택은 현장 교사들의 의견이 아니라 교육위원회의 소수 위원들의 개인적 의견에 의해 결정되는데, 교사 및 지역주민의 다양한 의견을 반영하지 않고 있다. 실제로 교사의 조사보고서에서는 양 우익교과서에 대한 평가가 낮았음에도 그 사실을 무시하고 양 교과서를 채택하고 있다. 자치단체장이 추천하는 인물이 위원이 될 가능성이 매우 높으므로 정치적으로 중립을 유지하기가 어렵다. 우익사관을 토대로 역사를 기술해 동아시아 국가에서 비판을 받았던 지유샤(自由社)의 '새로운 역사 교과서'는 100군데 이상 틀린 부분이 있어 2020년 2월 일본 정부의 검정에서 탈락했으며, 이쿠호샤(育鵬社)의 교과서는 채택율이 2015년의 6.5%에서 1%로 격감했다.

34　일본 외교청서는 1963년 독도에 관한 내용이 최초로 등장한 이후 거의 매년 독도가 기술해 오다가, 2003년부터는 매년 빠짐없이 기술하고 있다. 방위백서에는 1978년 독도에 관한 내용이 최초로 기술, 1997년 독도 관련 기술이 재등장해 매년 기술되었으며 2005년부터는 독도가 일본 고유영토라고 반복적으로 기술하고 있다. 일본 정부는

달리 법적 구속력을 갖는 학습지도요령을 2017년에 초·중등과 2018년에 고등을 각각 개정함으로써 교육 현장의 독도교육을 강제하는 기틀을 마련했다. 결국 2020년 검정에 통과된 모든 중학교 사회과 교과서에 '독도가 일본 영토'라는 내용이 들어갔다. 일본 제국의 침략과 과거사에 대해 일본이 아전인수적으로 해석한 내용을 교과서에 담아 학생들에게 교육해 약육강식의 국제질서를 기정사실화한다면 이런 체제가 언제든지 재현될 수 있다는 것을 암시하는 것과 같다.

이런 우경화 현상은 역사를 망각하고 그 위에 역사적인 사실을 적당히 취사해 새롭게 덧붙여 의미를 바꾸는 역사수정주의가 민족주의와 결탁해 나타나고 있는 것이다. 일본은 언제까지 사죄해야 하는가, 이제 그만둘 때가 되지 않았는가, 라는 망각의 태도 뿐만이 아니다. 심지어는 적당히 그것을 수정해 '좋은 일도 했다, 일본이 식민지 지배를 했기 때문에 발전했다'라는 의식이 일본의 젊은이들 사이에서 통용되고 있다. 왜곡 교과서를 기술하게 하는 것을 통해서 알 수 있듯이 일본인들의 역사와 역사교육에 대한 인식은 점차 잘못 되어가고 있다. 과거를 마음대로 미화하는 잘못된 역사의식은 일본사회에 만연되어 있으며 미래지향적인 한일관계의 가장 큰 걸림돌로 작용하고 있다.[35]

2013년 내각 관방에 영토·주권대책기획조정실을 설치하고 '전문가 간담회'의 제언에 따라 2018년 도쿄에 '영토·주권전시관'을 개관하는 등 영토·주권 관련 정책을 공세적으로 추진하고 있다. 이 전시관은 2020년 접근성이 좋은 장소로 확장 이전했다.

35 역사 기술은 각국 고유의 영역이라고 할 수 있겠다. 그러나 역사 기술에 있어서 자기의 고유 영역이라 하여 마음대로 기술해서는 안 된다. 사람에 따라 역사에 대한 견해가 다르더라도 그 사실은 하나다. 早川紀代, 2005, 『植民地と戦争責任』, 吉川弘文館, 225쪽.

2. 우경화 요인

국가 간에 비난 없이 공유되는 담화를 만들어냄으로써 과거사 문제를 해결할 수도 있다. 국가가 과거의 잘못을 인식하는 것은 전쟁 이후에 신뢰와 화해를 조성하기 위해 필수적이긴 하지만, 국가가 공식적으로 사죄하면 사죄행위에 대한 국내의 반발에 직면할 수도 있다. 그래서 공식적 사과는 오히려 효과적이지 않은 방법이라는 견해가 있다.[36]

이를 증명이라도 하듯 지난 30년간 일본 정부가 담화 등을 통해 표출한 반성과 '사죄'의 역사인식을 형해화하고 그 이전으로 되돌아가려는 '반동'이 일어났다. '역사수정주의'가 그것이다. 수정주의 역사관은 일본의 식민주의에 대한 인식에서 출발했다. 이들은 '난징대학살은 없었으며 일본군'위안부'에 관한 기술을 교과서에서 빼야 한다'고 하면서 또한 '일본을 악이라고 보는 자학사관이 지배하고 있으므로 수정해야 한다'고 주장한다.

앞에서 제시한 바와 같이 1990년대 중반에 들어서면 일본의 우경화 양상은 다른 모습으로 나타나기 시작한다. 미야자와 정권의 일본군'위안부' 관련 '반성', 호소카와·무라야마 정권의 식민지 지배 관련 발언 등 신외교정책에 대한 반동으로 지배층 내에 우경화를 추동하는 세력이 나타났다. 이와 같은 현상은 총리의 발언이나 담화를 통한 사죄가 있음에도 일본 정부의 역사인식이 바뀌지 않는 이유이기도 하다.

---

36 장기영, 2017, 「안보위협이 과거사 인식에 미치는 영향」, 『국제정치논총』 57(4), 50쪽. 최근에는 나치시대에 관한 강조가 너무 강하기 때문에 독일인 자신의 역사인식도 해체되어 가고 있다고 탄식하는 지식인도 나타나고 있다. 菅原憲二·安田浩, 2002, 『国境を貫く歴史認識』, 青木書店, 45-46쪽.

일본에서는 사죄 발언 이후에도 한중과의 갈등을 감수하면서까지 각료의 망언이 계속되거나 야스쿠니신사를 지속적으로 참배하는 등의 우경화가 거세지고 있는데, 그 요인은 일본 국민 사이에 광범위하게 자리 잡고 있는 역사인식에서 찾아야 한다.

망언을 쏟아내는 우익들의 역사인식과 전쟁책임에 대한 자각에 의문을 품지 않을 수 없는 현상이 계속되고 있다.[37] 반복된 망언으로 진정한 반성을 하지 않고 있다는 비판을 받는 것은 당연하다. 이는 역사를 바로 보지 못하고 역사를 두려워하지 않고 역사 앞에 용기를 내는 것을 주저해 왔기 때문이다. 개인이 어떤 역사인식을 갖는 것은 자유고 또 역사상의 사실과 그에 대한 평가에 대해서는 앞으로 더 많은 객관적, 학문적 연구가 필요하다고 생각할 수도 있지만, 일본 각료나 정치가의 반복된 망언은 '일본인의 진심'이라고 생각할 수밖에 없으며 정부나 의회의 일원으로서 공적 책임이 수반된다.[38]

망언을 하는 사람들은 '확신범'이라고 할 수 있다. 망언을 한 후에는 이런 사람들이 정당 내부, 그가 속해 있는 정치단체 내부 등에서 깊은 공감을 얻어낼 수 있는 등, 일본 내에서 더욱 지지를 받고 있어서 그렇다고

---

[37] 1994년 5월 나가노 시게토(永野茂門) 법무상은 "태평양전쟁은 침략전쟁이 아니라 식민지를 해방하고 대동아공영권을 확립하기 위한 것이었다. 난징사건은 날조된 것이라고 생각한다. '위안부'는 당시의 공창으로 지금의 잣대로 여성 멸시라든가 한국인 차별이라고 말할 수 없다"라고 발언하고 사임했다. 1994년 8월 사쿠라이 신(桜井新) 환경상도 "일본도 침략전쟁을 하려고 싸웠던 것은 아니다"라고 발언하고 사임했다. 『朝日新聞』, 1994. 5. 7.

[38] 1986년 오늘 일본 후지오 마사유키(藤尾正行) 문부대신이 "한일합방은 양국의 합의로 이루어진 것으로, 일본뿐 아니라 한국에도 책임이 있다"라고 발언한 후 "개인적인 역사관으로서 발언은 이해할 수 있으나 장관으로서는 피해를 받은 국민을 배려해야 하며 발언은 타당하지 않다"는 이유로 파면됐다.

생각한다.[39] 고이즈미 총리의 야스쿠니신사 공식 참배 이후 각료와 정치인들의 참배가 끊이지 않고 계속되는 것도 마찬가지다.

　1931년 만주사변부터 일본이 시작한 전쟁은 국제법을 위반한 국제적 범죄였으며 일본의 법을 무시한 국내법적 범죄기도 했다. 일본 국민은 침략 전쟁에 동원되어 근린 여러 민족에 대해 가해자가 된 반면, 국내법적으로는 피해자이기도 했다.[40] 그래서 그런지 일반적으로 일본 국민은 식민지 지배나 제2차 세계대전을 통해 일본이 근린 민족에게 얼마나 큰 피해를 끼쳤는가를 충분히 인식하지 못하고 피해자인 한국을 비롯한 주변국 국민의 마음을 이해하지 못하고 있다. 미국과 중국이 일본의 전쟁책임에 대해서 관대한 정책을 펴 일본인은 가해자라는 의식보다 피해자라는 의식을 강하게 간직하고 있기 때문이다.[41] 일본인에게는 가해자였던 자국의 역사를 마주보지 않고 원폭 피해자로서의 의식이 있다. 많은 일본인은 일본의 전쟁책임은 히로시마와 나가사키의 원폭으로 상쇄되었다고 생각하고 있다.

　일본을 독일과 비교하는 것에 대해서도 불편한 심기를 내비친다. '일본군 병사들이 폭주해 전쟁범죄를 저질렀는지 몰라도 독일처럼 유대인을 조직적으로 학살한 적은 없다'는 인식이다. 더 나아가 나치 독일의 전쟁은 계획된 침략이었지만 당시 일본은 어쩔 수 없는 상황 아래 동아시아의 평화와 안정을 위해 개전할 수밖에 없었다는 것이다. 전쟁과 침략의 결과

39　加藤典洋, 1999, 『日本の無思想』, 平凡社新書, 20쪽.
40　家永三郎, 1968. 8, 「極東裁判についての試論」, 『思想』 530, 1-10; 吉田裕, 2003, 앞의 책, 160-161쪽.
41　大沼保昭, 2004, 앞의 글, 66-67쪽.

는 문제가 있지만 전쟁의 동기는 정당화될 수 있다는 주장이다.

일본사회에 내재되어 있는 침략 및 식민지 지배에 대한 인식의 표면화도 들 수 있다. 전전 세대의 감소 및 전후 세대의 증가에 따른 결과다. 전전 세대는 일본이 식민지 지배나 제2차 세계대전과 관련해 나쁜 짓을 했다는 미안한 마음을 갖고 한국이나 주변국으로부터 비판을 받으면 '반응'을 자제했다. 그러나 신자유주의하에서 성장한 전후 세대는 '과거'가 결코 타당한 것은 아니었지만 자신들은 당사자가 아니라는 생각도 갖고 있다. 왜 우리가 직접 하지도 않은 것에 대해서까지 책임을 져야 하는지 의문을 갖는다. 밝은 면만 물려받고 어두운 면은 자기와 상관이 없다는 생각이다.[42] 그들은 자유주의사관과 같이 '자기의 잘못을 논하는 것은 자학적이며 일본에 대한 자긍심을 잃게 한다'고 생각하는데, 그 속에는 역사의 진실을 부정하는 것 외에 민주주의의 가치관과는 상반되는 가치관이 숨어 있다.[43] 또한 그들은 '잘못은 인정하고 요구할 것은 요구'하며 어떤 일에 대해 '정확하게' 평가하려는 경향이 강해, 다방면에서 '과거'를 평가한다. 결국 그들의 역사인식은 '자위자존을 위한 식민지 지배', '식민지 근대화론' 등으로 귀결된다.

최근 일본 사회에는 '일본의 총리'와 '천황'도 여러 상황을 고려해 어느 정도 사죄를 했음에도 아직 사죄가 모자라다고 하는 것에 대해 불만이 팽배하다. '미안하다는 마음이 있어 한국과 주변국의 경제발전에 상당히 협력하고 식민지 지배에 대한 반성과 사죄의 뜻을 표명하며 보상까지 했는데도 한국이 이 문제를 계속 제기하는 것은 납득하기 어렵다'는 입장을

42　大沼保昭, 2004, 앞의 글, 78-79쪽.
43　尾山宏, 1996, 「裁判の意義」, 『法と民主主義』 339호, 4-6쪽.

보이고 있다. 한국과 주변국이 지나치게 '반성과 사죄'를 요구하기 때문에 일본 내의 반한 감정이 높아지고 결국 화해를 어렵게 한다는 것이다.

이런 일본 국민의 역사인식은 일본사회의 우경화를 가속화하고 있으며 일본 정부의 역사인식을 변화시키기도 한다. 일본 정부가 주도하는 야스쿠니신사 참배, 도쿄재판 부당론 제기, 평화헌법 폐기, 국기·국가법 제정, 교과서 왜곡, 독도영유권 주장 등은 일본의 보수 우익이 목표로 하는 국가주의로 가는 과정들 중 하나라고 할 수 있겠다.

IV. 맺음말

한일 양국은 화해를 실현해 새로운 관계를 구축해야 한다. 화해를 위해서는 과거사 갈등을 완전히 해소해 과거사를 청산하는 것이 중요하다. 한일 양국 간에는 화해를 위해 해야 할 일이 산적해 있다. 각종 담화나 선언을 통한 표면적인 사죄가 있다고 하더라도 서로 납득할 수 있는 역사갈등을 해결하지 않고는 진정한 화해는 기대하기 어렵다.

국가 간의 역사갈등을 해결하기 위해서는 다양한 계층의 사람들이 참여해 정부에 의한 사죄와 보상, 위령사업 추진, 역사를 둘러싼 대화와 교과서 공동작성 프로젝트, 문화사업, 학술교류 등을 통해 화해를 모색해야 한다. 갈등을 해소하고 진정한 마음으로 화해하기 위해서는 '사죄'에 성의가 있어야 한다. 반복해서 보여준 성의가 신뢰를 쌓을 때까지 감정은 치유되지 않기 때문이다.

일본군'위안부' 관련 총리의 사죄 발언이나 정부의 사죄 담화 등을 실천하기 위한 아시아여성기금 설립, 그리고 한일일본군'위안부'합의 등 일본 정부의 화해 시도는 일본의 정치 지도자뿐 아니라 언론인, 역사가, 종교단체, 자선단체, 학생단체 등 다양한 시민사회의 역할이 컸다.

다양한 참여자가 다양한 전략을 갖고 일본 정부의 화해 시도를 촉구했지만 심층적인 화해를 실현하지는 못했다. 일본 정부의 역사적 사실 인정, 피해자들에 대한 사죄, 그리고 원상회복을 위한 금전적 보상에 적극적이지 않았기 때문이다. 일본 정부의 담화나 일본군'위안부' 관련 역사 화해 움직임은 식민지 지배의 합법성과 청구권협정에 따라 해결되었다는 전제하에서 도의적 책임을 지기 위한 일본 정부의 시도였다. 그러나 일본 정부는 피해자에게 진정한 마음의 사죄는 커녕 배상도 하지 않았다.

일본군'위안부' 문제를 비롯한 과거사 문제를 해결하기 위해 역사의 기억을 의도적으로 말살시키지 않도록 자료를 발굴·공개하고, 역사적 시설의 보존과 공개 등 시민이 배울 자리를 유지하는 등 같은 일이 반복되지 않도록 해야 하는 노력까지 했다면 진정한 화해에 조금은 다가갈 수 있었을 것이다. 그렇지 못한 근본적인 원인은 일본 정부의 잘못된 역사인식에 있다고 볼 수 있으므로 일본 정부의 우경화된 역사인식이 변해야 한다. 그 변화는 일본사회의 깊은 곳에서 나온 것이어야 하며, 또 그것이 일본의 지도층 사이에서 공감을 얻은 정책으로 나타나야 한다. 이런 행위가 쌓여 진정한 화해에 조금이라도 다다를 수 있기를 기대해 본다.

참고문헌

조윤수 편, 2020, 『한일 관계의 궤적과 역사인식』, 동북아역사재단.
加藤典洋, 1999, 『日本の無思想』, 平凡社新書.
高橋哲哉, 1999, 『戰後責任論』, 講談社.
菅原憲二·安田浩, 2002, 『国境を貫く歷史認識』, 青木書店.
阿部謹也, 2004, 『日本人の歷史認識』, 岩波新書.
吉田裕, 2003, 『日本人の戰争観』, 岩波書店.
池明觀·五十嵐正博·岡田正則·奈古道功, 2002, 『日韓の相互理解と戰後補償』, 日本評論社.
早川紀代, 2005, 『植民地と戰争責任』, 吉川弘文館.

장기영, 2017, 「안보위협이 과거사 인식에 미치는 영향」, 『국제정치논총』 57(4).
大沼保昭, 2001. 12, 「日本の戰争責任と戰後責任」, 『国際問題』 501.
太田修, 2013. 10, 「もはや'日韓請求權協定で解決済み'ではすまされない」, 『世界』 848.
尾山宏, 1996, 「裁判の意義」, 『法と民主主義』 339.
家永三郎, 1968. 8, 「極東裁判についての試論」, 『思想』 530.

쿠마라스와미 보고서(Coomaraswamy Report, 1996년 유엔 인권위원회에서 채택된 라디카 쿠마라스와미 여성에 대한 특별보고자의 '여성에 대한 폭력과 그 원인 및 결과에 관한 보고서').
맥두걸 보고서(McDougall Report, 1998년 8월 유엔 인권위원회 차별방지·소수자보호 소위원회에서 채택된 게이 맥두걸 전시성노예제 특별보고자의 '무력분쟁하의 조직적 강간·성노예제 및 노예제 유사 관행에 관한 최종보고서').

헌재 2011. 8. 30. 2006헌마788 결정(대한민국과 일본국 간의 재산 및 청구권에 관한 문제의 해결과 경제협력에 관한 협정' 제3조 부작위 위헌 확인 사건).
아시아태평양전쟁 한국인 희생자 보상청구 소송 2심 판결(東京高裁, 2003. 7. 22), 『判例時報』 1843호.

송신도 소송 1심의 판결(東京地裁, 1999. 10. 1),『訟務月報』 48권 3호.

송신도 소송 2심 판결(東京高裁, 2000. 11. 30),『判例時報』 1741호.

국무조정실 보도자료 2005. 8. 26.

『朝日新聞』, 1994. 8. 19.

『文藝春秋』, 1986. 10.

"[보도자료] 긴급 기자간담회 – 유엔 여성차별철폐위원회 일본정부에게, "일본군'피해자'의 견해를 충분히 반영하고, 진실, 정의, 배상 등의 권리를 보장하라"고 권고, 2015. 12. 28. 한일정부 합의 사실상 불인정", 민주사회를 위한 변호사모임, http://minbyun.or.kr/?p=31401.

"[논평] 정부는 유엔고문방지위원회 권고에 따라 일본군성노예제 피해자들에게 배상과 명예회복위해 노력해야", 참여연대, https://www.peoplepower21.org/Peace/1505851.

찾아보기

ㄱ

가미시마(神島二郞) 268
간쟁(諫爭) 17
갑술환국 63
강제동원 230, 240, 309, 312~314
건주위 138, 144~148
겸애(兼愛) 25
경신환국 62
고노 담화 255, 258, 262, 263, 300, 307, 311~313
고수(瞽瞍) 16
공(公) 19, 20, 33, 210
공의(公義) 20
공자 15, 16, 18, 23~25, 35
공정(公正) 20, 23
곽숭도(郭嵩燾) 199, 201, 206, 215, 218, 219
광해군 56~58, 60, 61, 64, 65, 67
국가정체성 68, 69, 71, 119, 149

국제법원리(Elements of International law) 189, 190, 196
군신관계 15, 17, 20~22, 32, 35, 41, 68, 69, 70
그로티우스(Hugo Grotius) 213
그룬발트(Grunwald)전투 159
그룬발트전투 162, 184
근대국가 266~268
기독교민주동맹(CDU) 274, 277~279
기묘사림 56
기사환국 63
김대중 258
김만균 32
김영삼 257, 262, 312
김일손 51
김종서 130, 132

ㄴ

나선정벌 73, 74

나카소네 야스히로(中曽根康弘) 244,
  245, 251, 314~316, 320
남인 61~63, 65
남효온 52, 53, 56
낭발아한(浪孛兒罕) 137~139, 141, 142,
  144, 150
내공법(內公法) 198
내수외양(內修外攘) 34
노먼(Hubert Norman) 284~286, 288
노산군(魯山君) 45, 47~65, 67, 68,
  75~78
농지개혁 281, 283, 285, 286, 291, 292
뉘른베르크전범재판(Nuremberg trials)
  279

ㄷ

다카키 켄이치(高木健一) 246
단종 47, 49, 64, 77
『대명률(大明律)』 26, 29
더블 스탠다드 245
덕(德) 23
도의적 책임론 229, 230, 231, 241, 251,
  253, 255, 257
도쿄재판사관 315, 317
독일 265, 266
독일공산당(KPD) 270, 278
독일노동총동맹(DGB) 275
동맹가첩목아(童猛哥帖木兒) 117, 118

동방정책(Ostpolitik) 158, 169, 170, 176,
  184, 185
동해보복법(同害報復法) 40
드레이퍼(William Draper) 291

ㄹ

랑케 108, 109

ㅁ

마거리 사건(Incident of A. R. Margary) 201
마건충(馬建忠) 212
마르크스주의 281, 284, 285, 288
마셜플랜 268
마조비에츠키(Tadeusz Mazowiecki) 171
마테이코(Jan Matejko) 162
마틴(William Alexander Parsons Martin, 丁韙
  良) 189, 190, 194~197, 201, 215
만국공법(萬國公法) 189~191, 193~203,
  208~211, 213, 215, 219, 221~223
맹자 124, 125, 126, 128
머피(Robert Murphy) 291
모련위 142, 143
무군(無君) 24
무라야마 담화 262, 263, 308, 310
무조건적 복종 87, 101, 104
묵자 25
문상(文祥) 195, 196

미야자와 기이치(宮澤喜一) 252, 311, 312, 323
미에슈코 1세(Mieszko I) 159
미해결론 255
민족주의 110, 265, 267

ㅂ

바르샤바 크니팔(Kniefall von Warschau) 176, 181
박팽년 54, 57
박홍규 125, 126, 129
배외(拜外) 268
법적 책임 230, 255, 259, 261, 263, 301, 303
법적 책임론 255, 257
보리스(B. Borries) 120, 121, 151
보본(報本) 24
보수정치 266
복권 45~50, 53~55, 58, 60~67, 73, 75, 76~78
복수 14, 16, 23, 26~33, 41
복수설치론(復讐雪恥論) 35
복수심 14
복수의리(復讐義理) 26, 27, 32, 33, 39, 41
부자관계 15, 17, 20~22, 32, 33, 41, 68~70
북벌 36, 37, 71, 72, 73~75

북벌론 14, 33, 34, 36, 37, 39, 61, 71~73, 75, 77
브란트(Willy Brandt) 169, 175, 176

ㅅ

사(私) 19, 20, 33, 210
사대(事大) 123~125, 128, 148, 150
사림(士林) 46, 48, 51~58, 61, 64, 75, 77, 78
사욕(私慾) 20, 38
사육신 54, 62, 63, 75, 76
사은(私恩) 20
사토 에이사쿠(佐藤榮作) 233
사할린 잔류 한국조선인 문제 의원간담회 246
사할린 한인 문제 229, 230, 236, 238, 240, 242, 244~247, 249, 252, 253, 255
사화(私和) 42
사회민주당(SPD) 270, 273, 274, 277~279
삼전도 항복 59, 67~69, 70, 71, 74~78
상복 17, 26, 27, 33
상앙(商鞅) 19
새역모(새로운 역사교과서를 만드는 모임) 316, 321
서인 60~63, 65
서필원 32, 33

선조 55~58, 61, 64, 66
섭공(葉公) 15
성삼문 54, 56
성종 50~52
성학론 37, 39
세습군주정 84, 88
세조 49, 51~54, 63~65, 76~78, 117, 118, 123, 129, 130~139, 141~151
세종 118, 123, 128, 130, 131, 144, 146, 148
소련공산당 279
소릉(昭陵) 50~55, 58
소중화 68
소토(外) 268
『속대전(續大典)』 29
송시열 14, 32~34, 36~39, 60~63, 65
숙종 45, 47~49, 61~63, 65~68, 72~78
순(舜)임금 16
슈마허 274, 277
신덕왕후(神德王后) 66
신숙주 133~137, 141, 142, 145
신유(申瀏) 73, 74

ㅇ

아데나워(Konrad Adenauer) 272, 274, 277
아리스토텔레스 39~41
아베 담화 310, 314

아베 신타로(安倍晋太郎) 251
아시아여성기금 230, 256~258, 298, 299, 301, 303, 305, 327
안정복(安鼎福) 25, 41
야기에우어 왕조(Jagiellonowie) 159
야드비가(Jadwiga) 159
야스쿠니신사 244, 298, 308, 314~317, 324, 325, 327
얀 그로스(Jan Gross) 173
얀 유제프 립스키(Jan Józef Lipski) 171
양능(良能) 22
양무(洋務) 207
양정 137~139, 141
양지(良知) 22
엄흥도 60
역사수정주의 262, 322, 323
역코스 272
연산군 51~53, 58~61, 64, 65
영국 헌정 논쟁사 82, 83
예드바브네의 비극 173
오누마 야스아키(大沼保昭) 246, 256
오데르-나이세 신국경선(the new Oder-Neisse border) 158, 168
와다 하루키(和田春樹) 256
외공법(外公法) 198
요가일라(Jogaila) 159
요시다 시게루(吉田茂) 266
우치(內) 268

원 23, 25
유교적 정의 14, 23, 39
유종원(柳宗元) 30
『육신전(六臣傳)』 56, 57
65년 체제 231, 237, 238, 242, 247, 259, 262, 263
은(恩) 15, 20~22
은위병행(恩威竝行) 118, 145, 149
응보적 정의 14, 40, 41
의(義) 15, 20~22, 35
의리(義理) 14, 25, 27, 33~35, 37, 39
이나바(稻葉修) 247, 251, 252
이만주(李滿住) 130, 133, 135, 138, 144~150
이무(夷務) 207
이시애 146, 147
이이(李珥) 20
이행적 정의 81, 83, 104, 109, 111
이홍위 49, 50, 60, 62~64, 78
인(仁) 20~22, 35
인도적 견지 230, 248, 250, 253, 254
인조 58, 59, 67, 70, 74, 77
일국번영주의(一國繁榮主義) 266
일국평화주의(一國平和主義) 266
일본 265, 266
일본군'위안부' 230, 231, 255, 257~259, 261, 298, 300, 302, 303, 305, 309, 311~315, 323, 327, 328

일시동인(一視同仁) 118, 125, 130, 134~136, 139, 143, 149, 151
임칙서(林則徐) 199, 216

ㅈ

장사계(張斯桂) 194, 216
장장(長長) 22
재아(宰我) 24
전두환 242~244, 249, 250
전후처리 265~267, 275, 294
정도전 126~128, 149
정몽주 46, 47, 54
정복왕조 68
정약용 29, 30, 31
정의(justice) 39
정종(定宗) 66
정직(正直) 16
제퍼슨 107
제한군주정 88
제한적 세습군주정(limited hereditary monarchy) 93
조건적 복종 88, 89, 104
조광조 46, 47, 53~55
조의제문(弔義帝文) 51, 52
조헌 57
존존(尊尊) 14, 15, 17~22, 25, 26, 29, 33
주권 197~199, 215, 217

주변사태법 316, 319
중립국 267
중종 52~55, 57, 58, 61, 64, 77
중화공동체 128
중화공동체론 117, 122, 126
중화공동체 전략 119, 151
증기택(曾紀澤) 195, 200, 210, 213
직(直) 16, 23, 41

ㅊ

책선(責善) 22
천자현 119, 120
천학(天學) 25
체제내화(體制內化) 286
춘추 194, 203, 207, 209, 211, 222
춘추대의(春秋大義) 34, 35
친친(親親) 14, 15, 17~23, 25, 26, 29, 33

ㅋ

카지미에시 대왕(Kazimierz) 159
카틴학살(Katyn Massacre) 166, 177
코헨(Theodore Cohen) 286
클레이(Lucius D. Clay) 279, 281, 291, 292

ㅌ

탈아입구론(脫亞入歐論) 268
태종 117, 128, 148
튀빙겐각서(Tübinger Memorandum) 169

ㅍ

파시스트 269, 278, 281
파시즘 266, 278, 290
패륜 42, 67, 69, 77
패전 267, 268, 270~273, 289, 290
펠드만 120, 121, 150, 151
포레스탈(James Forrestal) 281
포츠담회담 278
프래그머티즘(pragmatism) 292
피아스트(Piast) 왕조 159
피우수트스키(Józef Piłsudski) 163

ㅎ

하트(Robert Hart) 196, 201
한비자 18, 24
한유(韓愈) 30
한일기본조약 231
한일'위안부'합의 298, 301, 304, 305
한일의원연맹 249
한일일본군'위안부'합의 327
한일청구권협정 230, 240, 258, 302
『한일회담백서』 233

『해국도지(海國圖志)』 193, 199
헨리크 시엔키에비츠(Henryk Sienkiewicz) 162
현종 60, 61, 65, 71, 72, 74, 75
화이지변 203, 206, 208, 216
화해 41, 119, 121, 129, 130, 132, 133, 135~145, 149~151
화해치유재단 303, 305
환국 61, 65, 75

효(孝) 20, 24, 30
효종 59~61, 64, 70~75, 77
후지사키 마사토(藤崎萬里) 232
휘튼(Henry Wheaton) 189, 190, 196~198
흄 81~84, 88, 89, 93~97, 100, 102, 104~109, 111
흑룡강 73, 74
『흠흠신서(欽欽新書)』 29

동북아역사재단 연구총서 107

역사화해의 이정표 II
– 화해의 기제와 공존의 조건

초판 1쇄 인쇄 2021년 10월 18일
초판 1쇄 발행 2021년 10월 28일

지은이 이병택, 이원택, 계승범, 방상근, 이동수, 김현주, 최희식, 곽진오, 김관원
펴낸이 이영호
펴낸곳 동북아역사재단

등록 제312-2004-050호(2004년 10월 18일)
주소 서울시 서대문구 통일로 81 NH농협생명빌딩
전화 02-2012-6065
팩스 02-2012-6189
홈페이지 www.nahf.or.kr
제작·인쇄 역사공간

ⓒ 동북아역사재단, 2021

ISBN 978-89-6187-656-8 94910
          978-89-6187-533-2 (세트)

• 이 책은 저작권법에 의해 보호를 받는 저작물이므로 어떤 형태나 어떤 방법으로도 무단전재와 무단복제를 금합니다.
• 책값은 뒤표지에 있습니다. 잘못된 책은 바꾸어 드립니다.